T0147584

Printed in the United States
By Bookmasters

الاتجاهات الحديثة
في المنظمات الإدارية

الاتجاهات الحديثة في المنظمات الإدارية

تأليف
زيد منير عبوي
ماجستير دراسات عليا
- الجامعة الأردنية -

رقم الإيداع لدى دائرة المكتبة الوطنية
(2006/5/1066)

350

عبوي، زيد
الاتجاهات الحديثة في المنظمات الدولية/ زيد منير
عبوي، ـ عمان: دار الشروق، 2006
( )ص
ر.إ. : 2006/5/1066
الواصفات: المنظمات الإدارية/ /السلوك التنظيمي/ /الادارة العامة/

● تم إعداد بيانات الفهرسة الأولية من قبل دائرة المكتبة الوطنية

(ردمك) ISBN 9957 - 00 - 265-1

(رقم الإجازة المتسلسل) 2006/5/1176


● الاتجاهات الحديث في المنظمات الإدارية

● زيد منير عبوي

● الطبعة العربية الأولى : الإصدار الأول 2006 .

● جميع الحقوق محفوظة © .

دار الشروق للنشر والتوزيع
هاتف : 4618190/ 4618191 / 4624321    فاكس : 4610065
ص.ب : 926463  الرمز البريدي : 11110    عمان - الاردن

دار الشروق للنشر والتوزيع
رام الله: المنارة – شارع المنارة – مركز عقل التجاري هاتف 02/2961614
غزة الرمال الجنوبي قرب جامعة الأزهر هاتف 07/2847003

■ الاخراج الداخلي وتصميم الغلاف وفرز الألوان والأفلام :
دائرة الإنتاج / دار الشروق للنشر والتوزيع
هاتف : 4618190/1  فاكس 4610065 / ص .ب . 926463 عمان (11110) الأردن

Email : shorokjo@nol.com.jo

# المحتويات

**المقدمة**

**الفصل الأول: الإستراتيجية، تصميم المنظمة والفعالية**

**الفصل الرابع: اتخاذ القرار في المنظمات**

**الفصل الخامس: دور الاتصال الإداري في تبادل المعلومات الداخلية والخارجية من التنظيم وكيفية تحسينها**

**الفصل السادس: الإبداع الإداري**

## الفصل السابع: الأزمة ومفاهيمها وإدارة الأزمة

## مقدمة

تعتبر الاتجاهات الحديثة في المنظمات الإدارية من الإجراءات التنظيمية المهمة، والتي تهدف إلى التغيير نحو الأفضل في العملية الإدارية أو في المنظمات. هذا التغيير شهده العالم وما زال يشهده، يتمثل بالنمو السريع والمتواصل والكم الهائل في التكنولوجيا وأحدث تطورات العصر الحديثة المتمثلة في الخصخصة والعولمة وأساليب التنمية والتطوير والسلوك التنظيمي والإبداع الإداري واتخاذ القرار المناسب وأخرى كثير سيتم الحديث عنه لاحقاً.

لذلك يهدف هذا الكتاب إلى تقديم مساقاً حديثاً في المنظمات الإدارية، من خلال فصوله، وهم ثلاثة عشر فصلاً كما يلي:

الفصل الأول: ويشمل الإستراتيجية، تصميم المنظمة والفعالية، وذلك بالتعرف على أهم اتجاهات الإدارة الإستراتيجية العليا وغايات التنظيم وأهمية الأهداف الرسمية والتشغيلية بشكل عام وأهمية الأهداف بشكل خاص، وهو معرفة الإستراتيجية التنظيمية وتصميم المنظمة وكيفية تأثير الإستراتيجية فيها، ومن ثم تقييم الفاعلية التنظيمية ومداخل لقياس الفعالية التنظيمية ومحددات اختيار المدخل المناسب، وثم معايير القياس للفاعلية التنظيمية ومعرفة تصميم المنظمة والهيكل التنظيمي وأهمية الهيكل التنظيمي في تصميم المنظمة وخصائص التنظيم الفعال لأي منظمة ومعرفة أهمية المراحل المصممة لهيكل أي منظمة، ومعرفة العوامل التي تسترشد بها أي منظمة عند اتخاذ قرار تطبيق المركزية واللامركزية.

الفصل الثاني: ويشمل البناء للفريق العمل في المنظمات، وذلك بالتعرف على أهم جوانب التنظيم والجماعة والفريق، وثم عملية بناء الفريق، ومراحله.

الفصل الثالث: ويشمل الصراع والقوة والسياسية في المنظمات، وذلك بالتعرف على الصراع ومفهومه وأهميته وأسبابه ومراحله وأنواعه والأبعاد النظرية للصراع وإدارة الصراع وأهم الدراسات التي تناولت الصراع.

وثم التعرف على القوة ومفهومه ومظهره للأفراد وأسسه ومظهره للتنظيم ومصادر القوة في التنظيم وأساليب المناورات السياسية وطرق اكتساب القوة، وأيضاً السياسة

ومفهومه وتصنيفاته السياسية والعوامل المؤثرة في بناء السياسات والخصائص السياسية الجيدة.

الفصل الرابع: ويشمل إتخاذ القرار في المنظمات، وذلك بالتعرف على إتخاذ القرار يعتبر عملية متعددة الخطوات، ومعرفة النموذج العقلاني والسلوكي لصنع القرار والاختيار المناسب لعملية صنع القرار، ومعرفة الاختيارات المدعومة وغير المدعومة والقرارات التحليلية والتنقيبية وبيئة القرار والقيود التنظيمية ومعايير التقييم والقرارات المبرمجة وغير المبرمجة والتنظيمية والمجموعات وفوائد ومساوئ اتخاذ القرار الجماعي، ومعرفة متى تستخدم المجموعات وتقنياته لحل مشكلة الجماعة وثم الإبتكار لتحسين صنع القرار وأهم تحدياته وثم اختيار المشكلات المراد حلها وصنع القرار وصنع القرارات الأخلاقية واستخدام التكنولوجيا بشكل مناسب وصنع القرار الجماعي واتخاذ القرارات المختارة.

الفصل الخامس: ويشمل دور الاتصال الإداري في تناول المعلومات الداخلية والخارجية من التنظيم وكيفية تحسينها، وذلك بالتعرف على عملية الاتصال وفكرته كشبكة اتصال والقدرة على معالجة المعلومات، ومعرفة قيمة المعلومات في اتخاذ القرارات، وأهم الاستراتيجيات المستخدمة في تحسين تبادل المعلومات.

الفصل السادس: ويشمل الإبداع الإداري، وذلك بالتعرف على تعريف الإبداع ومستوياته وأهم الأسباب التي تسبب تبني الإبداع في المؤسسات وثم منشطات الإبداع ومظاهرة وخصائص الشركات المبدعة ومعوقات الإبداع المؤسسي.

الفصل السابع: ويشمل الأزمة ومفاهيمها وإدارة الأزمة، وذلك بالتعرف على مفهوم الأزمة والأزمة والمتخصصين، ومفاهيم الإدارة بالأزمات وأنواع الأزمات التي تمر بها أي منظمة ومعرفة المتغيرات التي تؤثر على حل الأزمة ومصادر الأزمَة ومهام إدارة الأزمات وفريقها ومجالات الأزمة ومتطلباته وأشهر الأزمات الصناعية العالمية، ودور العلاقات العامة في معالجة الأزمة ومراحل الأزمة وأعباء معالجتها، ومبادئها وشروط نجاحها، وثم الأزمة والقرار ومميزات القرار وقت الأزمة وموقف الإدارة من الأزمات وكيفية قيام الإدارة في حال نشوب الأزمة والآثار المرتبة على وقوع الأزمة لدى الإدارة.

الفصل الثامن: ويشمل الخصخصة، وذلك بالتعرف على مفاهيم الخصخصة ودوافعها وأهدافها وثم الرقابة والخصخصة وأساليب الخصخصة، والعوامل التي أدت

لانتشار الخصخصة في العالم ودور الخصخصة في التنمية الإدارية وعوامل نجاح برامج التخاصية وأهم معوقاتها وأهم مراحله.

الفصل التاسع: ويشمل التغيير التنظيمي، وذلك بالتعرف على التاريخ الفعلي لنشأة التغيير التنظيمي ومصادره ومفهومه وأسبابه الواجبة للتغيير ومجالاته ومداخله وطرقه ووسائله وأهم مراحله ومعرفة مقاومة التغيير وكيفية التعامل مع أسباب المقاومة.

الفصل العاشر: ويشمل التطوير التنظيمي، وذلك بالتعرف على تعريف التطوير التنظيمي وعملياته ومعرفة مصفوفة هيوز، وخطوات التطوير التنظيمي وأهم المستويات التي تشارك في عملية التطوير التنظيمي وأنواع التدخل لتحقيق التطوير التنظيمي وتقييم البرامج والعوائق التي تحد من استخدام التطوير التنظيمي في القطاع العام.

الفصل الحادي عشر: ويشمل الاتجاهات الحديثة في السلوك التنظيمي، وذلك بالتعرف على مفاهيم السلوك التنظيمي وأهميته وأهدافه، وأهم الفترات التاريخية في السلوك التنظيمي من خلال معرفة أولاً: السلوك التنظيمي في الممارسات المبكرة، وثانياً: في العصر الكلاسيكي، وثالثاً: في العصر السلوكي، ورابعاً: في مدرسة العلاقات الإنسانية ، وخامساً: في المدرسة السلوكية، وسادساً: في نظريات التنظيم الحديثة، ومعرفة في هذا الفصل أهم الاتجاهات الحديثة في السلوك التنظيمي.

الفصل الثاني عشر: ويشمل النظريات الحديثة للتنمية الإدارية، وذلك بالتعرف على الخصائص العامة للنظريات الحديثة للتنمية الإدارية ومبادئه وأهدافه، ومن ثم معرفة أهم النظريات الحديثة للتنمية الإدارية من خلال أولاً: نظريات التخطيط الشامل للتنمية، وثانياً: نظرية التخطيط الجزئي للتنمية الإدارية، وثالثاً: نظرية التنمية الإدارية المخططة، ورابعاً: نظرية التنمية الإدارية غير المخططة، وخامساً: تطبيق نظرية النظم في التنمية الإدارية، وسادساً: تطبيق النظرية الموقفية في التنمية الإدارية.

الفصل الثالث عشر: ويشمل العولمة، وذلك بالتعرف على مفهوم العولمة وجوانبها من خلال أولاً: الجانب السياسي للعولمة، وثانياً: الجانب الاقتصادي للعولمة، وثالثاً : الجانب الاجتماعي للعولمة، ورابعاً: الجانب الثقافي للعولمة، وخامساً: الجانب القانوني للعولمة، وسادساً: الجانب التكنولوجي للعولمة، وسابعاً: الجانب الإنساني للعولمة، وأهمية الإسلام وتحديات العولمة، وأهم أولويات الإستراتيجية الأمريكية في القرن الحادي والعشرين.

# 1

## الفصل الأول
## الاستراتيجية، تصميم المنظمة والفعالية

تمهيد .

إتجاه الإدارة الإستراتيجية العليا (تصميم المنظمة، الفعالية).

غايات التنظيم

أهمية الأهداف الرسمية والتشغيلية .

أهمية الأهداف .

الإستراتيجية التنظيمية وتصميم المنظمة .

كيفية تأثير الإستراتيجية في تصميم المنظمة .

تقييم الفاعلية التنظيمية .

مداخل قياس الفعالية التنظيمية .

محددات اختيار المدخل المناسب .

معايير قياس الفاعلية التنظيمية .

تعريف تصميم المنظمة .

تعريف الهيكل التنظيمي .

أهمية الهيكي التنظيمي في تصميم المنظمة .

خصائص التنظيم الفعال لأي منظمة.

مراحل تصميم هيكل أي منظمة.

العوامل التي تسترشد بها أي منظمة عند إتخاذ قرار تطبيق المركزية

الإستراتيجية، تصميم المنظمة والفعالية

Strategy, Organization Design, and Effectiveness

تمهيــــد:

عادة المدراء العالمين يحددون اتجاه المنظمة وتوكل إليهم مهمة (الإشراف) وهؤلاء المدراء يضعون الأهداف والإستراتيجيات لمنظماتهم من أجل الوصول إلى الأهداف المرجوة.

يهدف هذا الفصل إلى فهم أشكال الأهداف أو بعض الإستراتيجيات التنافسية التي يطورها المدراء للوصول للأهداف ويشرح هذا الفصل المناهج الأكثر شيوعاً لقياس الفعالية المنظمة؛ لأنه متى يستطيع المدراء إدارة المنظمة يجب أن يعرفوا كيف يقيسوا الفعالية.

اتجاه الإدارة الإستراتيجية العليا (تصميم المنظمة، الفعالية)

Top Management Strategic Direction (Organization Design, and Effectiveness.(

يتم إنشاء وتصميم المنظمة لتحقيق أهداف محددة، أن مهمة الإدارة العليا:

1- تحقيق أهداف المنظمة وإستراتيجياتها وتصميمها.

2- جعل المنظمة قادرة على التكيف مع البيئة المتغيرة.

أما الإدارة الوسطى تقوم بأعمال مشابهة لأعمال الأقسام الهامة التي يتبعون التوجيهات الصادرة من قبل الإدارة العليا. وهناك مرحلتين تمر بها المنظمة هما:ذ

1) تبدأ المرحلة الأولى بعملية بناء أو وضع الاتجاهات من- تقدير أو تخمين الفرص المتوفرة لها والتحديات التي تواجهها من البيئة الخارجية، وتتأثر بالبيئة الداخلية من نواحي قوة أو ضعف لتمييز الكفاءات ومقارنتها مع المنظمات الأخرى، وعملية تخمين البيئة الداخلية أيضاً تتضمن عملية تقييم كل قسم والتي يتكون عملية التخمين هذه من مستوى الأداء لهذه الأقسام في الفترة الماضية والإدارة العليا.

2) تبدأ المرحلة الثانية بما يلي:

أ- تعريف الرسالة للمنظمة في ظل البيئة الخارجية والفرص والتحديات التي تواجه المنظمة.

ب- تحديد الأهداف العملية الجاهزة للعمل وهي التي توضح كيف يمكن للمنظمة أن تطبق أرض الواقع. الرسالة على

ويمكن تعريف المنظمة: بأنها عبارة عن عملية إدارة وتنفي- الخطة الإستراتيجية وهذا هو دور نظرية التنظيم. وتحقق اتجاهات المنظمة من خلال القرارات الصادرة بشأن شكل النظام.

ج- من المهم أن نعرف قياس الأداء هي التغذية الراجعة للبيئة الخارجية، لذلك الأداء في الماضي يتم تخمينه من قبل المدير والذي يستخدمه في وضع استراتيجية جديدة للمستقبل، وتعتبر وظيفة المدير العامة مهمة للغاية لأن المدير يستطيع أن يفسر البيئة ويطور أهداف مختلفة.

Organizational Purposeغايات التنظيم

المنظمات عادة يتم إنشائها لتحقيق أهداف محددة حيث تقوم الأقسام المختلفة في المنظمة بتأسيس أهدافهم حتى يتم بالنهاية إلى الوصول إلى تحقيق رسالة المنظمة، وعادة يكون هناك عدد من الأهداف وكل هدف يقوم بتحقيق وظيفة محددة. وهناك نوعان أساسيان من الأهداف التنظيمية وهما الأهداف الرسمية والأهداف التشغيلية:-

الرسالة هي الهدف الكلي للمنظمة، ويطلق عليها Missionأولاً: الأهداف الرسمية (الرسالة) الأهداف الرسمية، والرسالة تفسر سبب وجود المنظمة وما هو المطلوب عمله من المنظمة وتوضيح نوع العمل الذي سوف تتخذه المنظمة، إن الرسالة التي تضعها المنظمة تسهل عملية اتخا- القرارات لذا فهي عبارة موجهة ولا تكون نهائية إنما قابلة للتغيير حسب الظروف وبعد دراسة دقيقة.

على أنها مجموعة المبادئ التوجيهية والتي تذكرها المنظمة Gones Garethويعرفها جاريث جونز بشكل رسمي في التقارير الرسمية أو في منشورات عامة أخرى.

في الشكل (1) الذي يوضح تصميم المنظمة وفعالية دور الادارة العليا في المنظمة والذي يعكس طريقة تحقيق اهداف واستراتيجيات المنظمة

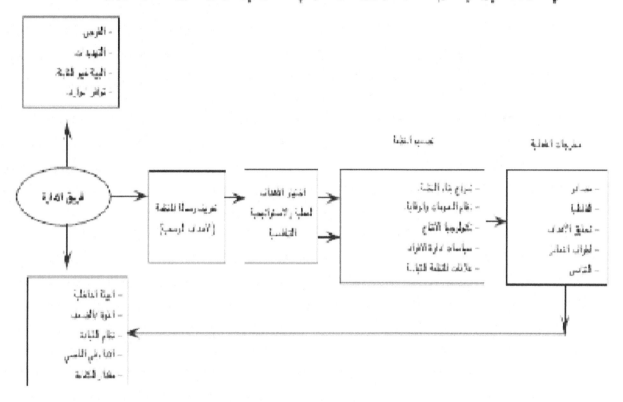

ثانياً: الأهداف التشغيليةOperative Goals هي الأهداف التي تضع النهايات المطلوبة من خلال إجراءات وظيفية حقيقية في المنظمة وتفسر الشيء الذي تطمح إلى تحقيقه، وهي عبارة عن أهداف محددة طويلة أو قصيرة الأجل ترشد المدراء والموظفين أثناء قيامهم بأهداف المنظمة.

وعادة ما تصف هذه الأهداف نتائج محددة وقابلة للقياس وهي أساسية تصف المهام الرئيسية التي يجب على المنظمة تنفيذها.

تهتم الأهداف الرسمية والتشغيلية بعدة أمور أهمها:

1) الأداء العام Overall performance

إن الربحية تعكس الأداء العام في المنظمات الربحية، والتي يمكن التعبير عنها بالنتيجة النهائية، ومقدار الربح للحصة الواحدة أو العائد على الاستثمار. وهناك أهداف عامة أخرى مثل النمو والذي يقاس بمقدار الزيادة في المبيعات أو الأرباح، وحجم الإنتاجية، أما في المنظمات غير الربحية فهدفها الأساسي توصيل الخدمة للناس.

2) المصادر Resources

وتختص هذه الأهداف بكيفية اكتساب المواد والمصادر المالية من البيئة مثل توفير التمويل لإنشاء مشاريع جديدة، أو إيجاد مصادر تكون للمواد الخام، أو تعيين موظفين بمواصفات عالية.

3) السوق Market

هذه الأهداف تتعلق بالحصة السوقية التي تسعى المنظمة إلى تحقيقها، وهي مسؤولة عن التسويق والبيع وقسم الإعلانات.

4) تطوير الموظفين Employee Development

ويهتم بالتدريب والترقية والسلامة المهنية ونمو الموظفين، وهي: تضم كل من المدراء والعمال وتطوير قدرات العاملين يقوي المنظمة وهي الطريقة لخلق الولاء عندهم.

5) الإبداع والتغيير Innovation and Change

أهداف الإبداع توصي بوجود مرونة داخلية وكذلك الجاهزية للتكيف مع أي تغير غير متوقع في البيئة.

6) الإنتاجية Productivity

وتهتم بمقدار الإنتاج ضمن المصادر المتوفرة، وهي بشكل أساسي تصف كمية المدخلات (المصادر) التي نحتاجها للوصول إلى المخرجات المطلوبة لذلك فهي توضع بشكل التكلفة لوحدة الإنتاج.

أهمية الأهداف The Importance Of Goale

إن كلا النوعين: (الأهداف الرسمية والتشغيلية) مهمة للمنظمة، حيث أن كل نوع يخدم أغراض معينة فبينما الأهداف الرسمية تعطي الشرعية للمنظمة فإن الأهداف التشغيلية تعطي التوجيهات للموظفين ومؤشرات اتخا- القرار ومعايير الأداء، وفيما يلي شرحاً لأهمية الأهداف:

1)) الشرعية Legitimacy

تعمل الأهداف الرسمية (الرسالة) على إيصال الشرعية لكل من له علاقة بالمنظمة، فالرسالة تصف هدف المنظمة، وبذلك يعرف الناس سبب وجودها ويتقبلون هذه الفكرة، كذلك فإن وجود التغيير المستمر في التفاعل بين المنظمة وبيئتها عادة ما يعتمد على المعتقدات والعادات والأعراف الثقافية والعوامل التكنولوجية، وهنا تلعب شرعية المنظمة الدور الفعال في المحافظة على هذا التفاعل.

2)) توجيه الموظفين وتحفيزهم Employee Direction and Motivation

إن الأهداف تعطي التوجه للموظفين، حيث أن النتيجة النهائية التي تسعى المنظمة إلى تحقيقها وكذلك الإستراتيجيات التي تضعها المنظمة للوصول إلى هذه النتيجة تكون كدليل للموظفين عن الشيء الذي يعملون من أجله. والأهداف تعمل على تحفيز الموظفين خصوصاً إذا كانوا قد شاركوا في وضع هذه الأهداف.

3)) مؤشرات اتخاذ القرارات Decision Guidelines

تعمل أهداف المنظمة كمؤشرات تساعد الموظفين على اتخا- قراراتهم، حيث أن هذه الأهداف عبارة عن مجموعة من القيود المفروضة على سلوك الفرد وقراراته مما يساعد على اتخا- القرار الصحيح خصوصاً في مواضيع الهيكل التنظيمي والإبداع وسلامة الموظفين ونموهم.

4)) معايير للأداء Criteria Of Performance

إن الأهداف التنظيمية تعتبر المقاييس التي على أساسها نقوم بالتقييم حيث أن مستوى أداء المنظمة سواء كان على شكل أرباح وكميات إنتاج أو عدد الشكاوي التي بحاجة إلى قاعدة نرتكز عليها للتقييم وهذه القاعدة هي الأهداف.

الإستراتيجية التنظيمية وتصميم المنظمة

Organiztion Stratgies And Design

تعريف الإستراتيجية: هي خطة لخلق التفاعل مع البيئة التنافسية لتحقيق أهداف المنظمة. عادة الأهداف توضح إلى أين تريد أن تصل المنظمة، أما الإستراتيجية تحدد كيف سيتم الوصول إلى هذه الأهداف. هناك نموذجين يمكن استخدامهما لاستنباط أو تشكيل الإستراتيجية وهي:

1) إستراتيجية عاملين التنافسية portera competitive strategies

هنا يتم دراسة ثلاثة أنواع من الأعمال وبناء عليها يتم بناء ثلاث إستراتيجيات وهي:

أ- إستراتيجية التنوع Differentiation وهي الإستراتيجية التي تستخدم طرق متنوعة لإنتاج سلع نادرة تباع للزبائن.

ب- مستوى كلف القيادة المتدني Low Cost Leadership وهي إستراتيجية تهدف لإنتاج سلع بأقل تكلفة وبذلك تستطيع أن تنافس الشركات الأخرى.

ج- البؤرية المتجمعة Focus وهي إستراتيجية تركز على مجموعة من الزبائن وتحاول أن تدمج بين الاستراتيجيتين السابقتين وبأسعار منخفضة وجودة عالية.

2) استراتيجية العلميين  Miles and Snow Strategy Typologyوتتضمن ما يلي:

1- التنقيبProspectore  وهي إستراتيجية يكون هدفها الإبداع والمخاطرة والبحث عن فرص جديدة أو النمو، وهذه الإستراتيجية تتناسب مع المنظمات ذات البيئة المتغيرة والتي يكون هدفها التأقلم مع الظروف البيئية المتغيرة وليس تحقيق الفعالية هو هدفها الرئيسي بل الإبداع.

2- المدافع Defender يكون هدف هذه الإستراتيجية هو عكس هدف الإستراتيجية الأولى، حيث تكون المنظمة ثابتة ويكون هدف المنظمة الأول هو تحقيق الفعالية.

Analyzar-3 وهي الإستراتيجية التي تجمع بين الإستراتيجيتين السابقتين، حيث تحاول تحقيق الفعالية الوصول إلى الإبداع.

4- المفاعل Reactor يعتبر هذا النوع من الإستراتيجية من النوع الذي يدرس ردة الفعل للظروف البيئية والفرص المتاحة في المنظمة.

كيف تؤثر الإستراتيجية في تصميم المنظمة؟

?how strategies affect organization desig

إن اختيار نوع محدد من الإستراتيجيات يؤثر على الخصائص الداخلية للمنظمة، وعادة يكون هناك ربط بين المنهج المستخدم في المنظمة ونوع الإستراتيجية المستخدمة، مثلاً إستراتيجية (مستوى كلف القيادة المتدني) Low cost Leadership تتناسب مع المنهج الذي يعتمد على مركزيه السلطة الرقابية القوية واتباع معايير محددة، فالموظفين هنا لهم مهام محددة يقومون بها ولا يملكون السلطة في اتخا- القرار. وبالمقابل إستراتيجية التنوع مثلاً تحتاج إلى منهج يعتمد على الاتصال الأفقي واللامركزية حيث يكون للأفراد القدرة على التعلم والتأقلم مع الظروف المتغيرة.

هناك عناصر أخرى تؤثر على تصميم المنظمة

Other Factors Affecting Organization Design

تعتبر الإستراتيجية أحد أهم العناصر المؤثرة على تصميم المنظمة، عادة يكون هناك عدد من العناصر الموجودة في البيئة والتي تمس المنظمة وتؤثر بها، فالمنظمة عادة يتم تصميمها بشكل يتناسب مع هذه العناصر وهي التكنولوجيا ودورة حياة المنظمة وثقافة المنظمة، أيضاً التصميم يجب أن يتناسب مع تكنولوجيا أو طريقة سير العمل في المنظمة فمثلاً في المنظمات التي تعتمد بشكل كبير على التكنولوجيا يجب أن تعتمد على نظم من المرونة واللامركزية وعدم الرسمية.

تقييم الفاعلية التنظيمية Assessing Organization Effectiveness

فهم أهداف المنظمة وإستراتيجيتها هي الخطوة الأولى لفهم مفهوم فعالية المنظمة، كما

أن أهداف المنظمة تشكل سبب وجودها وتحدد المخرجات التي تسعى للوصول إليها، كما سيتم التحدث في هذا الفصل عن مفهوم الفعالية وكيف يتم قياسها.

يمكن تعريف الفعالية: هي عبارة عن درجة قدرة المنظمة على تحقيق أهدافها، حيث يتم الأخ- بعين الاعتبار مجال المتغيرات على مستويين هما مستوى الأقسام ومستوى المنظمة، أو يمكن تعريف الفعالية على أنها مجموع أو كمية المصادر المستخدمة لإنتاج المخرجات، هذا المصطلح يعتبر من أكثر المصطلحات تحديداً والذي يلائم العمل الداخلي للمنظمة حيث إذا استطاعت إحدى المنظمات أن تستخدم مصادر أقل لإنتاج نفس المخرجات التي تخرجها منظمة أخرى فإنها تعتبر أكثر فعالية.

بشكل عام تعتبر الفعالية من الصعب قياسها، فمثلاً المنظمات الكبيرة تنتج خدمت متنوعة وتنف- أنشطة متنوعة وتنتج مخرجات متنوعة يمكن قياسها، وإن كافة المدراء في جميع المنظمات عندهم مشكلة في قياس الفعالية لمنظماتهم، إما في الشركات الحالية يستخدم المدراء طرق جديدة لقياس الفعالية باستخدام مؤشرات مثل رضا الموظفين أو مدى تلبية رغبات الزبائن.

الفاعلية التنظيمية

من المهم جداً التمييز بين مفهومي الفاعلية والكفاءة، على الرغم من الإرتباط الكبير بين المصطلحين إلا أن هناك فرقاً هاماً بينهما، فالمنظمات يمكن أن تكون فعالة وفي نفس الوقت غير كفؤة على حد كبير كما يمكن أن تتمتع بقدر كبير من الكفاءة في حين تكون غير فعالة. يشار في العادة إلى الفاعلية باعتبارها الدرجة التي تحقق بها الأهداف المحددة سلفاً. إما الكفاءة فتشير إلى الطريقة الإقتصادية التي يتم إنجاز العمليات المتعلقة بالأهداف، وتمثل إلى حد بعيد بنسبة المدخلات للمخرجات كالآتي:

$$\text{كفاءة المنظمة} = \frac{\text{قيمة المخرجات}}{\text{قيمة المدخلات}}$$

ويحدد معدل الإنتاج الذي تحققه المنظمة في ظل الموارد المحددة التي تستخدمها كفاءتها. كما أن المدى الذي تنجح فيه في القيام بما أنشئت من أجله يحدد فاعليتها، ويعتبر مفهوم الفعالية أوسع وأشمل من مفهوم الكفاءة، ففعالية المنظمة تأخ- بعين الاعتبار

العديد من العوامل الداخلية والخارجية، ؟أما مفهوم الكفاءة يركز على العمليات الداخلية في المنظمة.

ونتيجة لتنوع أهداف المنظمات وتنوع البيئات التي تعمل فيها وتعدد أنماط التكنولوجيا التي يمكن أن تستخدمها وتفاوت المنظمات في مراحل دورة حياتها، توجد العديد من المداخل لقياس الفعالية التنظيمية، ويمكن تصنيف هذه المداخل إلى مجموعتين هما:

1) مجموعة المداخل التقليدية وتشمل:

أ- مدخل موارد النظام.

ب- مدخل العمليات الداخلية.

ج- مدخل الأهداف.

2) مجموعة المداخل المعاصرة في قياس الفعالية وتشمل:

أ- مدخل أطراف التعامل أو (أصحاب المصالح).

ب- مدخل القيم التنافسية.

وفيما يلي عرض لأهم المفاهيم التي يعتمد عليها كل مدخل في قياس فعالية المنظمات وهي:

أولاً: المداخل التقليدية في قياس الفعالية: ركزت المداخل التقليدية لقياس فعالية المنظمات على أجزاء مختلفة من المنظمة، فالمنظمة تحصل على مواردها من البيئة الخارجية، ثم تقوم بتحويل هذه الموراد إلى مخرجات ثم تسعى إلى تصريف هذه المخرجات في البيئة الخارجية، ويمكن قياس فعالية المنظمات من خلال التعرف على مدى قدرتها على القيام بهذه العمليات الثلاث : الحصول على الموارد، والقيام بالعمليات التحويلية، وتحقيق المخرجات، وذلك على النحو التالي:ذ

1- مدخل موارد النظام Resouce Baded Approach يهتم مدخل موارد النظام بجانب المدخلات في تقييم فعالية المنظمات، فهو يفترض أن المنظمة تكون فعالة إذا استطاعت أن تحصل على ما تحتاج إليه من موارد وتعرف الفعالية التنظيمية لهذا المدخل بأنها قدرة المنظمة أو النسبية على استغلال البيئة التي تعمل فيها في الحصول على ما تحتاج إليه من موارد نادرة وذات قيمة.

ويعتمد هذا المدخل في قياس فعالية المنظمات على مجموعة من المؤشرات التي تعكس مدى قدرة المنظمة على توفير ما تحتاج إليه من موارد ومن أهم هذه المؤشرات:

أ- القدرة التفاوضية للمنظمة في الحصول على مواردها الأساسية.

ب- قدرة المنظمة على الاستجابة للتغييرات في البيئة الخارجية.

ج- قدرة متخذي القرارت على فهم وتحليل خصائص البيئة التي تعمل فيها المنظمة.

ويمكن الإستفادة من مدخل موارد النظام في قياس الفعالية التنظيمية عندما يكون من الصعب قياس الفعالية بطريقة أخرى، فالمنظمة الاجتماعية التي لا تهدف إلى تحقيق أرباح يكون من الصعب قياس فعاليتها من خلال المخرجات أو عملياتها الداخلية، ولذلك يفضل قياس فعاليتها من خلال قدرتها في الحصول على التمويل اللازم لمشروعاتها أو قدرتها على جذب أعضاء جدد ومن عيوب هذا المدخل أنه يركز على قدرة المنظمة في الحصول على ما تحتاج إليه من موارد ويتجاهل كيفية استخدام وتوظيف هذه الموراد بعد الحصول عليها.

2- مدخل العمليات الداخلية Internal Process Approach يهتم هذا المدخل بمدى كفاءة العمليات التشغيلية الداخلية في المنظمة ووجود المناخ النفسي السائد بين العاملين فيها. وتعتبر المنظمة فعالة وفقاً لهذا المدخل إذا اتصفت عملياتها الداخلية باليسر والسلاسة وعدم وجود معوقات، وارتفعت درجة رضا العاملين عن عملهم، إن العنصر الهام في الفعالية وفقاً لهذا المدخل هو ما تفعله المنظمة بما توافر لديها من موارد.

ومن مؤشرات قياس الفعالية وفقاً لهذا المدخل وجود مناخ عمل إيجابي وشيوع روح الفريق والعمل الجماعي بين أعضاء المنظمة، هذا بالإضافة إلى ارتفاع الكفاءة الاقتصادية الداخلية، ويتميز هذا المدخل في قياس الفعالية باهتمامه بالموارد البشرية في المنظمة باعتبارها مورداً إستراتيجياً هاماً، ورغم ذلك فهو لا يخلو من عيوب فمن أوجه قصور هذا المدخل تجاهل علاقة المنظمة بالبيئة الخارجية والإفراط في الإهتمام بالعمليات الداخلية، فضلاً عن أن قياس المناخ النفسي ورضا العاملين تعتبر مسألة حكمية تتأثر بالعديد من العوامل التنظيمية والشخصية.

3- مدخل الأهداف Goal Approach يهتم هذا المدخل بجانب المخرجات في تقييم فعالية المنظمات (أي إنجاز الأهداف والقدرة الفردية والتنظيمية في تحقيقها) فهو

يركز على التعرف على الأهداف التنظيمية المعلنة، ثم يقيس مدى قدرة المنظمة على تحقيق مستوى رضا منها، وهو مدخلاً منطقياً لأنه يقيس مدى تقدم المنظمة في تحقيق أهدافها، ويعتمد مدخل الأهداف على الأهداف التشغيلية كمؤشرات لقياس فعالية المنظمة فالأهداف الرسمية غالباً ما تكون تجريبية وغير قابلة للقياس، في حين أن الأهداف التشغيلية غالباً ما يتم التعبير عنها بشكل كمي قابل للقياس ومن أكثر الأهداف شيوعاً في قياس فعالية منظمات الأعمال هي: الربحية/ النمو/ معدل العائد على الاستثمار/ حصة المنظمة من السوق.

ويمثل تحقيق المنظمة لأهدافها شرطاً ضرورياً لفاعلية الأداء من منطلق مدخل الأهداف، وتساعد النشاطات الأساسية التي يجب أن تنغمس فيها كل المنظمات على تحديد ماهية الأهداف التنظيمية، وما يجب أن تكون عليه الأداء وبالتالي الفاعلية. ويمكن تقسيم هذه النشاطات بصورة تقريبية عى النحو التالي:

1- الحصول على الموارد .

2- الاستخدام الكفؤ للمدخلات بالنسبة إلى المخرجات وإنتاج مخرجات من سلع أو خدمات.

3- القيام بتأدية المهام الفنية والإدارية بصورة عقلانية رشيدة والاستثمار في المنظمة.

4- الامتثال إلى القواعد السلوكية.

5- إشباع الرغبات العديدة لمختلف الأفراد والمجموعات.

تتصف الأهداف التنظيمية وفقاً لهذا المدخل بما يلي: التحديد والتعريف الدقيق للأهداف وقابليتها للفهم والتنفيذ، وهناك أهداف نهائية وأخرى مرحلية أو وسيطة تقود للأهداف النهائية، وأن تكون الأهداف محدودة بشكل يمكن إدارتها وإنجازها بشكل ملائم، وأن يكون هناك اتفاق عام على الأهداف المحددة أن تفهم مشترك لها وأن يكون هناك مقياس عملي لمدى التقدم في إنجاز الأهداف المحددة. وأهم المشكلات التي يواجهها هذا المدخل في قياس فعالية المنظمات هي:

(1) تعدد الأهداف التنظيمية وفي بعض الأحيان تعارضها مما يجعل قياس الفعالية باستخدام مؤشر وحيد يعتبر أمراً غير مقبول، ويتطلب تقييم فعالية المنظمات في هذه الحالة الأخ- في الاعتبار العديد من الأهداف في نفس الوقت.

(2) وجود بعض الأهداف التي يصعب قياسها بشكل كمي خاصة بالنسبة للمنظمات غير الهادفة لتحقيق الأرباح الأمر الذي يؤدي في معظم الحالات إلى استخدام مؤشرات شخصية وليست موضوعية لقياس مدى قدرة المنظمة على تحقيقها، مثال ذلك: سؤال العاملين أو المديرين أو المستهلكين أو غيرهم عن رأيهم في قدرة المنظمة على تحقيق الأهداف.

(3) عدم إجماع أو اتفاق حول الأهداف أو الوسائل التي يقاس بها تحقيق الأهداف.

يمكن توضيح المداخل التقليدية في قياس الفعالية التنظيمية كما في الشكل(2)

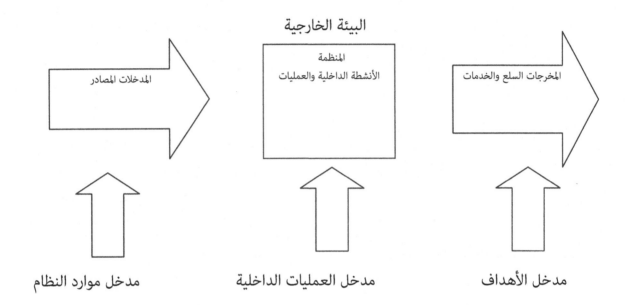

ثانياً: المداخل المعاصرة في قياس الفعالية: نتيجة لأوجه القصور التي تعاني منها المداخل التقليدية في قياس الفعالية اتجهت الكتابات الحديثة إلى تقديم مداخل أكثر شمولية لقياس فعالية المنظمات. واعترفت هذه المداخل بتعدد أهداف المنظمات وتعدد عملياتها وتعدد أطراف التعامل معها، ولذلك فقد سعت إلى دمج العديد من المؤشرات في نموذج واحد متكامل لقياس فعالية المنظمات ومن أهم هذه المداخل مدخل أطراف التعامل أو كما يطلق عليه أحياناً مدخل أصحاب المصلحة، ومدخل القيم التنافسية، وفيما يلي عرض للمفاهيم الأساسية التي اعتمد عليها كل منهما:ذ

1- مدخل أطراف التعامل (تعدد المنتفعين) Stakeholder Approach يركز هذا

المدخل في قياس فعالية المنظمات على الأخ- في الاعتبار رغبات وأهداف أصحاب المصلحة من المتعاملين مع المنظمة ومقارنتها بالمتحقق فعلاً في هذا المدخل، وصاحب المصلحة هو كل فرد أو مجموعة من الأفراد الذين لهم اهتمام بنواتج أداء المنظمة، ولهم مصلحة في بقاء المنظمة واستمرارها.

وما يراها كونولي(Connolly) ومساعدوه هو رؤية للفاعلية تسمح بتعدد التقويمات من مجموعات متعددة (أصحاب العمل/ المديرين/ المستخدمين/ العملاء/ الموردين/ المنظمين، وغيرهم).

وغالباً ما تتعارض أهداف ومصالح هذه الأطراف مع بعضها البعض وذلك على النحو التالي:

1) الموردين: هدفهم إلزام المنظمة بسداد قيمة الموارد المباعة لها.

2) المستهلكين: هدفهم الحصول على أعلى جودة بأقل الأسعار.

3) العمال: هدفهم الحصول على أعلى الأجور وأفضل ظروف عمل ممكنة.

4) الملاك: هدفهم تحقيق أعلى معدلات عائدة على استثماراتهم.

5) المديرون: هدفهم الحصول على أعلى مرتبات وأكبر قدر من السلطة والنفوذ.

6) الحكومة: هدفها الالتزام بالقوانين واللوائح.

7) المجتمع: هدفه مشاركة المنظمة في عملياتها للتنمية الاقتصادية والاجتماعية، وحماية البيئية من التلوث، وزيادة رفاهية المواطنين.

والمشكلة الأساسية في هذا الدخل هو تعارض أهداف أصحاب المصالح المختلفة مما يصعب عملية قياس الفعالية، ولذلك غالباً ما يثار سؤال: من هو الطرف الذي يجب أن تسعى المنظمة إلى تحقيق أهدافه أولاً؟ لقد قدم المدخل أكثر من نموذج يمكن أن يساعد المنظمة في الإجابة على هذا السؤال ويجب على المنظمة أن تختار النموذج الذي يتناسب مع ظروفها وطبيعة عملها وذلك على النحو التالي:

أ- النموذج النسبي: ويرى ضرورة أن تعطي المنظمة أوزاناً متساوية نسبياً للأطراف المختلفة للتعامل معها، فلا تفضل صاحب مصلحة معينة على آخر، وبالتالي كل أصحاب المصالح المختلفة لهم نفس الأهمية النسبية.

ب- نموذج القوة: ويرى أن المنظمة يجب أن تحدد أقوى أطراف التعامل ثم تحاول أن

تشبع أهدافه واحتياجاته أولاً، وأقوى أطراف التعامل هو الطرف الذي يؤثر بشكل مباشر على بقاء واستمرار المنظمة، وبالتالي لا بد من إرضاء هذا الطرف أولاً حتى ولو على حساب الأطراف الأخرى.

ج- نموذج العدالة الاجتماعية: وهو عكس نموذج القوة، فالمنظمة وفقاً لهذا النموذج عليها أن تبحث عن أقل الأطراف رضا ثم تحاول أن تشبع أهدافه واحتياجاته أولاً، والهدف من هذا النموذج هو تقليل عدم رضا الأطراف المختلفة للتعامل، فإذا لم ترد أي شكوى من طرف معين فهذا يعني أن هذا الطرف راض عن المنظمة، وفي حالة ظهور أي شكوى فعلى المنظمة أن تعالج أسباب هذه الشكوى أولاً حتى تضمن رضا جميع الأطراف.

د- النموذج التطوري: وهو يفترض أن أهمية أطراف التعامل المختلفة تتغير بمرور الزمن، وأيضاً تتغير خلال المراحل المختلفة من دورة حياة المنظمة. ففي مرحلة النشأة قد يكون المستهلكون هم أهم أطراف التعامل وبالتالي لا بد من إعطاء عناية خاصة لهم إلى أن تستطيع المنظمة أن تثبت وجودها في السوق. ومن أهم ما يميز مدخل أطراف التعامل:

(1) أنه ينظر بشمولية لمفهوم الفعالية ويأخ- في الاعتبار العديد من العوامل الداخلية والعوامل الخارجية التي تؤثر على أداء المنظمة.

(2) كما أن النموذج يأخ- في الحسبان أيضاً مسؤولية المنظمة تجاه المجتمع الذي تعمل فيه.

2- مدخل القيم المتنافسة Competing Vales Approach

قدم كوين وروباف (Quinn an dR ohrabuagh) في يأخ- مدخلاً معاصراً لقياس فعالية المنظمات في الحسبان المؤشرات المتنوعة التي قدمتها المداخل السابقة لقياس الفعالية، فقام بدراسة توجهات المديرين في العديد من المنظمات، ويمكنهما التمييز بين نوعين من التوجهات هما:

أ- التوجه الداخلية (جزئي) InternalFocus، ويعني اهتمام إدارة المنظمة برضا العاملين ورفاهيتهم، والعمل على زيادة كفاءتهم ومهارتهم في العمل.

ب- التوجه الخارجي (كلي) External focus ويعني اهتمام إدارة المنظمة بدعم مركز المنظمة في معاملاتها مع البيئة الخارجية، والعمل على تنمية علاقات قوية مع أطراف التعامل الخارجيين. أيضاً قاموا بالتمييز بين نوعين من الهياكل التنظيمية التي تعكس أنماطاً مختلفة للإدارة وهي:

1- الهيكل الجامد (النظام المغلق) ، ويعكس اهتمام الإدارة بأحكام الرقابة من أعلى إلى أسفل والالتزام بإجراءات ونظم العمل وهو نمط مشابه للهيكل الميكانيكي.

2- الهيكل المرن (النظام المفتوح): ويعكس اهتمام الإدارة بعمليات التكيف والتغير من فترة لأخرى، وهو نمط مشابه للهيكل العضوي.

ويقدم هذا المدخل بناءً على بعدي توجه الإدارة ونوع الهيكل أربعة نماذج مختلفة لقياس الفعالية التنظيمية، يعكس كل نموذج منها توجه وتركيز مختلف للإدارة كما في الشكل(3)

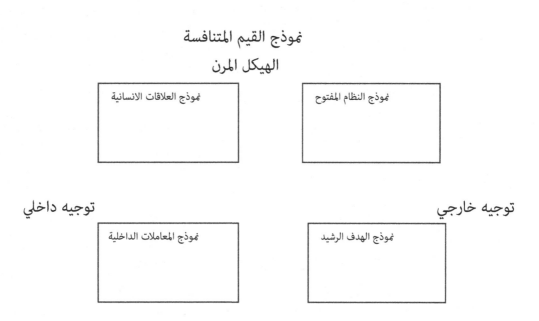

نموذج القيم المتنافسة
الهيكل المرن

| نموذج العلاقات الانسانية | | نموذج النظام المفتوح |

توجيه داخلي      توجيه خارجي

| نموذج المعاملات الداخلية | | نموذج الهدف الرشيد |

يمكن شرح مدخل القيم المتنافسة كما في الشكل السابق في أربعة نماذج وهي:

(1) نموذج العلاقات الإنسانية: يعكس التوجه الداخلي للإدارة مع استخدام هيكل مرن، وفيه يكون هدف الإدارة هو المشاركة والتماسك بين العاملين ورفع رضاهم عن العمل، وتكون وسيلتهم في ذلك هي الإهتمام بتدريب العاملين وزيادة عوائدهم المالية.

(2) نموذج النظام المفتوح: ويعكس التوجيه الخارجي للإدارة مع استخدام هيكل

مرن، وتهدف المنظمة فيه إلى تحقيق النمو والحصول على الموارد اللازمة من البيئة الخارجية، وتسعى المنظمة إلى تحقيق هذه الأهداف من خلال تنمية علاقات مع أطراف التعامل في البيئة الخارجية.

(3) نموذج الهدف الرشيد: ويعكس التوجه الخارجي للإدارة مع استخدام هيكل جامد، وتهدف المنظمة وفقاً لهذا النموذج إلى زيادة الإنتاجية والكفاءة الربحية، وتسعى إلى تحقيق هذه الأهداف من خلال وضع خطط وإستراتيجيات لتحقيق وتعظيم الأهداف.

(4) نموذج العمليات الداخلية: ويعكس التوجه الداخلي للإدارة مع استخدام هيكل جامد، وتهدف المنظمة وفقاً لهذا النموذج على تحقيق الاستقرار الداخلي، وتسعى المنظمة إلى تحقيق هذا الهدف من خلال وضع نظم جيدة للاتصال والمعلومات وصنع القرارات.

تعكس النماذج الأربعة بهذه الصورة تعارض القيم التنظيمية وتعتمد الفكرة الأساسية لهذا المدخل على المدير يجب أن يحتفظ لنفسه بمكانة وسط بين هذه النماذج المتعارضة، فكل نموذج يتعارض تماماً مع النموذج المقابل له. فزيادة الإهتمام بالعلاقات الإنسانية قد تجعل المدير يتجاهل أهداف وخطط رشيدة للعمل، كما أن زيادة الإهتمام بالبيئة الخارجية قد تجعل المدير يهمل العمليات الداخلية، لذلك يجب على المدير أن يعطي اهتماماً متوازناً لهذه القيم المتعارضة.

أهم المشكلات التي توجه هذا المدخل ما يلي:

1- طبيعة الأهداف وكيفية قياسها.

2- أهمية الوسائل وأثرها في إنجاز الأهداف، وأن التركيز على الوسائل قد يعني أهمية أقل لإنجاز الأهداف.

محددات اختيار المدخل المناسب.

(1) تفصيلات الإدارة العليا للمنظمة، فالإدارة العليا هي المسؤولة عن نتائج أعمال المنظمة، وهي غالباً ما تمارس نفو- في وضع الأهداف التنظيمية وتحدد المعايير التي يمكن من خلالها تقييم فعالية المنظمة.

(2) مدى قابلية الأهداف للقياس الكمي، فكلما كانت الأهداف التنظيمية قابلة للقياس

الكمي والموضوعي كلما كانت أكثر مناسبة لتقييم فعالية المنظمة من خلالها.

(3)الظروف البيئية. فالمنظمات التي تواجه بيئة تتصف بالندرة في الموارد الأساسية اللازمة لها غالباً ما تتجه لقياس فعاليتها باستخدام موارد النظام أو العمليات الداخلية.

معايير قياس الفاعلية التنظيمية:

1- الفعالية الكلية: وتعني القدرة التنظيمية في تحقيق الأهداف والنتائج المتميزة ضمن الإمكانات والمعطيات والظروف المتاحة.

2- الإنتاجية: وهي علاقة نسبية بين عناصر الإنتاج المستخدمة لتوليد كمية معينة من الإنتاج (سلع أو خدمات) وقيمة الإنتاج وفقاً لمقياس نقدي أو مادي محدد.

3- الكفاءة: وهي علاقة نسبية بين المدخلات ومخرجات معينة للوصول إلى أكبر مخرجات بأقل مدخلات ممكنة.

4- الربحية: وهي نسبة العائد المالي المتحقق من وراء استثمار أموال أو عناصر إنتاجية محددة.

5- النوعية: وتتمثل بمستوى الجودة وخصائص السلعة أو الخدمة المقدمة وفقاً لمعايير محددة.

6- الحوادث: وترتبط بمعدل الإصابات في مجال الأعمال.

7- النمو: وتتمثل في قدرة التنظيم على الازدهار والانتشار والتقدم.

8- الغياب: وهي ظاهرة القطاع أو ابتعاد مؤقت للعاملين عن مكان عملهم لأسباب عديدة.

9- دوران العمل: ويعني عدم استقرار العاملين في وظائفهم أي تنقلهم طوعياً أو غيره من وظيفة لأخرى أو من مؤسسة لأخرى.

10- الرضى الوظيفي: ويعني مستوى قناعة العاملين بجملة الحوافز والظروف والمعطيات المحيطة وهو تعبير عن الاتجاه المعنوي والمادي.

11- الحوافز والدوافع: وهي مجموعة المؤثرات المادية والمعنوية الذاتية والخارجية التي تواجه سلوك العاملين وتؤثر في معنوياتهم.

12- المعنويات أو الروح الجماعية: وهي الإحساس والشعور العام والتوجه النفسي الذي ينعكس مادياً على سلوك العاملين.

13- الرقابة: وهي آلية للضبط السلوكي العام فردياً وتنظيمياً ومجتمعياً.

14- الصراع/ التماسك: وهما طرفي خط متصل يلتقيان بدرجات نسبية متفاوتة، أي تكون عوامل الصراع مقابلة لعوامل التماسك والوحدة التنظيمية.

15- المرونة/ التكييف: وهي قدرة المنظمة على مواجهة الظروف المتغيرة والتأقلم معها إيجابياً.

16- التخطيط وتحديد الأهداف بدقة.

17- الإجماع على الأهداف: ويعني مدى موافقة الأفراد المعنيين على الأهداف وتفهمهم المشترك لطبيعة هذه الأهداف وسبل تحقيقها وكمية ونوعية وتوقيت إنجازها وغير ذلك.

18- وحدة وتماسك الأدوار والأعراف: أي الانسجام بين الأدوار والأعراف التي يتبناها الأفراد في التنظيم بحيث تشكل نظاماً موحداً ومتكاملاً ومنسجماً ذاتياً.

19- مهارات التفاعل الإداري: وتتمثل بمجموعة القدرات والخصائص السلوكية للمديرين والأفراد العاملين.

20- المهارات الإدارية المتعلقة بالمهمة: وتتمثل بالدرات الفنية والسلوكية والمتطلبات المتعلقة بالأداء الأمثل للمهمات المحددة.

21- الاتصال وإدارة المعلومات: وتتمثل في شبكة المعلومات والبيانات والاستفادة منها في مجال القرارات والأهداف والعلاقات التنظيمية المختلفة.

22- الجاهزية: وتتعلق بالقدرة المستمرة ومستوى الاستجابة الملائمة لمختلف المتغيرات والظروف.

23- استغلال البيئة: يمكن الاستفادة منها في خدمة المنظمة وأهدافها.

24- تقييم الوحدات والأشياء الخارجية: وتعني قدرة المنظمة في الحكم على المكونات البيئية وتقيمها السليم وتوجيهها لخدمة أهداف المنظمة.

25- الاستقرار: وتتمثل في مدى التغير البيئي الداخلي والخارجي والتنبؤ بهذا التغير والسيطرة عليها.

26- قيمة العنصر الإنساني: أي إدراك المنظمة لموجوداتها البشرية وتميزها وتنميتها والحفاظ عليها بما يخدم المنظمة.

27- المشاركة والتأثير المشترك: وتتمثل في مدى إسهام كافة العاملين وإطلاعهم وتأثيرهم في مختلف الشؤون التنظيمية.

28- التدريب والتطوير.

29- التركيز على الإنجاز: أي الإهتمام الكافي وإعطاء الأولوية للتركيز على الأداء والإنجاز الفردي والمؤسسي بحيث يصبح الإنجاز قيمة عظمى ومعياراً للتقدير والحفز والقرارات.

30- استعياب وذاتية الأهداف التنظيمية.

تعريف تصميم المنظمة: هي عملية تشخيص الموقف الذي يواجه منظمة معينة ومن ثم اختيار وتطبيق الهيكل التنظيمي الأكثر ملاءمة لذلك الموقف، وعلى ذلك يمكن تعريف الهيكل التنظيمي: بأنه عبارة عن إطار يحدد الإدارات والأقسام الداخلية المختلفة للمنظمة. وقد عرفها(Stonar): بأنها الآلية الرسمية التي يتم من خلالها إدارة المنظمة عبر تحديد خطوط السلطة والاتصال بين الرؤساء والمرؤوسين.

أهمية الهيكل التنظيمي في تصميم المنظمة:

يعتبر الهيكل التنظيمي وسيلة أو طريقة هادفة تسعى إلى تحقيق أهداف المنظمة، ويعتقد ( Peret Ducker) إن الهيكل التنظيمي يمكن أن يساعد على تحقيق أهداف المنظمة من خلال ثلاثة مجالات رئيسية وهي:

1-المساعدة في تنفي- الخطط بنجاح.

2- تسهيل تحديد أدوار الأفراد في المنظمة.

3- المساعدة في اتخا- القرارات.

خصائص التنظيم الفعال لأي منظمة:

إن الهيكل التنظيمي المناسب لأي منظمة يتأثر بعوامل عديدة أهمها: (حجم وعمر ومرحلة دورة حياة وبيئة وتقنيات المنظمة). ومهما كانت الظروف والعوامل التي تؤثر في نوع الهيكل التنظيمي، فإن أي هيكل تنظيمي ما هو إلا وسيلة. ولكي تكون هذه الوسيلة فعالة لا بد من أن تتوافر في الهيكل التنظيمي الخصائص التالية:

(1) تحقيق الأهداف بأقل تكلفة ممكنة.

(2) الإبداعية يجب أن يسهل الهيكل التنظيمي ويشجع على الإبداع.

(3) المرونة والتكيف، فجميع المنظمات تحتاج إلى هيكل تنظيمي يوفر المرونة والتكيف.

(4) تسهيل وتشجيع أداء الموراد البشرية وتطويرها.

(5) تسهيل التنسيق والتكامل بين مختلف الأنشطة والوحدات.

(6) تسهيل الإستراتيجية، يجب على الهيكل التنظيمي الفعال أن يسهل عملية صياغة استراتيجية المنظمة وتنفيذها.

هناك عدة مراحل لتصميم هيكل أي منظمة ويتم من خلال ما يلي:

1- تحديد الأهداف الأساسية للمنظمة.

2- تحديد النشاطات المختلفة للمنظمة.

3- تحديد الوظائف والأعمال وتكوين وحدات تنظيمية.

4- تحديد وتوزيع السلطات.

5- التنسيق والترابط بين الوحدات المختلفة للمنظمة.

وسيتم تناول كل مرحلة كما يلي:.

أولاً: تحديد الأهداف الأساسية للمنظمة

يمكن تعريف الأهداف على أنها الغايات المطلوبة الوصول إليها، ولا بد لكل منظمة من وجود أهداف تسعى إلى تحقيقها، ولا يمكن تصور وجود منظمة بدون أهداف، وعلى ذلك فإن تحديد الهدف أمر ضروري جداً لأن هذا من شأنه أن:

1- يساعد المنظمة في تحديد الإحتياجات التنظيمية وبالتالي تؤثر على اختيار هيكل تنظيمي جيد ومناسب.

2- يساعد أيضاً في الإسراع في القيام بالعمل.

3- تجنب الوقوع في الأخطاء.

4- يساعد على تخفيف التكاليف.

مثال على تحديد الأهداف: منها منظمة التعليم كوزارة المعارف حيث أن أهدافها الرئيسية توفير التعليم المجاني بكافة مستوياته لجميع أبناء البلاد. وهذا الهدف العام يمكن

تقسيمه إلى أهداف ثانوية كأن تقوم تلك المنظمة بتوفير التعليم الابتدائي والمتوسط والثانوي والمهني والزراعي والجامعي لأبناء تلك البلاد، وللقيام بتلك النشاطات إنها تنشأ الوحدات الإدارية (الإدارات والأقسام) في تلك المنظمة. وتتعاون الإدارات والأقسام جميعها في سبيل تحقيق الأهداف العامة للمنظمة.

ثانياً: تحديد النشاطات المختلفة للمنظمة وتقسيمها.

تتضمن هذه المرحلة تقسيم النشاط العام للمنظمة إلى أنشطة صغيرة وأنشطة أصغر وهكذا حتى نحصل على أعمال/ وظائف. لكل منها واجبات ومسؤوليات يمكن إسنادها للأفراد للقيام بها.

لذلك هناك أهمية لتصميم الأعمال في تصميم الهيكل التنظيمي، حيث إن عملية تصميم العمل هي عملية تحديد واجبات وسلطات كل عمل ووظيفة من قبل المدير، ومن هنا فإن الأساليب الحديثة في تصميم الأعمال هي:

1) تصميم الأعمال على أساس فريق العمل(Team based approach)

يكون على أساس توزيع الأعمال على فريق العمل مكون من عدة أفراد. ومنح الفريق استقلالية تامة في تخطيط وجدولة وتوزيع وتنفي- ومتابعة العمل.

2) التمكين للأفراد (Employee empowerment)

يركز على تحسين قدرات ومهارات الأفراد ومنحه الاستقلالية التامة في العمل ومساءلته عن نتائج أعماله.

3) تطبيق بدائل لجدولة العمل

تتم من خلال برنامج فعال حيث تحدد أيام العمل في الأسبوع وساعات العمل لليوم، ومكان العمل، وتقاسم العمل، والانقطاع المؤقت للعمل، إن من المهام للأساليب السابقة تحقيق التوازن بين كفاءة المنظمة وفاعليتها من ناحية، وتحقيق حاجات ورغبات الفرد وتحقيق مزيد من الحرية والاجتهاد والتحدي والتطوير.

ثالثاً: تحديد الوظائف والأعمال وتكوين وحدات تنظيمية:

نتيجة لتقسيم وتجزئة أنشطة المنظمة يصبح لدينا أعداداً كبيرة من الوظائف المتخصصة.

وبذلك يمكن أن تتم عملية تجميع الأعمال وإنشاء وحدات تنظيمية وفقاً لمعايير أسس عديدة لكل منها مزاياه وعيوبه. ومن أهم هذه الأسس للتنظيم ما يلي:-

1- تجميع التنظيم الوظيفي (Functional Departmenation)
2- تجميع التنظيم على أساس المنتج (Divisional Product Departmentatio)
3- تجميع التنظيم على أساس المنتفعين (Customer Departmentation)
4- تجميع التنظيم الجغرافي(Territorial Departmentation)
5- تجميع حسب مراحل العمل(Process Departmentation)
6- تجميع المزيج(Mixed Departmentation)

وسنناقش هذه الأسس باختصار:

(1) تجميع التنظيم الوظيفي.

يعتمد على تجميع الأعمال تبعاً للوظائف والأغراض التي تؤديها. من مزايا هذا النوع من التنظيم:

أ- كفاءة الأداء وتقليل ازدواجية العمل.

ب- تسهيل عملية تدريب الأفراد.

ج- يساعد مستويات الإدارة العليا على ممارسة الرقابة الفعالة على الأعمال والإشراف.

أما سلبياته:

أ- ميل الاختصاصين إلى التركيز على أهداف إدارتهم وإغفال أهداف المنظمة.

ب- زيادة أعباء رئيس المنظمة.

ج- صعوبة التنسيق بين الأنشطة الرئيسية كلما زادت المنظمة.

د- عدم إعطاء اهتمام مناسب للمنتجات والأسواق والمنتفعين.

(2) التنظيم على أساس المنتج.

يعتمد على جميع الأعمال المتصلة بإنتاج سلعة معينة في مجموعة واحدة. يريدها مدير واحد يشرف على جميع الأعمال. ومن أهم مزاياه:

أ- تركيز الإهتمام على خطوط الإنتاج.

ب- تحديد المسؤولية عن الأرباح.

ج- تسهيل تحديد الأداء وقياسه.

أما سلبياته:

أ- ارتفاع التكاليف نتيجة ازدواجية الجهود.

ب- يتطلب أعدادا كبيرة من الأفراد.

ج- يزيد من صعوبة ممارسة رقابة فعالة من قبل الإدارة العليا.

(3) التجميع على أساس جغرافي

يستخدم هذا النوع من التنظيم في الحالات التي تبيع المنظمة منتجاتها خدماتها إلى مناطق جغرافية متعددة. يديرها مدير أو رئيس واحد. ومن مزاياه:-

أ- تحديد المسؤولية في المستويات.

ب- إعطاء اهتمام كافي للأسواق.

ج- المساعدة في اتخاذ القرارات.

أما سلبياته:-

أ- صعوبة التنسيق بين المناطق الجغرافية.

ب- لا يسمح بالاستفادة من أنشطة الخدمات المساندة المركزية.

(4) التنظيم على أساس المنتفعين.

تميل المنظمات إلى تجميع الأعمال عندما يكون محور اهتمامها هو خدمة جمهور المنتفعين من خدماتها. والعمل على تحقيق رغباتهم وحاجاتهم بشكل جيد ويدريها مدير أو رئيس واحد. ومن مزاياه:

- يساعد المنظمة على إشباع رغبات وحاجات المنتفعين.

أما سلبياته:

أ-صعوبة التنسيق بين الوحدات التنظيمية.

ب- يزيد من احتمالات عدم تحقيق الاستخدام الفعال للقوى العاملة.

(5) التنظيم على أساس مراحل العملية.

يستخدم هذا النوع من التنظيم في المنظمات الصناعية أكثر من غيرها. وتقوم على أساس تجميع الأعمال التي تتصل بعملية معينة، ويتم تجميع الأنشطة حسب تسلسل مراحل العمليات. ومن مزاياه:ذ

أ- تحقيق كفاءة عالية في أداء الوحدات.

ب- تسهيل عملية الإشراف.

أما سلبياته:

أ- صعوبة التنسيق بين المراحل المختلفة.

ب- صعوبة تحقيق التوازن في خط الإنتاج.

(6) تجميع التنظيم المزيج أو المركب.

يعتبر وسيلة لتسهيل تحقيق أهداف المنظمة وفعاليتها وغالبا ما تستخدم المنظمات أكثر من أساس واحد للتنظيم. ويراعى في اختيار الأساس المناسب ما يلي:

أ- الإستفادة من مبدأ التخفيض في العمل.

ب- طبيعة نشاط المنظمة وأهدافها.

ج- المساعدة في تحقيق مناسب من التنسيق بين الوحدات والأنشطة المختلفة.

د- تسهيل عملية الرقابة.

هـ - تخفيض النفقات.

رابعاً: تحديد وتوزيع السلطات.

بعد تحديد وتكوين الوحدات التنظيمية تأتي مرحلة تحديد وتوزيع السلطات التي تتمثل في تحديد العلاقات بين الوحدات التنظيمية المختلفة لتعمل معا بفاعلية نحو أهداف المنظمة، وعلى ذلك تصنف توزيع السلطات في المنظمات كما يلي:

1- السلطة التنفيذية (Line Authority)

2- السلطة الإستشارية (Staff Authority)

3- السلطة الوظيفية (Functional Authority)

تستند السلطة التنفيذية إلى علاقة الرئيس - المرؤوس، وأما السلطة الاستشارية فتستند إلى الخبرة، وتكون السلطة الوظيفية من الوظيفة، وتتم ممارستها من قبل الرئيس على وحدات لا تتبع له مباشرة، هناك عوامل يجب مراعاتها في تحدي السلطات هي:

أ- وحدة الأمر/ القيادة.

ب- تكافؤ السلطة والمسؤولية.

ج- تفويض السلطة بشكل مناسب وفعال.

د- تحقيق درجة مناسبة من المركزية واللامركزية.

مفهوم المركزية: مدى تركز السلطة في قمة التنظيم ويكون متخذ القرار هو الرئيس الأعلى. فإذا كانت الإدارة مركزية فإن الحكومة المركزية في العاصمة تقوم بكافة الوظائف والمهام الإدارية بحيث لا يشاركها في القيام بهذا العمل سلطات المناطق والأقاليم (كالبلديات والمجالس المحلية). أما مفهوم اللامركزية: فهو تفويض القوة والسلطة وصلاحيات واسعة من المستويات العليا إلى المستويات الدنيا في المنظمة. وأما إذا كانت الإدارة لا مركزية فإنها تقوم بتوزيع الوظائف والأعمال الإدارية بين موظفي الحكومة المركزية في العاصمة وبين سلطات المناطق والأقاليم.

خامساً: التنسيق والترابط بين الوحدات المختلفة للمنظمة

إن التنسيق والترابط هو عبارة عن عملية تحقيق التوافق والانسجام بين مختلف الأعمال والأنشطة والوحدات، ويمكن من خلال التنسيق بين جهود الإدارات والأقسام المختلفة في المنظمة في القضاء على التكرار والازدواجية. ويجب التنبيه إلى أن جميع الوحدات التنظيمية تعمل بأكبر كفاية ممكنة وفي وقت موحد. ذلك لأن عمل كل جزء منها يتمم عمل الجزء الآخر. وهناك مؤثرات تساعد في تحقيق التنسيق الفعال بين الأنشطة والوحدات المختلفة في المنظمات منها:

1- أن تكون الأهداف واضحة في المنظمة والوحدات.

2- يجب على كل فرد معرفة دوره في تحقيق الأهداف التنظيمية.

3- وضع الإجراءات والقواعد في المنظمات.

4- الاستمرارية في توفير المعلومات.

5- خلق بيئة صحية مناسبة في المنظمة تساعد على تعزيز التعاون بين الوحدات المختلفة.

الوسائل المتبعة في التنسيق بين الوحدات المختلفة للمنظمة

(1) اجتماعات المجالس: مثل اجتماعات مجلس الوزراء، إذ يتم التنسيق بين أعمال جميع الوزارات والأجهزة في الدولة أثناء تلك الاجتماعات.

(2) الاجتماعات الدوية: يعقد الرئيس الإداري اجتماعات دورية مع مساعديه لتبادل وجهات النظر، واقتراح الحلول اللازمة لزيادة التعاون بين مختلف الإدارات.

(3)لجان التنسيق: تشكل لجان من ممثلين لمختلف المصالح والوزارات وذلك لأجل دراسة المشكلات المشتركة بينها، ولوضع الحلول المناسبة. مثل لجنة القوى العاملة.

(4) أجهزة التنسيق المتخصصة: تخصص أجهزة إدارية معينة لتقوم بمهام التنسيق ولا سيما فيما يختص بالأعمال ذات الطابع الفني.

العوامل التي تسترشد بها أي منظمة عند اتخاذ قرار تطبيق المركزية واللامركزية:

(1) حجم المنظمة.

كلما زادت حجم المنظمة زاد عدد القرارات وزاد عدد المستويات، وعلى ذلك يتطلب تطبيق مزيد من اللامركزية.

(2) تاريخ المنظمة.

إذا كان توسع المنظمة داخلياً يتم تطبيق المركزية، أما إذا كان التوسع ناتج عن الدمج أو الشراء فيتم تطبيق اللامركزية.

(3) طبيعة المنظمة.

إذا كان للمنظمة خط إنتاج واحد فيتم تطبيق المركزية، أما إذا كانت تنتج سلعاً عديدة فالأفضل تطبيق المزيد من اللامركزية.

(4) فلسفة الإدارة وشخصيتها.

إذا كان المنظمة يديرها أصحابها فإنها تميل إلى المركزية بينما المؤسسات التي يديرها مديرون متخصصون فإنهم يتوجهون إلى توزيع ونشر السلطة اللامركزية.

(5) دى انتشار المنظمة جغرافياً.

في المنظمات التي تنتشر أنشطتها وفروعها وأعمالها جغرافياً فإنه من الصعب تواجد سلطة ورقابة مركزية قوية في المنظمة.

(6) إن الحاجة لتدريب المديرين صغار السن يشجع على المزيد من اللامركزية.

(7) علاقة المنظمة بالبيئة الخارجية.

هنالك عوامل بيئية تؤثر في قرار تطبيق اللامركزية ومنها التشريعات الحكومية وسياسات الضرائب ونقابات العمال.

(8)الرغبة في الاستقلالية.

بعض المديرين ذوي القدرات العالية لا يتقبلون السيطرة من قبل سلطة أعلى ويرغبون في حرية التصرف في تسيير أعمالهم.

(9)مدى توافر الكفاءات الإدارية.

يكون النقص الحقيقي في عدد المديرين الأكفاء الذي يحد من مدى تطبيق اللامركزية.

(10) ديناميكية المنظمة.

إن نشاط وعمل المنظمة يؤثر في درجة اللامركزية المناسبة. حيث أنه في حالة النشاط سريع التغير ومواجهة مشكلات معقدة يؤدي ذلك إلى مشاركة المسؤولين في اتخا- القرار، أما في حالة الأنشطة المستقرة فهنالك ميل نحو المركزية.

هوامش الفصل الأول:

1) العميان، محمود سلمان، (2002)، السلوك التنظيمي ، (ط1) . دار وائل للطباعة والنشر . عمان - الأردن.

2) حريم، حسين، (2003)، إدارة المنظمات، (ط1). دار حامد للنشر والتوزيع. عمان - الأردن.

3) السالم، مؤيد، (2000)، نظرية المنظمة: الهيكل والتنظيم، دار وائل للنشر والتوزيع. عمان- الأردن.

4) المليحي، إبراهيم،(2000) ، الإدارة ومفاهيمها، دار المعرفة للنشر والتوزيع. مصر.

5) القريوتي، محمد قاسم، (2000)، نظرية المنظمة والتنظيم ، (ط1)، دار وائل للنشر والتوزيع والطباعة، عمان - الأردن.

6) عصفور، محمد شاكر،(1984) ، أصول التنظيم والأساليب، (ط6). دار الشرق للنشر والتوزيع. جدة.

7) Richard Daft, (2004). The eory &Organization Desig, 7 Ed, USA.

8) G Addison, Cases and Taxt theory Organizational .(1995) ,jones .R areth Westey Publishing company, New york -.

9) Daft, R., (1992) Organizational and Design, west publishing company, New York.

10) Stephen P.Robbins, (1990). Organization theory structure, designs and (applice - hall).

# 2

---

الفصل الثاني

بناء فريق العمل في المظمات

التنظيم والجماعة والفريق.

عملية بناء الفريق .

مراحل بناء الفريق.

بناء فريق العمل في المنظمات
التنظيم والجماعة والفريق

**التنظيم:**

التنظيم هو ممارسة شخصين أو أكثر في أنشطة معينة بهدف تحقيق هدف أو أهداف مشتركة، وقد يكون التنظيم رسمياً أو غير رسمي.

والتنظيم الرسمي يكون:

> مقنن:

له هيكل واضح يحدد حدود الإدارات والأقسام، نطاق الإشراف، خطوط السلطة والمسؤولية، وقنوات الاتصال.

> موثق:

يحدد بوضوح رسالة المنظمة، أهدافها، مجال نشاطها، خططها، إمكانياتها.

أما التنظيم غير الرسمي فهو:

شبكة من العلاقات الشخصية والإجتماعية تنشأ بين الأفراد نتيجة لوجودهم في مكان واحد، أو اشتراكهم في العمل لهدف واحد أو مشاركتهم في مشكلة واحدة. أو ممارستهم نشاط واحد.

الجماعة: هي عدد من الأفراد يجمعهم بناء اجتماعي أو تنظيمي.

وتتميز عن أي تجمع للأفراد بالآتي:

1. وجود شبكة متداخلة من العلاقات بين الأفراد.
2. وجود قيم مشتركة.

3. وجود قواعد سلوكية تحكم معاملات الأفراد.

4. وجود مشاعر واتجاهات تحكم علاقات الأفراد.

وقد تكون الجماعة رسمية تشكل لغرض أو هدف معين، أو غير رسمية مثل الشلل والأصدقاء.

الفريق: هو حالة خاصة من الجماعة ، يتميز بالآتي:

1. علاقة إعتمادية وتبادلية بين الأعضاء.

2. المشاركة في هدف واحد.

3. يشارك الأعضاء في تحديد الهدف

4. تتفاعل العلاقات والمعاملات بغرض تحقيق الهدف المشترك.

5. يشارك الأعضاء في خطوات اتخاذ القرار.

6. يتم تحديد قيادة الفريق والأدوار مسبقا.

7. يتم وضع خطة العمل بطريقة تشاركية.

8. المعلومات مفتوحة ومتاحة للجميع.

9. تتكامل الأهداف الخاصة مع الهدف المشترك.

أسباب انضمام الناس للجماعات.

1- أسباب تنظيمية:

لإنجاز عمل معين مثل: الإدارات، اللجان، وجماعات المهام المحددة.

2- أسباب مهنية:

العمل في مهنة واحدة، خبرات تخصصية متقاربة، الحصول على هوية مشتركة.

3- أسباب جغرافية:

التواجد في نفس المنطقة، أو العمل في نفس الموقع.

4- أسباب اقتصادية:

الاستفادة من الحوافز الجماعية وتوفير النفقات.

5. أسباب عملية:

تبادل الخبرة والمعرفة.

6. أسباب نفسية.

الشعور بالأمان، إثبات الذات، الإنجاز، التقدير والاحترام.

7. أسباب اجتماعية.

المركز والمكانة الاجتماعية، ممارسة الأنشطة الاجتماعية والترفيهية.

أسباب تكون فرق العمل:

1- تعقد الأعمال التي تقوم بها المنظمات.

2- تنوع المشكلات التي تواجه المنظمات.

3- تنوع المهارات والخبرات والمعلومات اللازمة لمجابهة المشكلات.

4- الحاجة إلى تنوع وجهات نظر لمواجهة المشكلات.

5- تشجيع الابتكار والحصول على أفكار وبدائل جديدة لحل المشكلات واتخاذ القرارات.

6- الدعم المعنوي المتبادل بين أعضاء الفريق.

7- الشعور المتبادل بالفخر والإنجاز، بما يؤدي إلى تقوية المنظمة وتماسكها.

مزايا فرق العمل بالنسبة للأفراد:

1- مزايا تنظيمية:

تماسك التنظيم ، تنسيق الجهود ، الفهم الواضح لأهداف المنظمة.

2- مزايا مهنية:

هوية مشتركة، تباد الخبرات والمعلومات والأفكار والابتكارات.

3- مزايا عملية:

اكتساب معارف ومهارات جديدة، والنمو والتقدم وتحقيق نجاح سريع.

4-مزايا نفسية:

الانتماء، الولاء بالتقدير، والشعور بالإنجاز، وتحقيق الذات.

5- مزايا اجتماعية:

العلاقات العميقة بين الأفراد، الاحترام المتبادل، ممارسة الأنشطة الاجتماعية والترفيهية المشتركة.

أنواع الفريق:

توجد 3 أنواع للفريق: فريق العمل، فريق حل المشكلات، وفريق التطوير.

فريق العمل:

يتكون لتحقيق هدف معين، من خلال خطة واضحة، وأدوار محددة ومعروفة للأعضاء. يتوقف نجاح الفريق على التزام الأعضاء ورغبتهم في العمل، مدى استجابتهم لمتطلبات العمل، ومدى إحاطة كل عضو بالأدوار المتوقعة منه.

فريق حل المشكلات:

يتكون لحل مشكلة معينة، يضع كل عضو خبرته لحلها، ويتكامل مجهوده مع مجهودات الآخرين، ويتوقف نجاح هذا النوع من الفريق على اقتناع الأعضاء بالمشكلة ورغبتهم في حلها، الثقة المتبادلة ، إيمان الفريق بإمكانية حل المشكلة عن طريق تجميع وتنسيق جهودهم.

فريق التطوير:

يتكون لاكتشاف آفاق وفرص جديدة، وتكون مهمته التحسين والتجديد والتطوير. يتوقف نجاحه على وجود القدرات الإبتكارية والتفكير غير التقليدي لدى الأعضاء، الرغبة في التطوير والتطلع للأفضل، الاعتقاد بأن هناك دائماً ما هو أفضل، ووجود النزعة التنافسية والحماس لدى الأعضاء.

عملية بناء الفريق:

تعريف عملية بناء الفريق:

هي عملية إدارية وتنظيمية تخلق من جماعة العمل وحدة متجانسة، متماسكة، متفاعلة، وفعالة.

وهي عملية مخططة تستهدف تكوين جماعة مندمجة ملتزمة قادرة على أداء مهام معينة وتحقيق أهداف محددة من خلال أنشطة متعاونة ومتفاعلة.

وهي عملية تستهدف تحسين فاعلية جماعة العمل من خلال أسلوب العمل، وعلاقات الأعضاء ببعضهم، ودور القائد تجاه الفريق:

افتراضات بناء الفريق

1. إن إنجازات الفريق أكبر من مجموع إنجازات الأفراد.

2. لكي تزيد إنتاجية الجماعة، يجب أن يتعاون الأعضاء وينسقوا جهودهم لإنجاز المهمة المطلوبة.

3. لكي يقبل الأفراد على المساهمة الفعالة، يجب أن يؤدي الفريق إلى إشباع الحاجات الاجتماعية والنفسية لهم.

4. زيادة فاعلية الفريق تؤدي إلى تحسين فاعلية المنظمة ككل.

5. يساعد بناء فريق الأعضاء على فهم سلوكهم الوظيفي والشخصي، ووضع الخطط لتطوير إنجازاتهم.

أسباب استخدام الفرق:

1. وجود مهام ذات طبيعة خاصة تستدعي وجود فريق بخبرات متعددة.

2. قصور الجماعة في تحقيق المهام المطلوبة.

3. وجود مشكلات يعجز الفرد الواحد أو التنظيم الإداري عن حلها.

4. وجود فرص جديدة يمكن اقتناصها.

5. احتياج المنظمة إلى أفكار جديدة.

6. وجود تحديات ومخاطر تواجه المنظمة.

7. وجود مشكلات في السلوك التنظيمي أو الاجتماعي.

إن بناء الفريق هو أحد الأساليب الفعالة للحصول على أداء أفضل وإنجاز أسرع، وعلاقات إنسانية أعمق، إلا أنه ليس الحل السحري للمشكلات التنظيمية، فهناك العديد من الحلول والأسلحة الأخرى التي يجب دراستها والمفاضلة بينها.

شروط تكوين فريق العمل:

1. أن يكون بناء الفريق نابعاً من رضا العاملين واقتناعهم ورغبتهم وليس بقرار مفروض من الإدارة.

2. أن يكون هناك سبباً قوياً لتكوين الفريق.

3. أن تكون العلاقة بين أعضاء الفريق إعتمادية تبادلية.

4. أن يتساوى الأعضاء في أهميتهم داخل الفريق.

5. أن يتفهم الأعضاء أدوارهم وأدوار الآخرين.

6. أن يتوفر لدى القائد والأفراد الرغبة الأكيدة في إنجاح مهام الفريق.

7. توافر حد معقول من الثقة والارتباط والاحترام والرغبة في التعاون والقدرة على تحمل الآخرين وتقبل اختلافات وجهات النظر.

مقومات بناء الفريق:

هناك ثلاثة عناصر تؤثر على بناء الفريق وتحدد درجة فاعليته: العنصر الفني، العنصر الإنساني، والعنصر البيئي.

العنصر الفني:

ويقصد به نوع المهمة المطلوب إنجازها، مدى صعوبتها، المعلومات المتاحة، الأساليب المختلفة لتحقيقها، والأدوات والأجهزة اللازمة لإنجازها.

العنصر الإنساني:

وهو يتمثل في القائد وأعضاء الفريق.

العنصر البيئي:

وهو يتمثل في البيئة التنظيمية والبيئة الاجتماعية.

قائد الفريق:

> هو المسؤول عن تحقيق التنسيق والتكامل والتفاعل بين أعضاء الفريق.

> يكون بينه وبين الأعضاء قدر كبير من الثقة والاحترام والتعاون.

> يكون مقتنعاً بأهداف الفريق مخلصاً في تحقيقها، جاداً في قيادة الأعضاء للوصول إليها.

> يجب أن تتوفر فيه شخصية ناضجة، وخبرة عملية مناسبة.

> يعمل القائد مستشاراً للفريق، يقوم بتسهيل مهمة الأعضاء، وترسيخ القيم والقواعد السلوكية، وتوجيه وتعليم الأعضاء، وتقديم النصح والمشورة.

أعضاء الفريق:

تؤثر النقاط السلوكية الآتية على نجاح الفريق:

> عدد الأعضاء وخبراتهم ومهنهم ومكانتهم في التنظيم الأساسي للمنظمة.

> القيم السائدة بينهم، ودرجة الانتماء والولاء للفريق.

> قدرتهم على العمل الجماعي، ومدى استعدادهم للتعاون.

> مهارات الاتصال وعلاقاتهم الاجتماعية.

> الروح المعنوية والمشاعر والاتجاهات.

> الدوافع المتنوعة لدى الأفراد ومدى إشباعها.

البيئة التنظيمية:

> المنظمة التي ينتمي إليها الأفراد: أهدافها، رسالتها، خططها، ومواردها.

> تركيب الإدارة العليا، وفلسفتها، وسياساتها.

> نظم الحوافز والتقييم، والتدريب، وفرص النمو.

البيئة الاجتماعية:

> المؤثرات الاقتصادية والاجتماعية لبيئة المنظمة والفريق.

> يلاحظ أن البيئة الاجتماعية تكون أكبر تأثيراً على الفريق؛ لأن عادات المجتمع وأعرافه تتغلغل في اتجاهات وسلوكيات الأفراد.

شروط نجاح الفريق:

نستخلص من كل ما سبق الشروط الآتية لنجاح الفريق:

- أن يتولى القائد التخطيط بمشاركة الأعضاء، وتنسيق الجهود بينهم.
- أن يكون الأعضاء على علم بالمهام المطلوبة، واقتناع بأهميتها، وقدرتهم على تحقيقها.
- أن تتوافر لديهم المهارات اللازمة لأدائها.
- أن تتوفر الرغبة في التعاون لتحقيق الهدف، والالتزام بتقديم المساهمات لباقي الأعضاء.
- أن تتوفر اتصالات مفتوحة ومعلومات متاحة للجميع.
- أن يتوفر بين الأعضاء الثقة والاحترام والمساندة، والرغبة في إذابة الاختلافات.
- أن يتوفر نظام فعال للثواب والعقاب "المادي والمعنوي".

مراحل بناء الفريق:

تمر عملية بناء الفريق بخمس مراحل أساسية: مرحلة التكوين، مرحلة الصراع، مرحلة وضع القواعد، مرحلة الأداء، مرحلة الإنهاء.

1- مرحلة التكوين:

هي أولى خطوات التحول من الفردية إلى الجماعية، حيث يتحول الفرد من كونه فرداً إلى عضو، ومن كونه وحيداً إلى كونه متفاعلاً، ومن كونه مستقلاً إلى مشاركٍ.

وهي مرحلة اختبار يكتشف فيها الفرد العلاقات الملائمة مع أعضاء الفريق، ويكتشف فيها البيئة النفسية والاجتماعية للفريق.

يسود في هذه المرحلة خليط من الشعور بالفرح بعضويته في جماعة، والتفاؤل بالقدرة على النجاح، والتوقع للنتائج الممكنة، والفخر لاختياره، والقلق والخوف من الفشل ، والشك في المهمة وفي باقي الفريق، والتشوق تجاه الفريق.

وبيد الأعضاء في هذه المرحلة سلوكاً يكون خليطاً من الأدب والمجاملة، والتعامل الرسمي مع الآخرين، محاولة فهم المهمة المطلوبة، التعرف على طرف الإنجاز، التعرف على السلوكيات المقبولة والمرفوضة.

البحث عن مصادر للمعلومات، ومحاولة التعرف على المشكلات المحتملة، وطرق مواجهتها، الشكوى من الصعوبات المتوقعة سواء أكانت حقيقية أم وهمية، بعض الضيق والتبرم، والتردد والإحجام.

لدعم الأفراد في هذه المرحلة يمكن التهيئة المبدئية والتمهيد وتقديم المعلومات لتوضيح رسالة الفريق، وأهدافه، والمهمة المطلوبة، ومعايير النجاح، إبراز السلوك المرغوب والمرفوض، وتدريب الأعضاء على أداء المهام مع التركيز على المهارات التي تنقصهم.

2- مرحلة الصراع:

هي أصعب المراحل في بناء الفريق، حيث يبحث فيها كل عضو عن مكانه ومكانته، وتبدو فيها الأهداف صعبة أو غير قابلة للإنجاز، وقد ينفذ صبر الأعضاء ، فيجادلون، يثرثرون، ويعترضون، ويقاومون، وينشأ النزاع بينهم، وقد يترك بعضهم الفريق، وقد ينحشر الفريق في هذه المرحلة ولا يحقق أي إنجازات.

يسود في هذه المرحلة شعور بتضارب وجهات النظر، والمقاومة والرفض، والحيرة، وعدم القدرة على التفكير السليم، وقد يشعرون بالارتياح عند وجود طاقة أمل في النجاح. ويبدي الأعضاء في هذه المرحلة سلوكاً يتسم بالجدال والمناقشة والتحدي، والتنافس والصراع، واستخدام وسائل الدفاع السيكولوجية من إسقاط، وتبرير، وانسحاب ، وهجوم، وأحلام يقظة، كما يبدءون في التشكيك في الأهداف والمهام، ويميل بعضهم إلى الثورة وفقدان السيطرة على الأعصاب، والدفاع الشديد عن وجهة النظر الشخصية.

يمكن مساعدة الفريق في هذه المرحلة بالتوضيح وتقديم المعلومات، والتحفيز وتأكيد قدراتهم على أداء المهمة، وتوضيح أمثلة لمهام مماثلة وكيف تم إنجازها، وكذلك استخدام أساليب حل النزاع من توفيق، تحاشي، تنازل، تكيف، تعاون ومشاركة.

3- مرحلة وضع القواعد:

بعد انقضاء مرحلة الصراع، تبدأ مرحلة قبول الأعضاء لبعضهم بعضاً، وللأدوار التي سيلعبونها، وللفريق ككل. تتميز هذه المرحلة بإنخفاض حدة النزاع، وبدء التعاون، ثم تزايده تدريجياً، وهي مرحلة وسيطة تمهد للمرحلة التالية وهي مرحلة أداء المهام، لذلك يجب أن تطول هذه المرحلة، ويتم وضع القواعد للعلاقات والمعاملات بين أعضاء الفريق، ليصبح الهدف هو الرباط أو العقد غير المكتوب الذي يجمع الفريق.

يكون شعور الأفراد في هذه المرحلة هو تقبل العضوية في الفريق، قبول الهدف المشترك، الراحة النفسية لحل النزاعات، والالتزام والعزم على التعاون والمشاركة.

ويكون سلوكهم في هذه المرحلة هو العمل على تسوية الخلافات، تبادل المعلومات، الصراحة والتعبير عن المشاعر، وتكون العلاقات الاجتماعية والشخصية مرحة ومسترخية.

ويمكن مساعدة الفريق بتشجيع المشاركة بين الأفراد، وتنمية الالتزام الذاتي والشعور بالمسؤولية، والتأكد من وضوح الأهداف، وإعطاء المعلومات اللازمة، وبدء عمل خطط وجداول العمل، وتوفير التدريب اللازم.

4- مرحلة الأداء:

هنا يبدأ الأعضاء في القيام بأدوارهم، ويمارسون تخصصاتهم المهنية أو الوظيفية، كلٌّ في مجاله، ويمارسون علاقات التعاون والترابط، ويتعرف كل عضو على دوره توقعات الآخرين، ويتفهم كل عضو نواحي القوة والضعف لديه ولدى الآخرين، ويفكر أعضاء الفريق في طرق الإنجاز وزيادة الفاعلية، ويمارس القائد دوره كموجه ومدرب وناصح، ويساعد الأعضاء على تقييم أداءهم.

ويسود الشعور بالرضا، حيث تبدأ خطوات التقدم ونتائجه في الظهور، والشعور بالثقة بالآخرين، حيث تكون الأمور قد استقرت وتعرف الأعضاء على بعضهم البعض، وكذلك الثقة بالنفس، وتنمو الرغبة في أداء الدور المطلوب للوصول إلى الشعور بالإنجاز وتحقيق الذات.

ويتسم سلوك أفراد الفريق بالتعاون، والقدرة على التنبؤ بالمشكلات، والرغبة في تفاديها أو علاجها، وتحمل المخاطرة من أجل تحقيق الهدف، والانغماس في الفريق.

ويمكن مساعدة الفريق أيضاً بالتوجيه والتدريب والتشجيع والمؤازرة.

5- مرحلة الإنهاء:

تحدث في حالة الفريق الذي يتكون لأداء مهمة معينة ينتهي دوره بانتهائها، مثل: إدخال تغيير معين، أو الإعداد أو تنفيذ مشروع ما. وقد ينجح الفريق في مهمته أو يفشل، ويكون على القائد أن يدرس مع الفريق العوامل التي أدت للنجاح أو الفشل، والدروس المستفادة، وكيفية عرض النتائج على الآخرين، والتقييم الكلي للتجربة.

ويكون شعور الأفراد في حالة النجاح: الفخر والبهجة والمرح والاعتزاز ، بينما في حالة الفشل يكون الشعور بالإحباط والغضب والإحساس بالعجز وربما الحزن لانفضاض الفريق.

يتسم سلوك الأفراد في حالة النجاح بالشكر والتقدير بين القائد والأعضاء بعضهم بعضاً، والتكاسل عن إجراءات انفضاض الفريق، وفي حالة الفشل يكون استخدام وسائل الدفاع السيكولوجية من إسقاط، وتبرير، وانسحاب، وهجوم، وأحلام يقظة.

هوامش الفصل الثاني:

1) القريوتي، محمد قاسم، (2000)، السلوك التنظيمي: دراسة للسلوك الإنساني الفردي والجماعي في المنظمات المختلفة، (ط3)، دار الشروق للنشر والتوزيع، عمان - الأردن.

2) حسن، رواية، (2004)، السلوك التنظيمي المعاصر، الدار الجامعية، القاهرة.

3) السالم، مؤيد، وصالح، عادل، (2002)، إدارة الموارد البشرية: مدخل إستراتيجي. (ط1). عالم الكتب الجديد للنشر والتوزيع، اربد - الأردن.

4) حنفي، عبد الغفار، (1993)، تنظيم وإدارة الأعمال، المكتب العربي الحديث، الإسكندرية - مصر.

5) صالح ، محمد فالح، (2004)، إدارة الموارد البشرية، (ط1) دار الحامد للنشر والتوزيع، عمان - الأردن.


6) WWW.folkernadoHeacadem.se.

7) Robbins, P.stephen, (2003) Organizational Behavior.

8) Ed., New Jersey: Prentice - Hall, Inc.

# 3

## الفصل الثالث
## الصراع والقوة والسياسة في المنظمات

أولاً : الصراع:

تمهيد .

مفهوم الصراع وأهميته.

أسباب الصراع .

الأبعاد النظرية للصراع .

الدراسات التي تناولت الصراع في المنظمة .

ثانياً: القوة :

تمهيد.

تعريف القوة.

مظهر القوة لدى الأفراد .

الأسس الخمس للقوة الفردية .

مظهر القوة لدى التنظيم

مصادر القوة في التنظيم .

أساليب (تكتيكات ) المناورات السياسية: الفرز يميزه القوة .

طرق اكتساب القوة .

ثالثاً : السياسية :

تمهيد .

تعريف السياسات .

تصنيف السياسات .

العوامل المؤثرة في بناء السياسات ( سياسات الأعمال)

خصائص السياسات الجيدة.

# الصراع والقوة والسياسية في المنظمات

## أولاً: الصراع:

### تمهيد:

حظي الصراع باهتمام واسع النطاق تجلى بتناوله من قبل العديد من الباحثين ومن مختلف الاتجاهات الفكرية، وقد عكست المدارس الإدارية بوجه عام تبايناً "كبيراً" في شأن الصراع، ودوره في سلوك الأفراد والمنظمات، واتجهت كل مدرسة فكرية إلى النظر للصراع من زاوية تختلف عن الأخرى، فقد اعتبرت المدرسة التقليدية الصراع أمراً "خطراً" يعبر عن الظاهرة السيئة التي غالباً " ما تصيب المنظمات أو جماعات العمل".

فهو حالة غير طبيعية لا بد من التخلص من أضرارها وتأثيراتها السلبية على المنظمة ونظر الباحثون من المدرسة الحديثة إلى الصراع على أنه أمر لا مفر منه في مختلف جوانب حياة المنظمة سواء ما يتعلق بالأفراد أو الجماعات أو المنظمة ككل.

فالصراع هو أحد أنواع التفاعلات الاجتماعية التي يمارسها الفرد بشكل علني أو ضمني بغية تحقيق هدف معين، ولذلك فإنه لا بد أن تقوم إدارة المنظمة بمواجهة الصراع بسبل قادرة على تكييفه لمصلحة المنظمة، وهي تسعى لتحقيق أهدافها.

### مفهوم الصراع وأهمية:

لقد أكد كيلي (Kelly. 1974) على أن الصراع هو نتيجة جانبية للتغيير وأنه من الممكن أن تتم الاستفادة منه ووصفه تحت سيطرة المنظمة، ويمكن أن يكون الصراع هادفاً وفعالاً، بحيث أنه يؤدي إلى تغيير الطاقات والمواهب والكفاءات الفردية والجماعية الكامنة وفي ضوء التباين الفكري بشأن الصراع فقد تم تعريفه بأشكال مختلفة، فقد عرفه سمث (Simth 1976.,): بأنه الموقف الذي تتعارض فيه بشكل أساسي، الظروف والممارسات والأهداف المختلفة.

كما عرفه ليكرت (Likert 1976,): بأنه المحاولات التي يبذلها الفرد لتحقيق أهداف معينة، لو تحققت لحجبت عن الآخرين الأهداف التي يبتغون تحقيقها، ولذا ينشأ العداء بين الجانبين.

أما مارج وسايمون (March and Simon 1958) فقد أعدّ على أن الصراع هو عبارة عن حالة اضطراب وتعطيل لعملية اتخاذ القرار بحيث يواجه الفرد أو الجماعة صعوبة في اختيار البديل الأفضل.

ويمكن تعريف الصراع بأنه " ارباك أو تعطيل للعمل ولوسائل اتخاذ القرارات بشكل يؤدي إلى صعوبة المفاضلة والاختيار بين البدائل".

أسباب الصراع:

إن مسببات الصراع تكمن في الخلاف حول حقيقة الاعتماد المتبادل بين الوحدات أو الأفراد أو الوظائف أو نتيجة للنقص في القيم المشتركة في إدراك الحقائق المختلفة إضافة لدور العوامل الذاتية في خلق الصراع إلى أن الأسباب الرئيسية في الصراع تكمن في صعوبة اتخاذ القرار سواء من الفرد أو الجماعة أو نتيجة للاختلاف في الأهداف بين الأفراد أو بين الجماعات.

وفي ضوء ذلك يمكن إيجاز الأسباب المؤدية للصراع بما يأتي:

أولاً: درجة الاستقلال الوظيفي:

إن شيوع ظاهرة اعتمادية بين الأقسام المختلفة وحاجة كل منها للآخر في الأداء الفني أو الخدمي، غالباً ما يؤدي إلى زيادة احتمال حدث الصراع، بحيث أن اعتماد كل قسم على قسم أخر في المنظمة يعد مصدر للصراع، وبالعكس كلما زادت درجة استقلال الأقسام عن بعضها فإن احتمال حدوث ظاهرة الصراع يغدو محدودا أو معدوماً أحيانا.

ثانياً: الاختلاف أو التباين في الأهداف:

يعد الاختلاف أو التباين بين الأهداف أو القيم أحد المصادر الرئيسية للصراع، فكلما ازدادت حده المنافسة بين العاملين في الأقسام ذات الأهداف المختلفة، كلما تعرضت المنظمة بين الأفراد أو الجماعات حسب مستوى درجة الولاء للجماعة أو القيم التي يؤمن بها أعضاؤها.

ثالثا: التداخل في الصلاحيات والمسؤوليات في الهيكل التنظيمي:

يحصل مثل هذا الصراع إما بصورة أفقية أو عمودية أو بهمها معا في الهيكل التنظيمي، ونشأ الصراع الأفقي بين الأقسام في نفس المستوى، حيثما يكون هناك اختلاف بين الأهداف، والمفاهيم المرتبطة بالتقسيمات أو بالوحدات التنظيمية بصورة أفقية أما الصراع العمودي فيحصل بين الروؤساء والمروؤسين حيث يحاول الروؤساء السيطرة على تصرفات المروؤسين والتدخل في شؤونهم التفصيلية، وغالباً ما يقابل هذا النوع من الصراع بمحاولات عنيفة للضغط على السلوك.

رابعاً: الخلافات بين الأقسام التنفيذية والاستشارية:

إن الجدال وعدم الانسجام هما من الظواهر اللازمة لهذين القسمين كما أن التنفيذيين غالباً ما ينظرون إلى الاستشاريين على أنهم يحاولون انتزاع السلطة منهم، وهذا يؤجج الصراع بينهم، ويدعو إلى تبني سياسيات حادة أساسها المنافسة والتحدي بينهما.

> مراحل الصراع:

يمكن أن يفهم الصراع بشكل أكثر وضوحاً من خلال النظر إليه كعملية متحركة (ديناميكية) تمر عبر سلسلة متعاقبة من المراحل أو الأحداث التي تتولد باستمرار وقد أشار بوندي (Bondy 1967) إلى خمس مراحل يمر بها الصراع:

1- مرحلة الصراع الضمني:

تتضمن هذه المرحلة الشروط أو الظروف الموضوعية لحدوث الصراع والتي غالباً ما تتعلق بالتباين في الأهداف أو الاعتمادية بين الأقسام، وغير ذلك من الأسباب التي تسهم في خلق صور الصراع بشكل ضمني وغير معلن.

2- مرحلة الصراع المدرك أو الملاحظة:

وفي هذه المرحلة يتم إدراك أو ملاحظة الصراع بين الأفراد أو الجماعات، وتلعب المعلومات المناسبة خلال قنوات الاتصالات دوراً مهماً في تغذية صور ومدركات هذا الصراع.

3- مرحلة الشعور بالصراع:

يتبلور الصراع بشكل أوضح وأكثر عن طبيعته ومسبباته وما سوف يؤدي إليه، وفي ضوء ذلك يحاول المتصارعون التخفيف من الآثار الناجمة عنه، وبخاصة الخوف والقلق.

4- مرحلة الصراع العلني:

يتبلور من خلال السلوك العلني الذي يمارسه الفرد تجاه أقرانه وبسبل مختلفة مثل العدوات والمشاحنات العلنية وقد يأخذ صوراً أخرى من اللاّمبالاة، أو الطاعة العمياء للأوامر أو القواعد السائدة كأسلوب عدائي يعبر عن العصيان.

5- مرحلة ما بعد الصراع العلني:

تمثل هذه المرحلة أعلى صور الصراع العلني بين الأفراد أو الجماعات أو المنظمات ويحصل هنا أمرين:

أولهما: أن الموقف الذي أدى إلى نشوء الصراع يعد أساسياً، لا يمكن حله أو معالجته وهذا غالباً ما يؤدي إلى تفكيك المنظمة والإضرار بها وبأهدافها وربما إلى زوالها.

ثانيهما: وهو الأكثر احتمالاً حيث يصار إلى اعتماد السبل الكفيلة بمعالجة الصراع وتخفيف حدته بين الأطراف المتصارعة، ومحاولة تحقيق الرضا بينهما.

أنواع الصراع:

أولاً: الصراع الفردي:

يمثل هذا النوع من الصراع ظاهرة صراع الفرد مع ذاته عند قيامه باتخاذ القرارات ويمكن أن ينشأ هذا الصراع للأسباب التالية:-

1- عدم تقبل القرار: ينشأ نتيجة لعدم توافر البديل الذي يحقق النتائج المطلوبة بكفاءة عالية.

2- عدم إمكانية المقاربة: أو (حالة المخاطرة) تنشأ نتيجة لعدم إمكانية الفرد من تشخيص القرار الأفضل اللازم لمعالجة المشكلة أو الظاهرة موضوع القرار.

3- عدم تأكيد المقارنة: يتعذر في هذه الحالة على الفرد معرفة التوزيع الإحتمالي للنتائج المتوقعة بسبب المشكلات الناجمة عن تداخل أو تشابك البدائل من حيث نتائجها القادرة على تحقيق أهدافه.

ثانياً: الصراع في المنظمة:

1- صراع الأفراد في المنظمة: صراع الفرد مع الأفراد الآخرين داخل المنظمة ويعود السبب الأساسي وراء هذا النوع من الصراع إلى اختلاف الشخصيات الفردية

التي هي حصيلة التباين في الخلفية الفكرية والثقافية والاجتماعية والاقتصادية بين مختلف الأفراد.

2- صراع الجماعات في المنظمة: يمثل صراع الجماعات داخل المنظمة بطبيعة الصراعات الناشئة على مستوى الجماعات في المنظمة، والذي يأخذ شكلين أساسين هما:

أ- الصراع بين الأقسام المختلفة.

ب- الصراع بين الاستشاريين والتنفيذيين.

ثالثاً: الصراع بين المنظمات:

تكاد لا تختلف الحالة التي تظهر بها صور الصراع بين المنظمات المختلفة عن طبيعة الصراعات التي تنشأ بين جماعات العمل ذاتها فالتباين بين المدركات والأهداف وسبب تحقيقها إضافة لمحدودية البيئة مثل حجم الأسواق وهيكل العرض والطلب والأسعار والمنافسة بين المنظمات.

الأبعاد النظرية للصراع:

إن الإنسان يحاول تحقيق أهدافه وغاياته إذا توافرت الظروف المناسبة له، وهنا يرى ماركس أن كل مجتمع أو نظام اجتماعي يملك عناصر وعوامل تراجعه وموته حتى يظهر مكانه نظام اجتماعي آخر، أما المفكر ابن خلدون فقد كان من أوائل من حاولوا تقديم محاولة فكرية في تاريخ البشر بخصوص الصراع، وتقوم فلسفته على ثلاثة مرتكزات هي:-

1- صعوبة أن يعيش الأفراد منعزلين، فلا بد من اجتماعهم وهذا الاجتماع سوف يترتب عليه صراعات مختلفة نتيجة لتداخل المصالح وتشابكها.

2- لا بد من وجود العدل بين الناس.

3- مقاومة العدوان وإقامة العدل.

إدارة الصراع:

لقد اتجهت النظريات التقليدية إلى اعتماد السلطة (القوة) في مواجهة الصراع وحسمه

وتحجميه إلى النظريات الحديثة فقد اعتمدت استراتيجيات مغايرة تماماً للمنطلقات التقليدية، فالاتجاهات الحديثة نظرت إلى الصراع من خلال كونه حقيقة قائمة لا مفر منها في المنظمات سواء على مستوى الأفراد أو الجماعات أو بين المنظمات، ولا تزال الدراسات النظرية والميدانية تلعب دوراً مهماً في إيجاد العديد من السبل الكفيلة بمعالجة الصراع، ومن أشهر الدراسات التي تناولت الصراع في المنظمة:-

أولاً: دراسة فوليت (Maary Follet 1940,).

تناولت فوليت ثلاث طرق لمعالجة الصرع هي:

1- الطالب والمطلوب أي تغلب طرف على طرف أخر.

2- التفاوض عن طريق التنازل من قبل الطرفين.

3- التكامل وذلك بالبحث عن حل يرضي الطرفين.

ثانياً: دراسة مارج وسايمون (March and Simon 1958).

حيث لاحظ مارج وسايمون بأن معالجة الصراع تكمن فيما يلي:

1- استخدام الأساليب العلمية في حل الصراع.

2- الإقناع.

3- التفاوض والتوفيق بين الأطراف المتصارعة.

4- السياسة ومحاولة زيادة قوة الطرف الضعيف في الصراع.

ثالثاً: دراسة بليك وموتون (Blak and Mouton).

1- الإخماد: قيام الإدارة بإصدار أوامرها لإنهاء الصراع أو أن أحد الطرفين يصدر أوامره للطرف الآخر بهذا المعنى.

2- التلطيف: التنفيس عن الصراع بمواساة الأطراف المتصارعة واستخدام اللغة العاطفية.

3- التجنب أو الانسحاب: محاولة توجيه الاهتمام عن الصراع إلى غيره من المجالات، أو إهماله أو تغيير الموضوع إلى غيره.

4- التوفيق: التوصل إلى حل وسط بين الطرفين المتصارعين يحقق لكل منهما مكاسبَ جزئية.

5- تدخل جهة ثالثة: ليست طرفاً في الصراع لمحاولة حله عن طريق التنسيق والتكامل والتعاون بين التنظيمات المتصارعة.

6- الانضمام: أي ضم المتصارعين لجماعة جديدة مثل دمج شركتين متنافستين في شركة واحدة.

7- العملية الديمقراطية: وذلك عن طريق الاجتماعات والندوات واللقاءات لتبادل وجهات النظر أو استخدام التصويت في اتخاذ القرارات.

8- تبادل او تناوب الوظائف: حيث أن إشغال كل طرف لموقع الطرف المتصارع الآخر يجعله يمكنه من فهم المهمات والاتجاهات والمشكلات وبالتالي يسهل الحل.

9- توسيع الأهداف: أي إضافة أو تنويع الأهداف الحالية بحيث تستجد أهداف أخرى يمكن التعاون على تحقيقها.

10- المجابهة والتفاوت، أي طرح الحقائق الموضوعية بين الأطراف المتصارعة وجهاً لوجه في جو لا تسوده العواطف والتوصل إلى قرار واقعي وقد يمكن آنذاك التعاون في إيجاد الحل المشترك.

وأخيراً لا بد للإدارة والمدير من الاستعانة بالإرشادات التالية في عملية الصراع:

1- الرؤية: أي سعي المدير لإقناع جميع العاملين بوجود هدف واحد يسعى الجميع لتحقيقه.

2- الأهداف: أن تكون واضحة ومحدودة للتطبيق، بحيث يقتنع جميع الأطراف بموضوعية هذه الأهداف وإمكانية تطبيقها.

3- الاتصال: تطوير قنوات الإتصال بين جميع الأطراف داخل المنظمة الإدارية بشكل يترتب عليه الشعور بالراحة من قبل الموظفين.

4- القيادة: وهذا يتضمن الأسلوب والنهج الإداري الذي يجب على المدير ممارسته بشكل يترتب عليه تأثير المدير الإيجابي على الأفراد العاملين.

5- التعليم: ويتم بصورة مستمرة في محاولة لتنمية وصقل مهارات العاملين وقدراتهم ومستوياتهم الثقافية.

ثانياً: القوة:

تمهيد:

يتطلع الناس إلى التحكم في أفعال الآخرين من أجل النجاح في التأثير على سلوكهم هذه حقيقة أساسية في حياة المنظمات أن الجهود المبذورة بغرض التحكم في الآخرين تعتبر شائعة على كل المستويات في المنظمات المعاصرة، ويمكن تعريف كما أورده الدكتور موسى اللوزي في كتابه التطوير التنظيمي بأن القوة هي " القدرة أو الطاقة للتأثير في سلوك الأفراد الآخرين، أو هي قدرة أحد الأطراف في التغلب على الطرف الآخر لغاية تحقيق بعض الأهداف، وكذلك يمكن تعريفها بأن القوة هي القدرة التي يملكها الشخص (أ) للتأثير في سلوك الشخص، ولهذا فإن الشخص (ب) يقوم بأفعال وأنماط سلوكية لا يمكنه القيام بها دون ذلك التأثير.

أياً كانت التعريفات فإن الفرد إذا كان يمتلك القوة فإنه يصبح متمكناً من تحسين جودة الحياة لأن الفاعلية الشخصية تتحقق بالقدرات وقوة الشخصية، وكذلك الوحدات الإدارية والتنظيمات إذا كانت متملكة للقوة تصبح قادرة على تحسين جودة الإنتاج والأداء فيبقيها ذلك ضمن دائرة التنافس والاستمرارية.

مظهر القوة لدى الأفراد:

تظهر قوة الفرد من خلال اعتقاده القوي بذاته على أداء الأشياء والاعتقاد بدوره يوجه العقل لإصدار أوامر باستنفار طاقة كفيلة بتحقيق هذا الاعتقاد والطاقة ينتج عنها أفعال والأفعال يتحقق من خلالها نتائج والنتائج إما أن تكون إيجابية بناءً على الاعتقاد الإيجابي، وإما أن تكون سلبية بناءً على الاعتقاد السلبي أن البعض يتباهى بامتلاكه قدرة أكبر من غيره على التأثير في الآخرين بنجاح هذه حقيقة من واقع الحياة في المنظمات لا يمكن إغفالها.

الأسس الخمسة للقوة الفردية:

1- قوة العائد للتحكم في موارد ثمنية: تستند إلى القدرة على التحكم في عوائد وموارد تنظيمية ثمينة مثل (العلاوات، المكافأت، الترقيات).

2- قوة الإكراه أو الإجبار للتحكم في العقوبات تستند على التحكم في عقوبات مختلفة مثل، (الإنذارات الرسمية، الوقف عن العمل، الخصم من الراتب).

3- قوة شرعية السلطة التنظيمية المسلم بها: تستند على الاعتقاد بأن الفرد يملك سلطة معترف بها وتمكنه من السيطرة على الآخرين بحكم موقعه التنظيمي، مثل (مدير يشغل منصب كبير في الإدارة العليا).

4- قوة المرجع أو الثقة في التحكم المستند على الإعجاب: تستند على الود أو الصداقة أو الاحترام أو الإعجاب من قبل المرؤوس لحائز القوة، مثل (الرئيس صديق حميم للمرؤوسين).

5- قوة الخبرة التحكم المستند على المهارة والمعرفة: تستند على الاعتقاد المقبول بامتلاك الفرد لمهارات أو قدرات مميزة أو نادرة أو قيمة، مثل (طبيب أخصائي أو خبير معلومات).

مظهر القوة لدى التنظيم:

إن استخدام القوة في المنظمات لا يقتصر على الأفراد وحدهم (بصفتهم الفردية) ولكن يشمل أيضا على الجماعات فتقسم المنظمات غالباً إلى وحدات فرعية وتكون كل وحدة مسؤولة عن وظيفة معينة مثل المالية أو الموارد البشرية أو التسويق وتحتاج هذه الأقسام الرسمية المسؤولة عن مختلف الأنشطة التنظيمية إلى القوة لأن عملها يتطلب في كثير من الأحيان توجيه أنشطة وحدات أو جماعات أخرى داخل المنظمة.

مصادر القوة في التنظيم:

1- المركز الوظيفي: فالفرد العامل في المنظمات الإدارية يستمد قوته من وظيفته في المنظمة فهناك وظائف تتمتع بمركزية كبيرة تعطي شاغرها قوة تأثير على غيره من الناس.

2- الصفات الشخصية: وهذه القوة تعتمد على قدرات الفرد في تطوير علاقاته مع الآخرين داخل التنظيم بشكل يعطيه قوة التأثير على سلوكهم وهناك من يتمتع بقوة نتيجة للخبرة أو للمعرفة في مجال عمله.

3- القوة الناتجة عن السيطرة على مصادر المعلومات: تعتبر عمليات الوصول إلى مصادر المعلومات من العوامل المؤثرة على سلوك الأفراد أو المنظمات في اتخاذ القرار الإداري الموضوعي.

أساليب (تكتيكات) المناورات السياسية : الفوز يميزه القوة:-

1-لوم ومهاجمة الآخرين:

يعتبر لوم ومهاجمة الآخرين ، حيثما تسوء الأحوال أحد تكتيكات المناورات السياسية الشائعة الاستخدام في المنظمات، فالعثور على "كبش الفداء" بمضي شخص يمكن أن يلام لخطأ أو فشل ما ، إن هذا الأسلوب يستخدم باستمرار في المنظمات بالرغم من إمكانية إثارة العديد من التساؤلات من الناحية الأخلاقية (بصراحة يعتبر هذا السلوك غير أخلاقي بالمرة).

2- التحكم في المعلومات:

يمكن النظر إلى المعلومات على أنها "الشريان" اللازم لحياة المنظمة، التحكم في من يعلم ومن لا يعلم بعض الأشياء أحد أهم من وسائل ممارسة القوة أو النفوذ في المنظمات.

3- تلميع الصورة:

إن الذين يهتمون بتدعيم سيطرتهم أو تحكمهم داخل المنظمات يقومون عادة بدرجة ما ببناء شخصيتهم أو تلميع صورتهم وهي تمثل محاولة لزيادة انطباع الآخرين المرضي أو الجيد عنهم.

4- تنمية أساس للمساندة:

إن الحصول على تأييد الآخرين والفوز بتدعيهم ومساندتهم يفيد عادة لممارسة التأثير الناجح على العبد.

5- الانحياز إلى آخرين أكثر قوة:

إن انحياز الفرد إلى من هم أكثر منه قوة، يعتبر أحد أكثر الأطراف المباشرة في كسب القوة وهناك وسائل كثيرة يمكن استخدامها في تحقيق ذلك.

كما تشير الدلائل إلى وجود ثلاث طرق لاكتساب القوة وهي:-

1-السلطة العربية:

إن السلطة الرسمية مصدر من مصادر القوة ، ونضيف هنا أنها ليست هكذا فقط ،

وإنما الأفراد العاملين في الوظائف القيادية يستطيعون التأثير من خلال قراراتهم الرسمية أيضاً فالمرؤوسين يقبلون هذا التأثير باعتباره حق ملازم لمركز المدير.

2- السيطرة على الموارد:

إن السيطرة على الموارد من قبل الفرد أو المجموعة لا يضمن امتلاك القوة ما لم تكن هذه الموارد نادرة.

3- تمركز شبكة العمل (Notwork Centrality)

وجود الفرد في المكان الصحيح داخل المنظمة قد يكون مصدراً للقوة فالأفراد والجماعات الذين يحتلون المركز في شبكة العمل يكتسبون القوة؛ لأن موقعهم يسمح لهم بأن يكاملوا بين الوظائف الأخرى.

ثالثا: السياسة:-

لا شك أن الأهداف التي تسعى المنظمة إلى تحقيقها هي التي تحدد بدرجة كبيرة طبيعة سلوكها واختياراتها، ونظراً لتعدد الأهداف واحتلالها في الأجلين القصير والطويل فإن هذا يعني أيضا تعدد الاحتياجات المرتبطة بها، وفي نفس الوقت نجد أن السعي لبلوغ هدف واحد مثل تعظيم معدل العائد على الاستثمار قد يرتبط بسلسلة أو عدد كبير من الاجتيازات وأنواع متعددة من السلوك غير أنه في الوقت الذي يمثل فيها التنافس والتوافق بين الأهداف أو بين الهدف الرئيسي والأهداف الفرعية نجد أن الاختيارات والسلوكيات المرتبطة به وقد تتصف بالتناقض أو التعارض.

إن هناك بعض السياسات الأساسية قد تتشابه تشابهاً كاملاً مع بعض الإستراتيجيات الأساسية فبينما نجد مثلاً أن سياسة إحدى الشركات تتمثل في شراء شركات أخرى بغرض تحقيق معدل نمو مرتفع فإن أخرى تسعى لتحقيق هذا النمو من خلال سياسة تنويع المنتجات أو التوسع في السوق وفي الواقع أن هامشين السياستين هما في الأصل عناصر أساسية الاستراتيجيات عامة أو رئيسية، والتي قد تعني (أي الإستراتيجية) في جوهرها حشد الموراد في اتجاه معين لتحقيق الأهداف.

تعريف السياسات:

السياسات (مجموعة من القواعد العامة توضع بمعرفة المديرين في المستويات الأعلى

لتوجيه وضبط الأعمال التي تتم في المستويات الإدارية الأقل ، فالسياسية بمثابة خرائط تبين الطريق أمام المرؤوسين وهي في هذا تقلل من الأسئلة التي توجه إلى الرؤساء في المشكلات المماثلة".

وأيضا (إن اصطلاح السياسة بصفة عامة يطلق على تلك القدرات الجوهرية التي تتم في منشأة معينة، وتتصف بأكبر قدر من التشعب وخفض أطول مدى زمني ويتطلب بصفة عامة أكبر قدر من المعلومات والتفكير مثل قرارات التنويع، أو التوسع أو الانكماش أو التصفية".

والسياسة هي مجموعة الإرشادات العامة أو الإطار العام الذي يقوم بتوجيه العمل الإداري.

ومن واقع التعاريف السابقة يمكن القول: بأن السياسية هي عبارة عن إطار عام يرشد تفكير العاملين في المنظمة لتحقيق هدف أو مجموعة من الأهداف مع الأخذ في الاعتبار أنه من الممكن التحرك بحرية خلال هذا الإطار بشرط عدم الخروج عليه، كما أن السياسات هي عبارة بمثابة خطط (في جوهرها) تقدم مرشداً يساعد في تحديد المسارات وطرق انجاز الأنشطة وبلوغ الأهداف.

تصنيف السياسات:

من الممكن تصنيف السياسات إلى نوعين أساسين:

الأول: السياسات العامة:

وهذا النوع من السياسات هو عبارة عن مجموعة من القواعد العامة التي تحكم التصرفات الخاصة لإنجاز الأعمال.

الثاني: السياسيات التنفيذية:

فالسياسات التنفيذية تشير إلى مجموعة من الضوابط والإجراءات التفصيلية الخاصة بتدفق انجاز الأعمال والأنشطة الوظيفية وتنطوي على خطورات التنفيذ السياسية العامة.

النوع الأول : السياسات العامة:

عادة يطلق عليها بالسياسات الرئيسية أو العليا، وعادة ما تكون بواسطة الملاك أو بواسطة الإدارة العليا، وعادة ما تكون من حيث مداها الزمني طويلة الأجل أو متوسطة

الاتجاهات الحديثة في المنظمات الادارية

الأجل، أما من حيث مداها التأثيري فهي مؤثرة جداً على المنظمة ككل ويمكن للإدارة العليا أن تجري أي تعديلات على هذه السياسات إذا تطلب الأمر ذلك وبما يتفق ومصالح الملاك.

النوع الثاني: السياسات التنفيذية:

فمن الممكن أن يطلق عليها بالسياسات التشغيلية أو الوظيفية، مثل سياسات الإنتاج والتسويق والشراء والأفراد وغير ذلك، وهذا النوع من السياسات تستند في أساسها على السياسات العامة أو العليا غير أنها تعمم وتنفذ بواسطة الإدارات الوظيفية في المنظمة بأقسامها ووحداتها المختلفة.

العوامل المؤثرة في بناء السياسات "سياسات الأعمال":

1- درجة التقدم التكنولوجي أو معدلات التغيير التكنولوجي .

2- حجم ودرجة تعقد ومدى تداخل وتعدد أنشطة المنظمة.

3- تعدد توقعات وتعارض مصالح أطراف التعامل الداخلي (العمال، الملاك ، الإدارة)، والخارجي (العملاء ، الموردين، .....الخ) مع المنظمة.

4- مدى توافر الإدارة المحترفة، وطبيعة الفلسفة الإدارية والتنظيمية السائدة.

5- الضغوط الخارجية التي ترتبط بسوق العمل والإنتاج والتصدير والقوانين الحكومية المنتظمة للأمن والأمان والحماية من التلوث " السياسات الاقتصادية".

6- درجة الوفرة أو الندرة في الأموال.

7- التحديات البيئية:

أ- عدم الإستقرار السياسي.

ب- انخفاض معدل النمو الاقتصادي وارتفاع تكلفة الأقراض والأموال.

ج- الخلل في نظم التجارة والصناعة المعمول بها في الدولة.

د- القوانين الاقتصادية الاجتماعية.

8- دور حياة المنظمة وطبيعة القرارات المرتبطة بكل مرحلة من المراحل وعلاقتها بالتغييرات البيئية.

- خصائص السياسات الجيدة:

1- المرونة: لمواجهة التغييرات في المواقف والظروف البيئية.

2- الوضوح وسهولة فهمها من قبل القائمين على التنفيذ.

3- التحديد القاطع وذلك لتجنب التأويل أو الاختلافات بين الأفراد في التفسير.

4- الارتباط بالأهداف والمساهمة الفعالة في تحقيقها.

5- الانخفاض في تكلفة التنفيذ أي يجب أن تكون السياسة أو الإستراتيجية اقتصادية بحيث يكون العوائد المحققة أعلى من تكاليف بنائها وتنفيذها.

هوامش الفصل الثالث:

1) اللوزي، موسى، (1999)، التطوير التنظيمي أساسيات ومفاهيم حديثة، (ط1) . دار وائل للنشر والتوزيع . عمان - الأردن.

2) الحنواي، محمد صالح، (1999)، أساسيات السلوك التنظيمي، الدار الجامعية الإسكندرية - مصر.

3) القريوتي، محمد قاسم، (2000)، السلوك التنظيمي: دارسة السلوك الإنساني الفردي والجماعي في المنظمات المختلفة، (ط3). دار الشروق للنشر والتوزيع، عمان - الأردن.

4) الشماع ، محمود، محمد حسن، خضير كاظم، (2000)، نظرية المنظمة، (ط1)، عمان - الأردن.

5) السالم، مؤيد سعيد، (2000)، نظرية المنظمة: الهيكل والتصميم، دار وائل للنشر والتوزيع، عمان - الأردن.

6) Daft, R., (1992) Organizational & Design, West publishing company, New York.

# 4

## الفصل الرابع
## اتخاذ القرار في المنظمات

# اتخاذ القرار في المنظمات

## اتخاذ القرار في المنظمات:

إن الناس في المنظمات يقومون باتخاذ القرارات يومياً ابتداءً من القرارات الموقفية إلى القرارات الروتينية، مثل مقدار المخزون من السلع لأجل تحديد أدوار أثر الأشخاص العاملين للتعامل مع مشاريع ذات أولوية عالية. وبغض النظر عن نوع القرار فإن النتائج الحاصلة تؤثر على المنظمة والعاملين فيها وزبائنها، وفي عالمنا متسارع الوتيرة يجب اتخاذ القرارات بشكل سريع ودقيق قدر الإمكان وأحياناً تكون هناك الكثير من المعلومات المتاحة. وفي الوقت الحاضر يتم تفويض سلطة اتخاذ القرارات أكثر فأكثر إلى المستويات الأدنى من الموظفين حتى يستطيع الأفراد ذوي المعرفة الكافية حول مشكلة أو فرضية معينة أن يتعاملوا مع المشكلات أو يستجيبوا للموقف بشكل فعّال. ويجب أن يفهم كل أفراد المنظمة مفاهيم وعمليات اتخاذ القرار الصحيح.

## اتخاذ القرار عملية متعددة الخطوات:

إن الناس يتخذون القرارات في كل يوم وإن كل شخص يقوم باتخاذ قرارات في مواقف معينة، فطالب يتخذ قرارته الخاصة بدراسته والمدير يتخذ القرارات مثل توظيف موظفين جدد أو القيام بالأعمال على الإنترنت. وعند اتخاذ القرارات فإن الناس ينظرون إلى البدائل ويحاولون الوصول إلى أفضل خيار ممكن وعليه تعريف القرار على أنه اختيار يتم القيام به في ضوء البدائل المتاحة، ولكن عملية اتخاذ القرار تتضمن أكثر من مجرد القيام باختيار بسيط بل إن اتخاذ القرار عملية تحديد المشكلات والفرص وحلها وهي تتطلب النشاط قبل وبعد الخيار نفسه وإن الشخص الذي يتخذ القرار يدرك الحاجة لقرار معين ويحدد بديلاً أو أكثر ويوازن بين البدائل ويقوم بالاختيار ويتابع العملية بتنفيذ القرار وتقويم النتائج.

إن هذه المجموعة من الأنشطة هي التي يقوم بها الكثير من الأفراد في كافة المستويات وإن فهم صنع القرار عملية متعددة الخطوات تسلط الضوء على كيفية اتخاذ القرارات

بشكل فعال وإن صانع القرار الجيد، يقوم بأكثر من مجرد انتقاء أفضل البدائل من مجموعة مفروضة من الاحتمالات فهو يدرك المشكلات والفرص عندما تبرز إلى السطح ويعرف هذه المواقف بشكل دقيق ثم استخدام إما المعايير المحددة سلفاً أو المعايير المبتكرة في القيم ويصل إلى بديل جيد ويواصل العملية باتخاذ القرار المناسب.

وإن صانع القرار الجيد يعرف أيضاً متى ومقدار مشاركة الأفراد الآخرين في عملية صنع القرار. وإن خصوصيات صنع القرار تتباين وإن الناس لا يستخدمون دائماً نفس العملية ولذلك فإن نظرية صنع القرار تتضمن أكثر من نموذج واحد.

النموذج العقلاني لصنع القرار:

إن النموذج في صنع القرار يطبق مبادئ علم المنطق والاقتصاد لوصف كيف يمكن للشخص أن يصل إلى حل مالي. وإن المنظمات تستفيد من الحلول المثالية منطقياً واقتصادياً لذلك فإنها ترغب من صانعي القرار أن يستخدموا العملية التي يصنعها النموذج العقلاني وهو نموذج معياري أي أنه يخبر الناس ما هو الشيء الذي يجب أن يقوموا به، وإن عملية صنع القرار بهذا النموذج تتضمن الخطوات الآتية:

1- إن صانع القرار يحدد مدى موقف القرار سواءً كان فرصة أو مشكلة والهدف من القرار، وهذه الخطوة تفترض من الممكن تعريف الموقف والحل المطلوب بشكل دقيق ومنطقي.

2- يقوم صانع القرار بجمع معلومات عن الحلول البديلة من حيث تكاليفها ومخرجاتها المحتملة أي أنه يستطيع تحديد كل البدائل المحتملة ويقدر تكاليفها وفرصة نجاحها.

3- يضع صانع القرار معايير لإخبار البديل ويوازن أهمية كل معيار، وهذا يتضمن إدراك المعايير ذات الصلة وإهمال المعايير غير ذات الصلة وذلك على أساس أن التركيز على هذه المعايير سوف يتطرق بشكل صحيح ودقيق إلى أهداف صانعي القرار.

4- يقارن صانع القرار البدائل من حيث المعايير الواجب استخدامها ويختار المعيار المثالي على أساس أنه سيعني القيم بشكل دقيق ومنطقي ويتخذ القرار فقط على أساس هذه القيم.

5- ينفذ صانع القرار ويقيم نتائجه ويكتسب المعرفة لتطبيقها على القرارات المستقبلية وهذا يعني أنه يستطيع أن ينفذ البديل ويقيس مخرجاته بشكل موضوعي.

وفي هذه العملية يفترض النموذج العقلاني أن صانع القرار موجه بالأهداف المنطقية فقط خصوصاً الأداء بعيد الأمد للمنظمة. أما القضايا الأخرى فإنها لا تؤثر على العملية إلا إذا حدد صانع القرار أنها ستؤثر على المخرجات المتوقعة. وبطبيعة الحال فإن هذا الشيء يترك المجال لصانع القرار أن يحدد ما هو الشيء العقلاني وله صلة بالموضوع. فمثلاً إن العديد من بائعي/ التجزئة على الإنترنت استنتجوا أن الفصل الرابع من سنة 1999 كان هو موسم أعياد الميلاد ، وسوف يحدد ما هي الشركات التي ستفوز بحصة كافية في السوق لكي تنجح على الإنترنت، ولذلك فقد استطاعوا جذب أكبر عدد ممكن من الزبائن واعتبروا ذلك هدفهم الرئيسي بدلاً من التركيز على الأرباح ولو على المدى القصير فقط.

> إن الهدف من النموذج العقلاني هو الوصول للوضع المثالي أي تحقيق أفضل قرار ممكن وإن تقنيات صنع القرار التي تدرس في علم المالية والمحاسبة هي محاولات الوصول إلى وضع مثالي بالمعنى الاقتصادي ولهذه النتيجة فإن صانعي القرار يحتاجون معرفة كاملة حول البدائل ومعايير مقارنتها، وإن المعرفة الكاملة هي ليست حالة دائمة لدى الإنسان وحتى لو كان ذلك ممكناً من الناحية النظرية فإن اكتساب هذه المعرفة هو شيء مكلف ويحتاج لوقت طويل؛ لذلك فإن الناس حقيقة يطبقون النموذج العقلاني فقط بشكل تقريبي وليس فعلي.

ورغم أن هذا النموذج مثالي فقط أي أنه لا يتحقق على أرض الواقع إلا أن المنظمات تطبق مبادئه، ففي المواقف المعقدة تكون المخاطر عالية لذلك يحاول صانعو القرار استخدام النموذج العقلاني ويحاولون تعريف المشكلات والأهداف بدقة للكشف عن كل البدائل وموازنتها بشكل موضوعي ، فمثلاً عن اتخاذ قرارات حول التوسع إلى سوق جيد أو شراء الآلات غالية يستخدم الناس النماذج الرياضية المصممة لمقارنة البدائل ويختارون الأفضل منها والأكثر فائدة، وإن المنظمات تقوم أيضاً بابتكار سياسات وإجراءات توجه صانعي القرار لتقييم البدائل والوصول إلى معايير لاختيار البديل المناسب، وبعد ذلك وعندما يتخذ الأفراد القرار في مواقف محددة فإنهم يستطيعون إكمال عملية صنع القرار وختاماً فإن العديد من المنظمات تستخدم برامج الكمبيوتر المصممة لصنع القرار وإن هذه البرامج تقوم على النموذج العقلاني، وهي تساعد العاملين في المنظمة على الالتزام بشكل وثيق بالنموذج العقلاني من خلال تسريع عملية صنع القرار.

النموذج السلوكي لصنع القرار:

رغم الدعم الذي يقدمه الحاسوب والوسائل الأخرى فإن الناس لا يستطيعون دائماً اتباع النموذج العقلاني لصنع القرار، فالمنظمات معقدة جداً والمدراء ليس لديهم دائماً الوقت الكافي لاتباع الأسلوب العقلاني ، فمثلاً إن ليليان فيرنوني وهي مؤسسة إحدى الشركات التي تحمل اسمها قالت: بأن غلطتها الكبرى كانت هي عدم التعرف على المشكلة بشكل دقيق وتقييم كل بديل في وقت ارتفعت فيه أسعار الورق والبريد بشكل عالي، ولأنها واجهت تكاليف عالية فقد استنتجت مع مدرائها أن المشكلة كانت تناقص الربحية وأن الحل هو رفع أسعار منتجاتها. وقد قامت فيرنوني بتقليص العديد من الفقرات ذات الأسعار المنخفضة مما أدرى إلى مزيج إنتاجي عالي ولحسن الحظ فإن فيرنوني كانت تهتم بآراء الزبائن وأدركت بسرعة أن ما قامت به أدى إلى تقليل عدد الزبائن، وكما هو الحال مع فيرنون فإن العديد من المدراء يفضلون الإجراءات السريعة بدلاً من استخدام النموذج العقلاني في صنع القرار فهم يعتمدون على التجارب التي مروا بها ويعتمدون على الحدس والتوقعات.

ولأن النموذج العقلاني لا يصف قدر كبير من صنع القرار في المنظمات فإن الباحثين ورسوا العمليات التي يستخدمها الناس في الحقيقة. وإن مشاهداتهم تمثل أساس النموذج السلوكي في صنع القرار. وإن هذا النموذج وصفي أي أنه يحدد ما يقوم به الناس فعلياً وليس ما يحب أن يقوموا به، وتبعاً إلى النموذج السلوكي فإن الناس يقومون بعقلانية محددة أي أنهم يضعون حدوداً على مقدار عقلانيتهم وهذا ما يتم فعلياً عندما يفكر الناس، ولذلك فإن القرار سيقوم على العواطف بدلاً من المنطق، كذلك فإن المعهد الطبي في الأكاديمية القومية للعلوم وجد أن الخوف يمكن أن يؤثر على قرار الأطباء بالكشف عن المعلومات، وإن العديد من أخطاء صنع القرار تحدث في النظام الطبي الأمريكي سنوياً مما يؤدي إلى عشرات الآلاف من حالات الوفاة، أي أن وضع الإجراءات والضوابط لتصحيح مصادر الأخطاء هو شيء لأن الرعاية الطبية الحديثة معقدة ولأن العديد من الممارسين يترددون في مناقشة أخطائهم وأن هذا التردد ينتج من ازدياد حالات الخوف لدى الأطباء من افتضاح أمرهم بين الناس مما يؤثر على عملية تحليل المشكلات واتخاذ القرارات التي تؤدي إلى حماية المريض.

إن السبب الرئيسي الذي يدفع الناس إلى عقلانية محددة هو أن التعرف على كل البدائل شيء غير عملي، وإن تأثير قرار ما على المنظمة قد يؤثر على عدد الخيارات

المتاحة، فمثلاً قد يكون من الممكن تقويم وتقييم كل المجهزين المحتملين لنظم تخطيط المصادر وهي نظم المعلومات المكلفة جداً والمتاحة فقط من عدد قليل من المجهزين وهذا يمكن أن يؤدي إلى تأثير عميق على أداء المنظمة ومنافستها. وعلى العكس من ذلك فإن إجراء أبحاث حول كل المجهزين لمادة معينة سوف يؤدي على ضياع موارد المنظمة إذا كانت هذه المواد بسيطة التكاليف مثل أقلام الحبر الجاف. وبالنسبة للقرارات ذات الخطورة العالية قبل شراء الأقلام فإن الناس يقومون بعملية اختيار أول بديل ممكن فمثلاً يمكن اعتبار أن الأقلام التي من الممكن إستخدامها هي التي تكون ذات سعر معين وبجودة معينة ولذلك فإن أول اختبار يحقق هذه المعايير سوف يكون كافياً.

إن نتيجة هذه العملية ستكون أن الترتيب الذي يقوم فيه صانع القرار بدراسة البدائل سيؤثر على اختيار الحل وهذا يختلف عن النموذج العقلاني الذي يقوم فيه صانع القرار بترتيب كل البدائل المحتملة بحيث أن ترتيب تقييمها لا يؤثر على القرار. وإذا كان الموقف يتضمن أكثر من بديل محتمل فإن صانع القرار سيختار أول بديل مقبول وهذا قد يكون أو لا يكون أفضل اختيار.

وإذا هناك أكثر من شخص واحد في صنع القرار فإن العملية تصبح أكثر تعقيداً إن هؤلاء الأشخاص يساهمون بتصوراتهم المختلفة للمشكلة أو الحلول البديلة أو معايير اختيار البديل فمثلاً إن أحد أفراد المجموعة قد يحدد أن بديلاً معيناً سيفيده ويفيد المنظمة ولكن الفائدة شخصية وجماعية، ولذلك فإن النموذج السلوكي لصنع القرار يتضمن أيضاً احتمالية أن القرارات تصبح سياسية أي أنه تتأثر بالحلول الوسطى والتحالفات بين صانعي القرار.

وبناءً على ما قلناه فإننا نستطيع أن نخطط شكلاً بين الخطوات المستخدمة في صنع القرار السلوكي.

1- تحدي موقف القرار( مشكلة أو فرصة) ومحاولة الوصول إلى اتفاق عام حول طبيعة الموقف ونوع الحل المطلوب، وإن الناس في الواقع من المحتمل أن يشخصوا مواقف القرار إذا كانت واضحة وتؤثر على المصالح الشخصية.

2- ضمن محددات الزمن والطاقة والنفقات المتاحة لصنع القرار يتم تحديد على الأقل بديل واحد والبحث على اتفاق حول المعايير الواجب استخدامها في تقييم البدائل يجب اختيار المعايير التي تدعم أهداف صانع القرار.

3- تقييم البدائل إلى أن يحقق إحداها المعايير المطلوبة وهذا يقوم على مجموعة من المقارنات وبديلاً من ترتيب كل الخيارات بشكل موضوعي فإن صانعي القرار يقارنون اثنين من البدائل المتشابهة باعتماد معايير محدودة ثم يبحثون عن وسيلة لتفضيل أحد البديلين:

4- التفاوض حول اختيار البديل لتنفيذه وهذا يقوم على افتراض أن التصورات الفردية والأهداف الشخصية تؤثر على اختيار البديل.

5- تنفيذ البديل وتقييم النتائج: إن هذه العملية ليس بالضرورة أن تؤدي دائماً إلى القرار المثالي لكنها قد تؤدي إلى القرارات التي تكون مقبولة وتأخذ بعين الاعتبار وجهات النظر العديد وتخصص المصادر لصناعة القرار بما يتفق مع أهمية القرار.

اختيار عملية صنع القرار:

إن النموذج السلوكي في صنع القرار قد يكون مفضلاً في بعض المواقف وقد ربطت الأبحاث صنع القرار العقلاني مع الأداء العالمي في المنظمات التي تكون بيئاتها مستقرة مما يسمح باعتماد العقلانية في كل شيء، أما في البيئات غير المستقرة التي تحتاج قرارات سريعة فإن المنظمات يكون أدائها أفضل إذا استخدم النموذج السلوكي في صنع القرار. وفي الواقع فإن النموذج العقلاني هو الاستثناء وليس القاعدة عند اتخاذ القرارات وإن الناس يستخدمونه فقط في مواقف القرارات البسيطة والتي تضم بدائل قليلة وتكون الأبحاث ذات تكاليف قليلة. فمثلاً أن الشركة تخطط للاستثمار في الأجهزة غالية الثمن قد تدرس العطاءات من المجهزين الرئيسيين وتقارنها بناءً على جودتها وتكاليفها وموثوقيتها وهذا يعتمد على الأسلوب العقلاني.

وعلى العكس من ذلك فإن المواقف التي تتميز ببدائل كثيرة وتكون فيها تكاليف البحث عالية وتكون البيئة غير مستقرة كثيراً فإن الأسلوب السلوكي هو الأكثر تفضيلاً.

وهناك نقطة مهمة يجب الإشارة إليها هي أن النماذج العقلانية والسلوكية ليست نقطة النهاية حسب ما يقول بعض أساتذة علم إدارة الأعمال فقد وصف بعض الباحثين كيف أن الناس يمكن أن يستخدموا هذين الأسلوبين سويةً بحيث يؤدي أحدها إلى دعم الآخر، وقد أوصى الباحثون كثيراً بضرورة القيام بتحليل دقيق لعملية صنع القرار. وأن التحليل المنتظم يمكن استخدامه لاختيار الافتراضات الأساسية في عملية صنع القرار.

إن النماذج السلوكية والعقلانية تصف وسائل لاتخاذ القرارات ولكنها لا تفسر لماذا يستخدم الناس أسلوباً أو آخر. ومن خلال النظر إلى خصائص الموقف الذي يعمل فيه صانعو القرار يمكن أن نرى ما هو الشيء الذي يؤثر على اختيار الحل أو طريقة الوصول إليه.

عمليات الاختيار:

عند القيام باختيار يقوم الناس بتقييم موضوعي لأكبر عدد من البدائل أو يسقطون عملية بالاختيار وهذه المعايير تمثل خصائص للمهمة مثل طبيعة المشكلة وبيئة القرار وكذلك خصائص الشخص الذي يصنع القرار وهذه المعايير تبين فيما إذا كان الاختيار مدعوماً أم لا.

الاختيارات المدعومة وغير المدعومة:

إن الاختيار المدعوم هو ذلك الذي يستخدم فيه صانع القرار وسائل لمقارنة البدائل مثل الآلات الحاسبة وبرامج الكمبيوتر والمعادلات الرياضية، ومن خلال الوصول إلى معرفة أكبر مما يستطيع الأفراد أن يصلوا إليه لوحدهم فإن تكنولوجيا المعلومات تحسن اتخاذ القرار في بيئة معقدة . وهناك وسيلة أخرى هي استخدام مصادر بشرية إضافية مثل المستشارين للمساعدة في تحليل البدائل.

وعلى العكس من القرارات والاختيارات المدعومة فعند اتخاذ القرار غير المدعوم فإن الأشخاص يعتمدون على معلوماتهم وأحكامهم الذاتية ومن الملاحظ أن صانعي القرار من المحتمل كثيراً أن يقوموا بالاختيارات المدعومة إذا كانت مهمة القرار معقدة وكانت النتائج كبيرة جداً فمثلاً في إحدى الشركات فقد تم الاعتماد بشكل كبير على التقادير المالية لدعم القرارات المرتبطة بتوسيع العمل وقد أدت مثل هذه القرارات إلى زيادة أرباح الشركات ووضعها في موقع متقدم في نموها المستقبلي.

القرارات التحليلية والتنقيبية:

إن صانعي القرار يختارون اتخاذ القرارات باستخدام إحدى هاتين الوسيلتين وإن القرار التحليلي هو ذلك الذي يقارن وبشكل منتظم البدائل تبعاً إلى مجموعة من المعايير وهذا الأسلوب يتفق مع النموذج العقلاني وإن هذا الأسلوب يمكن أن يطبق بشكل جيد في

بعض الشركات لتحسين أعمالها كما هو الحال مع شركة (ووتر بوري) وعلى العكس من الأسلوب التحليلي فإن الأسلوب التنقيبي هو عبارة عن طريق مختصر للوصول إلى أحكام حول البدائل المتاحة بناءً على توفر المعلومات وهناك نوعان من هذا الأسلوب: الأول/ هو الأسلوب المتاح أو المتوفر ويعني القيام بإصدار الأحكام واتخاذ القرارات اعتماداً على المعلومات المتوفرة. وإن الناس يهتمون كثيراً بالمعلومات المرتبطة بهم والتي تثير الانتباه أو التي تحدد في وقت قريب وهي بالتأكيد ليست معايير موضوعية لتقييم البدائل لكنها بالتأكيد تبطء العملية.

أما النوع الآخر فهو/ الأسلوب الأمثل ويعني القيام باتخاذ القرارات المتعلقة باحتمالية حدوث حالة معينة اعتماداً على أفكار وأمثلة تخيلية أي أن يقوم صانعو القرار بتصور مواقف معينة ليست حقيقية ومحاولة توقع النتائج التي يمكن أن تحدث من القرارات التي يتخذونها.

وبشكل عام فإن صانعي القرار يستخدمون الأسلوب التنقيبي إذا كانت المشكلة مألوفة ومباشرة ومستقرة وإلا فإنهم سوف يستخدمون الأسلوب التحليلي، كذلك فإن صانعي القرار يميلون إلى الأسلوب التحليلي إذا كان الاختيار لا يمكن الرجوع عنه وكان ذو أهمية كبيرة وعندما يكون صانع القرار مسؤولاً عن المخرجات وعندما تكون احتمالية القرار الصحيح منخفضة وإذا كان القيود المالية والزمنية كبيرة. كذلك فإن خصائص صانعي القرار تؤثر على استخدام أي من الأسلوبين، وبشكل خاص فإن صانعي القرار ذوي الخبرة والمعرفة من المحتمل أن يستخدموا الأسلوب التحليلي في حين أن الذي يفتقدون إلى المعرفة والقدرة والدافعية من المحتمل أن يستخدموا الأسلوب التنقيبي بدلاً من الأسلوب التحليلي.

بيئة القرار:

إن الأسلوب الذي يتم فيه اتخاذ القرار يعتمد على المعلومات المكتسبة، وفي داخل المنظمات فإن القرارت تتباين تبعاً إلى درجة التأكد التي يشعر بها الأفراد الذين يقومون باتخاذ القرارات. وإن الناس يقومون باتخاذ القرارات إما في بيئة مؤكدة أو خطرة أو غير مؤكدة أو غامضة.

أما البيئة المؤكدة فإنها تصف الموقف الذي يعرف فيه الفرد كل المعلومات ذات العلاقة بالقرار أما في البيئة الخطرة فمن الملاحظ أن العديد من القرارات تنطوي على المخاطر وهو

الموقف الذي يكون فيه لدى صانع القرار أهداف معرفة ويعرف المخرجات المحتملة ولكن هذه المخرجات معرضة إلى الصدفة أي أن لدى الشخص مقدار معين من المعلومات وهو المخرجات المرغوبة واحتمالية المخرجات المحتملة. ولكن صانع القرار لا يمكن أن يكون متأكداً أن مخرجاً معيناً بحد ذاته هو الذي سيحصل.

وإن الناس يختلفون في مقدار الخطورة التي يدخلون فيها ويتقبلونها من أجل الحصول على فرصة للوصول إلى ناتج معين، وإن بعض الناس يتقبلون درجة عالية من الخطورة في مقابل نتيجة جيدة. وهناك آخرون يفضلون تجنب الخطورة حتى إذا كانت المردودات عالية، وإن الأفراد الذين يتقبلون المخاطر من المحتمل أن يتخذوا قرارات تختلف عن الأفراد الذين يفضلون الخيارات ذات الخطورة المنخفضة. وهذه الاختلافات يمكن أن تحدد إذا كانت المنظمة تستغل أسواق أو منتجات جديدة أو توظف أشخاص مبدعين أو مشترين تكنولوجيا متقدمة . وفي العديد من المنظمات فإن التوجهات نحو الخطورة تقود القرارات نحو وظائف خارجية عن المنظمة تعطي خبرة ومعرفة في المجال الوظيفي.

أما عدم التأكد فيعني أن صانع القرار يعرف الهدف من القرار ولكن ليست لديه معلومات كثيرة لتقدير احتمالية المخرجات، وإن عدم التأكد يحدث إذا كان الموقف معقداً وليس هناك وسيلة عملية لتقدير كل العوامل التي تؤثر على المخرجات. وإن التوسع العالمي للمنظمة ينطوي على قرارات في ظل حالة من عدم التأكد، ويجب على المنظمات أن تدرس اقتصاد كل بلد وقوانينه وفرص العمل فيه والتكنولوجيا الموجودة فيه وثقافته أيضاً.

أما فيما يخص الغموض فإن موقف القرار يكون أكثر صعوبة ففي ظل هذه الظروف فإن صانع القرار يفتقد إلى المعلومات حول المخرجات والبدائل المحتملة وكذلك فليس هناك أي هدف معروف بشكل واضح، فمثلاً إن إحدى الشركات قد تقرر إغلاق أحد فروعها إذا اعتقد أن النقابة ستقوم بعمل ما ولكن إذا كان الموقف يتمثل بالغموض فإن القرارات التي تتخذ في مثل هذه المواقف تتعرض إلى احتمالية عالية من الفشل.

القيود التنظيمية:

إن المنظمات يمكن أن تؤثر على عملية القرار وذلك لأنها تقلل من المصادر المتاحة لصانعي القرار وتكافئ بعض أنواع القرارات وتضيع قواعد لاتخاذ القرارات. وإن صانعي القرار. قد يعملون ضمن موارد مقيدة فمثلاً إن المدير أو الفريق يمكن أن تكون لديه ميزانية تعطيه الحرية لاتخاذ قرارات معينة ما دامت تكاليفها ضمن حدود الميزانية. ولذلك فإن

القيود المالية تقلل من البدائل المقبولة وقد تفرض على المدير بديلاً معيناً هو البديل الذي تراه ممكناً ولا تسمح له بأي بديل آخر، كذلك فإن هناك بعض القيود التي تحدد الزمن المتاح للوصول إلى قرار معين فإن الوقت قد يفرض قيوداً مخيفة على عمل المدراء، ورغم أن أغلب الناس في المنظمات يعملون ضمن ظروف قليلة المخاطر من الناحية الملموسة إلا أن الوقت مع ذلك يفرض قيوداً حادة فقد لاحظ المدير التنفيذي لشركة (هوليت باكار) واحدة من أكبر التحديات التي تواجه المدير العصري هي متطلبات العمل بشكل سريع والوصول إلى نتائج على المدى القصير تلبي حاجات المعنيين.

وكما هو الحال مع القيود المالية فإن القيود الزمنية قد تحدد نتيجة صنع القرار. وإن القيود الزمنية الحادة قد تتطلب من صانعي القرار الاختيار لأول بديل مقبول يظهر أمامهم, وإضافة إلى القيود المالية والزمنية فإن هناك قيوداً أخرى قد تظهر من موقف القرار.

معايير التقييم:

إن المنظمات تؤثر على القرارات من خلال فرض معايير للأداء، إن صانعي القرار يرغبون بالوصول إلى القرارات التي يحصلون من ورائها على المكافأة، فإذا كانت المنظمة تبني تقييمها للأداء على معايير مالية فإن تأثير هذه المعايير سيكون عالياً على قرارات الموظفين، وعلى العكس من ذلك فإذا كانت المنظمة تركز كثيراً على الإبداع وتكافئه فإن صانعي القرار من المحتمل أكثر أن يقوموا باختيارات مبتكرة وهذا ما يلاحظ في بعض الشركات التي تشجع على تقبل المخاطر إذا كانت هذه المخاطر تقود إلى معلومات جديدة أي أن الأخطاء مقبولة إذا كان الشخص الذي يرتكبها يحصل على المعرفة والمعلومات التي يمكن أن يوصلها إلى المنظمة.

القرارات المبرمجة وغير المبرمجة:

إن المنظمات تحدد مسبقاً المنافذ التي تعطيها إلى الموظفين لاتخاذ مجموعات معينة من القرارات. وهي تقوم بذلك من خلال برمجة بعض القرارات. وإن القرار المبرمج هو قرار روتيني يتم اتخاذه تبعاً إلى القواعد المحددة لموقف معين. وإن القرارات المبرمجة تحدد وتقيد عملية تطوير واختيار البدائل وهذا يوفر الوقت ويمنع ارتكاب بعض الأخطاء. وعندما تحدث المواقف بشكل روتيني فإن المنظمات يمكن أن تحسن الكفاءة من خلال اتخاذ القرارات المبرمجة. وإن القرار المبرمج يكون مفيداً في حالات الطوارئ فهي تساعد

الموظفين على التصرف بسرعة تبعاً إلى الخطوط العريضة التي يتم تحديدها في وقت سابق عندما يكون لدى صانعي القرار القدرة على التفكير بالبدائل بشكل دقيق وعقلاني فمثلاً إن إحدى المصانع التي كانت مبنيةً بتجهيز الوقود للمفاعلات النووية كان تعامل العاملون فيها بشكل غير مناسب مع اليورانيوم مما أدى إلى تفاعل نووي وقد أدى الإشعاع إلى إصابة العاملين الذين هربوا من المصنع وعلى مسافة ميل من المصنع فإن مستويات الإشعاع كان أعلى من المعدلات المسموحة بمقدار 1500 مرة ولعدة ساعات فإن العاملين لم يقوموا بإجراءات الطوارئ لأنهم لم يكونوا مستعدين لها فاستغرق الإنقاذ فترة أطول.

وعلى العكس من ذلك فإن القرار غير المبرمج هو القرار الذي ليست له قواعد محددة سلفاً فمثلاً إن الشركة قد تعتمد على قواعدها الذاتية والبدائل المتاحة للوصول إلى قرارات معينة، وفي عالم الإنترنت ليس هناك قواعد ملموسة وسريعة توجه القرارات.

وإن الوصول إلى قرار غير مبرمج يتطلب جهوداً أكبر ووقت أطول مقارنة مع القرارات المبرمجة فمثلاً إن دائرة الهجرة والتجنيس الأمريكية تعمل ضمن قانون يسمح لها بإعطاء إذن للهجرة للأفراد الذين يكون تواجدهم مفيداً للمصلحة القومية وإن هذا القانون لا يحدد بالضبط ما هي المصلحة القومية بل يترك القرارات بين يدي موظفي هذا المكتب فمثلاً إن هذا الأمر أدى إلى إعطاء الجنسية لأشخاص موفدين لأمريكا من نيجيريا وروسيا والصين وكوريا، ولذلك فقد قال أحد العاملين في هذا المكتب: بأن المصلحة ليس بالضرورة أن تكون أمنية فقد تكون أي شيء آخر وإن هذا الأمر لم يحدده الكونجرس.

إن القرار غير المبرمج يترك المجال لصانع القرار أن يستخدم تفكيره الإبداعي ويطبقه على خصائص معينة للموقف الذي بين يديه وبالنظر إلى مزايا ومساوئ القرارات غير المبرمجة فإننا يمكن أن نقول بأن هذه القرارات مناسبة للمواقف التي لا تحدث بشكل مستمر وتكون غير منتظمة وغير محددة ولكن لها فوائد مهمة. كذلك فإن العديد من الموظفين يشعرون بالتحفيز إذا توفرت لديهم الفرصة للتفكير بشكل إبداعي ومستقل، وإن هؤلاء الموظفين سوف يساهمون بالشيء الكثير إذا قامت المنظمة بتحويلهم لاتخاذ القرارات غير المبرمجة في المجالات التي يملكون فيها الخبرات والمعرفة.

زيادة الالتزام:

إن الخيارات السابقة يمكن أن تؤثر على صنع القرار في الوقت الحاضر. وفي عملية

تسمى زيادة الالتزام فإن الناس عادةً يزيدون التزامهم بقرار سابق رغم أن هناك أدلة على أنه خاطئ، وأن هذا يحصل مع الأشخاص الذين يفتقدون بأنهم استثمروا في القرارات السابقة ولذلك فإنهم سيواصلون المساهمة في هذه الإستثمار الأولي، فمثلاً إن شركة معينة قد تشتري نظام غالي الثمن من برامج الكمبيوتر لكنها تجد أنه لا يعطي المزايا المتوقعة.

فإذا واصل مدراء الشركة دفع الأموال لوضع النظام رغم أنه قد يكون من الأفضل التخلي عن الفكرة واستخدام بديلاً آخر إلا أن المدراء سوف يستمرون في التزامهم بالقرار القديم.

وعلى العكس من ذلك فإن المدراء قد يلاحظون أن عليهم تجنب هذه الحالة عندما يعيدون النظر في قراراتهم السابقة في استثمار مسبق وبالتالي فإنهم يتراجعون عن هذا القرار ويتحملون خسارة قليلة بدلاً من أن يستمروا بنفس القرار وتكون الخسائر أكبر. وإضافة إلى الإستثمارات المالية فإن الأفراد يستثمرون أيضاً الوقت في المشاريع ويستثمرون العواطف في علاقاتهم وأفكارهم. وفي الحقيقة: تشير الأبحاث إلى أن مقدار الأموال المستثمرة في مشروع معين يكون تأثيرها أقل على تصاعد وزيادة الالتزام مقارنة مع قرب اكتمال المشروع. ولأن زيادة الالتزام هو أكثر من تأثير النقود فإنه يمكن أن ينطبق ليس فقط على الاستثمارات المالية بل أيضاً على القرارات المتعلقة بعلاقات الصداقة والاختيارات المهنية والزبائن المستقبلين. فإذا استمر شخص معين بمتابعة اتجاه ما فقط بسبب خطأ سابق في القرار فإنه بذلك يرتكب تصعيد غير منطقي في الالتزام. وإن إدراك وتصحيح مثل هذه الحالة صعب لأن ذلك يتطلب قبل كل شيء الاعتراف بوجود خطأ سابق. وإن الاعتراف بالخطأ هو في الغالب أمر غير مريح خصوصاً في المنظمات التي لا تتسامح كثيراً مع أخطاء الموظفين.

وإن المنظمات التي ترغب بتجنب المشكلات المرتبطة مع زيادة الالتزام تحتاج إلى قياسات موضوعية للأداء إضافة إلى الاعتراف بأن الأخطاء جزء لا يتجزأ من التعليم.

القرارات التنظيمية والمجموعات:

في المنظمات يكون اتخاذ القرار عملية جماعية وهذا الشي صحيح خصوصاً مع القرارات التي لها تأثير مهم على أداء المنظمة أو التي تؤثر على العديد من الأفراد العاملين فيها ولذلك فإن شركة (كيلوج) تستخدم اتخاذ القرار الجماعي في تطوير المنتجات الجديدة وهذا ما أشار إليه مدراء هذه الشركة.

فوائد ومساوئ اتخاذ القرار الجماعي:

إن اتخاذ القرار على شكل مجموعة قد يكون مفيداً وعندما يصل الأفراد إلى قرار جماعي فمن المحتمل أكثر أن يدعموا هذا القرار ويشعرون بالدافعية لجعل قرارهم ناجحاً. كذلك فإذا كانت المشكلات معقدة فإن العديد من أفراد الجماعة يمكن أن يطوروا القرار أو يحسنوه من خلال المساهمة بخبراتهم ومعارفهم في تعريف المشكلة وتقييم البدائل، وتشير الأدلة أن القرارات الجماعية تكون أكثر إبداعاً من القرارات الفردية وهذا واضح في العديد من الأمثلة العملية من الشركات.

إن العديد من الموظفين في الوقت الحاضر يتوقعون من المنظمات أن تقدر آرائهم ومعارفهم وتسمح لهم بإعطاء آرائهم في صنع القرار. وهؤلاء الموظفون يتوقعون أن يؤدوا دورهم في صنع القرارات ومن المحتمل أن يشعروا بعدم الرضى إذا كانت المنظمات تمنعهم من القيام بذلك، وهذه التوقعات مناسبة في المنظمات التي تعتمد كثيراً على العاملين ذوي المعرفة. وإن دور مثل هؤلاء العاملين يتطلب منهم أن يساهموا في صنع القرار ويتشاركوا في معرفتهم من أجل مصلحة المنظمة بشكل عام. وهذا أيضاً يلاحظ من خلال العديد من الأمثلة في المنظمات.

ليس كل الموظفين يرغبون أو يتوقعون أن يشاركوا في القرارات فإن الفردية والجماعية تؤثر على درجة رغبة الموظفين في المشاركة في صنع القرار. كذلك فلأجل أن يتكون لدى الموظفين آراء إيجابية نحو دورهم في صنع القرار فلا بد أن يصلوا إلى المعلومات والسلطات الممنوحة لهم والتي تؤهلهم لتحقيق ذلك الدور. إن صنع القرار الجماعي قد لا يكون مفيداً لكل موظف وفي كل موقف.

وبشكل خاص فإن صنع القرار الفردي يكون أحياناً أكثر ملاءمة لأن القرار الجماعي ينطوي على بعض المساوئ إضافة إلى الفوائد وإن المجموعات أحياناً تتخذ القرارات بشكل أبطأ من الأفراد لذلك فإنها تكون أكثر كلفة لأن الكثير من الأفراد يحتاجون إلى الوقت للقيام بذلك، ومن منظور الكفاءة فإن المنظمات قد تعتمد على القرارات الفردية إذا لم تكن فوائد القرارات الجماعية مهمة أو إذا كانت سريعة وتقليل الكلفة هي من الأشياء الأكثر أهمية في عملية صنع القرار.

وهناك مشكلة أخرى في صنع القرار الجماعي هي أن أفراد الجماعة قد يكونوا متميزين في وجهات النظر التي يدعمونها، وهم يميلون إلى توضيح آرائهم فقط إذا كانت تدعم وجهة نظر الأفراد المؤثرين في الجماعة ، وإن التغيير عن وجهة نظر يمكن أن تثير عدم الاتفاق قد يكون مسألة غير مريحة لأفراد الجماعة فمثلاً في إحدى الرحلات الجوية

لاحظ أحد الأقارب أن هناك صوت يصدر بالقرب من مقعده وقد قام الأشخاص المسؤولون بالتعامل بهدوء مع الموقف ثم أعلن الطيار أنه ليس هناك مشكلة وإن الصوت هو مجرد هواء يخرج من إحدى الفتحات بسبب خطأ في إغلاق إحدى أبواب الطائرة.

وقد طلب الركاب إجراء تصويت حول مسألة هبوط الطائرة أو مواصلة الرحلة وقد كان جميع الركاب مع استمرار الرحلة ما عدا إحدى الراكبات ولكن عندما لاحظت هذه المرأة أنها الوحيدة التي طلبت الهبوط فإنها شعرت بالإحراج ولكن تبين فيما بعد أن أكثر من مسافر كان يرغب في الهبوط ولكن خوفاً من آراء الآخرين فقد فضل هؤلاء عدم طلب ذلك وهذا ما لاحظه في النهاية الشخص الذي أجرى الاقتراع.

إن هناك سلوك يسمى التفكير الجماعي وهو يحدث عندما يكون الالتزام بتماسك المجموعة قوياً بحيث يتردد أفراد المجموعة في التعبير عن آراء تتعارض مع الإجماع. وإن تماسك المجموعة قد يكون مفيداً ولكن في عملية التفكير الجماعي فإن الأفراد يقيمونه بشكل كبير بحيث أنهم يتحفظون على الأفكار التي قد تختلف مع قرارات المجموعة حتى إذا كانت لصالح هذه المجموعة، ويبين الجدول (1) محاسن ومساوئ صنع القرار الجماعي.

| عليه | له |
|---|---|
| 1- إن بعض الموظفين قد لا يرغبون بالمشاركة في صنع القرار الجماعي بسبب الاختلافات الثقافية والفردية. | 1- إن الأفراد الذين يصلون إلى قرار سوي من المحتمل أن يدعموه |
| 2- إن الموظفين الذين ليس لديهم صلاحيات ومعلومات لن يساهموا بشكل فعال. | 2- إن أفراد المجموعة يمكن أن يحسنوا القرارات المعقدة من خلال الإسهام بالخبرات والآراء في العديد من المجالات |
| 3- إن المجموعات تتخذ القرارات بشكل أبطأ مما يقوم به الأفراد. | 3- إن القرارات الجماعية يمكن أن تكون أكثر ابتكاراً من القرارات الفردية |
| 4- إن اتخاذ القرار الجماعي مكلف مقارنة مع القرار الفردي. | 4- إن العديد من الأفراد يتوقعون أن يكون لديهم دور في صنع القرار |
| 5- إن أفراد الجماعة قد يتفقون مع رأي الجماعة فقد يهتمون بتماسك الجماعة أكثر من اهتمامهم في التوصل إلى حلول مثالية. | 5- إن صنع القرار الجماعي يستفيد من مواهب العاملين ذوي المعرفة الجيدة |

متى نستخدم المجموعات:

حيث أن القرارات الجماعية لها مزايا ومساوئ فإن المدراء وغيرهم من صانعي القرار يجب أن يحددوا متى يكون القرار جماعياً. وقد طور (فكتور فروم) ( وفيليب بوتون) نموذج لاتخاذ القرار يعطي بعض الإرشادات حول ما إذا كان القرار لا بد أن يكون جماعياً وقد تم توسيع هذا النموذج في وقت لاحق. وإن النموذج يركز على ما إذا كان قائد المجموعة يجب أن يشرك المرؤوسين في اتخاذ القرار، وإن إشراك المرؤوسين في صناعة القرار أن يعتمدوا على ثلاثة عناصر في النموذج وهي أساليب مشاركة القادة والأسئلة التشخيصية وقواعد القرار. وتشير الأبحاث إلى فائدة هذا النموذج. يفترض النموذج أن صانعي القرار لديهم أساليب مختلفة لإشراك الأفراد في صنع القرار وهي تتراوح ما بين الأساليب الأوتوغراطية العالية وتعني أن يفضل القائد اتخاذ القرار لوحده أو تكون الديمقراطية بشكل عالٍ حيث يسمح المدراء للمرؤوسين بتشخيص البدائل واختيار الحل.

إن المدير يختار أسلوب القرار من خلال الإجابة على مجموعة من الأسئلة التشخيصية التي تغطي ثمانية مجالات في صنع القرار وهي كما يلي:

1- متطلبات الجودة النوعية (QR) ما هي أهمية جودة نوعة القرار (إذا كانت جودة القرار مهمة فإن القائد يجب أن يشارك بنشاط في اتخاذ القرار).

2- متطلبات الالتزام (CR) ما هي أهمية التزام المرؤوسين تجاه القرار (إذا كان الالتزام مهماً يجب على القائد أن يشرك المرؤوسين في القرار).

3- معلومات القائد (LI) هل امتلك ما يكفي من المعلومات لاتخاذ قرار عالي الجودة إذا كان القائد يمتلك القليل من المعلومات يجب أن يساعده المرؤوسين في الحصول على المعلومات.

4- تركيبة المشكلة (ST) هل أن مشكلة القرار منتظمة ومحددة (إذا كانت المشكلة غامضة يجب على القائد أن يعمل مع المرؤوسين لتوضيحها وتحديد الحلول الممكنة).

5- احتمالية الالتزام (CP) إذا كان علي أن أتخذ القرار وحدي فهل أن من المؤكد أن العاملين تحت إدارتي سيكونون ملتزمين بالقرار (إذا كان الأمر كذلك فإن إشراكهم ليس مهماً جداً).

6- تناسق الهدف (JC) هل يشترك المرؤوسين بالأهداف التنظيمية المراد الوصول إليها في حل هذه المشكلة (إذا لم يكن الأمر هكذا يجب أن لا تتخذ المجموعة القرار بدون مشاركة القائد).

7- صراعات المرؤوسين (CO) هل الصراع حول الحلول المفضلة يمكن أن يحدث بين المرؤوسين (إذا كان الأمر كذلك فإن من الممكن حل الصراع من خلال المشاركة في عملية صنع القرار).

8- معلومات المرؤوسين (SI) هل يمتلك المرؤوسين معلومات كافية للوصول إلى القرار عالي الجودة (إذ كان الأمر هكذا فإن من الممكن أن يتحملوا مسؤولية أكبر في صنع القرار).

إن الإجابة على مثل هذه الأسئلة يُسهّل إلى اختيار أسلوب القرار المناسب وهو يعطي العنصر الثالث لنموذج (فيرون بوتون) وهو قواعد القرار. وفي الحقيقة فإن فيرون وجانمو طورا أربع مجموعات من قواعد صنع القرار كل منها على شكل شجرة تغطي واحدة من أربعة مواقف مختلفة:

1. مشكلة عند المستوى الفردي بوجود قيود زمنية.
2. مشكلة عند المستوى الفردي في موقف من المهم فيه تطوير مهارات اتخاذ القرارات من قبل الموظفين.
3. مشكلة عند المستوى الجماعي في موقف يكون فيه تطوير مهارات اتخاذ القرار لدى الموظفين هو الشي المهم.
4. مشكلة عند المستوى الجماعي وبوجود قيود زمنية.

إن شجرة القرار تمثل المواقف الأربعة وتبين كيف يستطيع المدراء انتقاء مستوى المشاركة المناسب. ولأجل استخدام شجرة القرار يبدأ صانع القرار عند اليسار فهو يوضح المشكلة ويجيب عن أول سؤال: ما هي أهمية جودة القرار؟ بعد ذلك يتيح صانع القرار أحد فروع الشجرة إلى السؤال اللاحق وهو حول التزام المرؤوسين، وتستمر العملية إلى أن يصل صانع القرار إلى نهاية الفرع الموجودة في يمين المخطط. وفي نهاية الفرع هناك رمز يحدد أسلوب القرار المناسب باستخدام الرموز المرجوة من الشكل (7-10) فمثلاً إذ كانت متطلبات الجودة عالية ومتطلبات الالتزام منخفضة وكانت معلومات القائد

كافية فإن الأسلوب الأوتوغراطي العالي سيكون هو الأكثر ملائمة . على العكس من ذلك فإن الموقف الذي يطالب بمستوى عالٍ من المشاركة الجماعية فإنه سيكون ذو متطلبات منخفضة للجودة ومتطلبات عالية للالتزام واحتمالية منخفضة للالتزام كل هذا يحدث إذا كان القائد يتخذ القرار لوحده، ولأن تطبيق هذا النموذج يحتاج إلى الكثير من الوقت فإنه الأكثر فائدة إذا كانت القيود الزمنية غير قوية وكانت مخرجات القرار مهمة.

تقنيات حل المشكلة الجماعية:

إن من العيوب المحتلمة لحل المشكلة الجماعية هو التفكير الجماعي ، ويمكن للمنظمات أن تقلل منه باستخدام تقنيات تضمن الاستماع إلى الآراء المضادة، وإحدى الأساليب هي إعطاء أحد أفراد المجموعة الآخرين، ومن خلال إعطاء هذا الدور إلى أحد أفراد المجموعة فإن المجموعة ستبين أنها تحترم الآراء المضادة وهذا الشخص يستطيع أن يجبر المجموعة على التفكير بمواقفهم ومواقف الآخرين بشكل منطقي.

وهناك أسلوب مشابه هو تقييم القضية باستخدام تقنية تسمى الدفاع المشترك أو المتعدد حيث تقوم المجموعة بتعيين وجهات نظر مختلفة لعدة أفراد. ومن المفترض أن يناقش كل شخص وجهة النظر المعطاة إليه وهذا يدفع المجموعة نحو الاستماع إلى مختلف الأفكار ولذلك فإن دراسة البدائل ستكون دقيقة ومتكاملة، أما إذا كان التركيز هو على الوصول إلى اتفاق عام وكذلك إظهار وجهات نظر كل أفراد فإن من الممكن استخدام ما يسمى تقنية (دلفي) حيث تستخدم المجموعة الاستبيانات لجمع أحكام بالإجماع حول قضية معينة ثم تقديم تغذية راجعة بحيث يقوم أفراد المجموعة بمقارنة أحكامهم وتستمر العملية بعدة جولات من المسح والتغذية الراجعة إلى أن يصل المشاركون إلى اتفاق عام وهذا يمسح كل الآراء، ولكن عدم وجود النقاش وجهاً لوجه يمكن أن يقلل من التفهم والالتزام لدى المشاركين.

وهناك تقنية تسمح بالاتصال وجهاً لوجه هي تقنية المجموعة الاسمية وهي تستخدم الاجتماع الجماعي الذي يتضمن 3 أجزاء يقوم أفراد المجموعة في الجزء الأول بكتابة أفكارهم بشكل فردي ثم يناقشون كل فكرة كمجموعة واحدة وختماً تصون المجموعة على الأفكار في اقتراع سري ويتم تبيني البديل الذي يحصل على أعلى الأصوات.

الابتكار يحسن صنع القرار:

في هذه البيئة العالية المتسارعة فإن العديد من المشكلات والفرص تكون جديدة ومعقدة. وإن صنع قرارات جيدة حول هذه المشكلات والفرص يتطلب تفكير إبداعي، وإن الإبداع هو القدرة على ربط المعلومات بالأشكال التي تؤدي إلى أفكار جديدة. وعند حل المشكلات فإن الأفراد المبدعين في المنظمة يستطيعون التفكير ما وراء الأشياء التي تم تحقيقها وكانت ناجحة في الماضي من أجل إيجاد الإرتباطات الفريدة من نوعها وصولاً إلى الحلول التي لم تجرها المنظمة من قبل.

تطبيقات التفكير الإبداعي:

إن الأفراد المبدعين يستطيعون أن يساهموا بأفكار جديدة في المنظمة، وإن الأفراد يقدمون أفكار إبداعية إلى المجموعات التي يشاركون فيها، وعندما تحصل المجموعة على هذه الأفكار وتطبقها فإن المنظمة بكاملها سوف تنفذ الإستراتيجيات الأكثر ابتكاراً، وإن فوائد الإبداع والابتكار تظهر فقط إذا تعرفت المنظمة في ضوء هذه الأفكار, إن مجرد الجلوس وراء الطاولة وإلقاء الأفكار لن يكون بحد ذاته مفيداً ، إن بعض المنظمات تتميز باستخدامها لأفكاره مبتكرة، وعندما يعمل الأفراد القياديون بشكل ابتكاري فإن أفراد المنظمة يتصرفون وفقاً لهذه الأفكار وبالتالي فإن المنظمات سوف تلتزم بسلوكها المبتكر.

كيف تستطيع المنظمات رعاية الابتكار؟

من أجل رعاية الابتكار فإن المنظمات يمكن أن تشجع الأفراد على أن يطوروا قدراتهم المبتكرة وتزودهم بالمواقف التي تشجع المجموعات على التصرف بالشكل الإبتكاري، إن المنظمات التي تشجع على التفكير الابتكاري وضعف بأنها ديناميكية ونشيطة وأنها تسمح للعاملين فيها بالدخول في مخاطر وتحدد مسؤولياتهم وتوطيد الوقت لتطوير الأفكار وأنها تدعم أفكار العاملين فيها.

وتشير الأدلة أن غالبية الناس يقومون باتخاذ قرارات مبتكرة ولو بين الحين والآخر، وكما هو الحال مع الأنواع الأخرى من التفكير فيمكن أن نقول أننا نستطيع أن نطور هذه القدرة بالممارسة ويمكن أن نقول بأن هناك بعض التقنيات لزيادة التفكير الإبداعي مثل تحديد قائمة بالخصائص والتفكير متعدد الجوانب والتفكير التركيبي. كذلك تشير الأبحاث إلى أن الناس يُطوّرون حلولاً ابتكاريةً إذا عرفوا أن عليهم التفكير بشكل ابتكاري وتجنبوا الحلول البسيطة. وإن دعوى الأشخاص الآخرين في المنظمة للتفكير بشكل ابتكاري هو وسيلة سهلة ومنطقية لتعزيز اتخاذ القرارات المبتكرة

كذلك تستطيع المنظمات التشجيع على الابتكار من خلال المديح ومكافأة القرارات المبتكرة وهذا يتطلب من المنظمات وحتى الأفراد تخصيص الوقت للتفكير والتشجيع على درجة معينة من الدخول في المخاطر.

وهناك وسيلة تستطيع المنظمات من خلالها زيادة الابتكار داخل المجموعات هي من خلال تقديم فرص للعصف الدهني، وهذه التقنية تجمع أفراد المجموعات من أجل تقديم الأفكار بشكل حر وعفوي حيث يقوم أحد الأفراد بعمل قائمة لكل الأفكار.

وإن المجموعة تميل إلى تكوين أغلب الأفكار إذا أعطي الوقت للمشاركين للكتابة الأفكار بهدوء قبل الحديث عنها بصوت مسموع، وخلال جلسات العصف الذهني يستطيع الأفراد أن يتوسطوا في أفكار الآخرين دون انتقادها، وإن الهدف من هذا الأسلوب هو التشجيع على المشاركة بالأفكار والتفكير المرن. وفي وقت لاحق وبعد اكتمال جلسة العصف الذهني فإن المجموعة تقييم الأفكار ، وعندها ستمكن من تحديد الأفكار التي تستحق التنفيذ وقد تجري عليها بعض التعديلات المطلوبة.

صنع القرار التنظيمي كأحد التحديات:

إن الابتكار مهم لأن اتخاذ القرار هو نشاط يقوم على التحدي في المنظمات الحالية. وإن المنظمات تتوقع من أفرادها أن يكونوا ماهرين في اختيار المشكلات المراد حلها ومن هم الأفراد الذين يتخذون القرار. كذلك فإن صانعي القرار في المنظمات العصرية لا بد أن يقوموا بقرارات أخلاقية ويدرسوا الفوارق الثقافية ويطبقوا تكنولوجيا اتخاذ القرار بشكل مناسب.

اختيار المشكلات المراد حلها:

إن اتخاذ القرار يبدأ عندما يرى الفرد الحاجة للقرار وقد تكون هذه الحاجة على هيئة مشكلة أي فرق بين الحالة المرغوبة والحالة الفعلية فإذا كانت المنظمة لديها طلبات أكثر مما تستطيع تلبيتها فإن الحالة المرغوبة المتمثلة بالقدرة على تلبية كل الطلبات تختلف عن الحالة الفعلية. وقد تكون المشكلات ملحوظة لكنها في أحيان قد تكون أقل وضوحاً فمثلاً إن المنظمة قد يكون هدفها أن تجعل كل الموظفين راضين ومندفعين ولكن قد لا تمتلك الوسيلة للكشف عن حالات عدم الرضى. وإن من السهل التجاوب مع التغير الحاصل بدلاً من ملاحظة غياب التغير الذي قد تستفيد منه. وتحتاج المنظمات إلى مفكرين مبدعين لتشخيص الحلول المبتكرة ولتوجيه أسئلة مبتكرة أيضاً.

ولذلك هناك تحدي مهم في صنع القرار هو الكشف عن المشكلات وإن الكشف عنها يعتمد على ما يعتبره الأفراد في المنظمة مهماً وإذا كانت لديهم الوسيلة لقياس درجة وجودها. فإذا كانت أنشطة المنافسين تعتبر مصدر للمشاكل فإن المنظمة تشجع الأفراد على مشاهدة أنشطتهم كذلك يجب أن تراقب أداء الموظفين والأداء المالي حتى تستطيع الكشف عن نقاط القوة وعن المشكلات ولكن كلما ازداد تعقيد المنظمة وبيئتها كلما أصبح من الصعب عليها مراقبة كل مصادر المشكلات. وإضافة إلى الكشف عن المشكلة فإن صنع القرار الناجح يتطلب تعريفها بدقة وليس مجرد وصف أعراضها.

اختيار صانعي القرار:

إن المنظمات تسيطر على مسألة من يقومون بصنع القرار نيابة عنها وهذا هو واجب المنظمة الإدراية ، وللحصول على قرارات عالية الجودة فإن المنظمات تعطي صلاحية صنع القرار إلى الأفراد الذين لديهم الشيء الكثير ليساهموا به في هذه العملية. وفي السابق فإن مسؤولية القرارات المعقدة غير المبرمجة كانت تقع على عاتق الإدارة العليا على افتراضات أن لديها القدرة الأكبر للتفكير بشكل استراتيجي وتوجيه المنظمة.

أما في الوقت الحاضر فإن المنظمات تقوم بتوزيع السلطات في صنع القرار. فإن العاملين في الإنتاج يضعون قرارات حول جودة الإنتاج وبرامجه ، وإن ممثلي خدمات المستهلكين عادة ما تكون لديهم الصلاحية في القيام بكل ما له علاقة برضى الزبون. وقد تقرر مجموعات الموظفين كيفية التنبؤ والاستجابة للتغيرات في بيئة منظمة. وإن هدف هذا الأسلوب هو تطبيق كل المصادر البشرية في المنظمة للوصول إلى قرارات جيدة. وإن إحدى مزايا تفويض صنع القرار هي أنه يعطي الفرصة من أجل تطوير مهارات ومعارف الموظفين.

صنع القرارات الأخلاقية:

إن صنع القرار هو وسيلة يمكن من خلالها للأفراد أن يضعوا الأخلاقيات محل تطبيق لكن الأخلاقيات يجب أن تؤخذ بعين الاعتبار كلما قام الأفراد باتخاذ القرارات ، وتشير التجارب السابقة إلى أن الأفراد لا يقومون دائماً باتخاذ القرارات الأخلاقية وأحياناً يحدث ذلك لأنهم لم يطوروا القدرة على القيام بهذا الشيء. وإن القرارات الأخلاقية تحتاج إلى وعي حول كيفية تأثير القرارات على الآخرين وتتطلب أيضاً قيمة عالية لحماية مصلحة

الأفراد الآخرين وإن الأفراد الذين لم يقوموا بمحاولة للتعرف مضامين أفعالهم قد لا يفكرون بالقيام بذلك. وإن الأفراد الذين لم يتم تعليمهم القيم الأخلاقية قد لا يكونون قادرين على أن يقوموا بتطبيقها.

كذلك يختلف الأفراد في تصوراتهم حول مقدار السلطة التي يمتلكونها لاختيار المسار الأخلاقي، ويعتقد البعض أنهم يجب أن يسيروا جنباً على جنب مع ما يقوم به كل شخص آخر في حين أن هناك أشخاص لديهم ما يسمى مركز الضبط الداخلي القوي حيث يفتقدون أنهم مسؤولون عن أفعالهم ونتائج سلوكهم. وإضافة إلى القيم الأخلاقية فإن مركز الضبط الداخلي يؤثر على الناس للقيام بقرارات أخلاقية. وإن الفروقات الثقافية في ما يتعلق بالأخلاقيات تؤدي إلى تعقيد الموقف عند صنع القرار حيث أن الثقافات تختلف في تعريفها للسلوكيات الأخلاقية فمثلاً إن بعض الأنواع من السلوك تعتبر أخلاقية في مجتمعات معينة لكنها قد تعتبر غير أخلاقية في مجتمعات أخرى وقد تكون أخلاقية في كلا المجتمعين.

إن المنظمات يمكن أن تؤثر بشكل كبير على استخدام الأخلاقيات في صنع القرار. حيث أن سياسات وإجراءات وقيم المنظمة تؤثر على تصورات الموظفين حول مخاطر ومكافئات اتخاذ القرارات الأخلاقية، كذلك فإن المجموعات المهنية والتجارية يمكن أن تعزز السلوك الأخلاقي لدى أفرادها كما هو الحال مع بعض الجمعيات النقابية التي تنشر الخطوط العريضة للسلوك الأخلاقي وهي تعمل أحياناً على التغلب على الكثير من المواقف السلبية السابقة. وإذا كانت المنظمة تقيم السلوك الأخلاقي فحتى الموظفين ذوي الاهتمام القليل بالنواحي الأخلاقية سوف يفضلون اتباع المسار الأخلاقي لأنه الوحيد الذي يؤدي بهم للحصول على المكافأة وهذا يظهر إذا كانت المنظمات تكشف عن توقعاتها بشكل واضح بحيث يدرك كل الموظفين العاملين لديها ما هي المعايير المتبعة، كذلك فإن مثل هذه المنظمات الأخلاقية سوف تجتذب الموظفين الذي يريدون فرصة لتطبيق المعايير الأخلاقية العالية.

العمل ضمن فروقات ثقافية:

إن العديد من الثقافات تعلم وسائل في صنع القرار. فمثلاً إن الأفراد من ثقافات مختلفة يتباينون في الطرق التي يختارون من خلالها المشكلات ويحللون البدائل وفيما إذا كانوا يصلون إلى القرارات من خلال الأسلوب الديمقراطي أو الأوتوغراطي ، وإن بعض

الثقافات تهتم بالتحليل المنطقي والمعمق في حين أن البعض الآخر يركز على انسجام المجموعة، فإن صانعي القرار اليابانيين الذي يركزون على انسجام المجموعة قدراً كبيراً من المعلومات ويستخدمونها للوصول إلى اتفاق عام. وكما لاحظنا سابقاً فإن الثقافات والحضارات تختلف أحياناً في طريقة تقييمها لأخلاقيات العديد ن السلوكيات.

إن بعض الثقافات لا تركز على أهمية إدراك وحل المشكلات فمثلاً إن أندونيسيا وتايلاند تهتم بتقبل المواقف بدلاً من تغيرها وعلى العكس من ذلك فإن المدراء الأمريكيون يسارعون في ملاحظة المشكلة والتصرف في حلها ، فإذا كان أحد المدراء الأمريكيان يعمل مع أفراد في تايلند وأراد أن يبادر بقرار فإن عليه أن يوطّد الكثير من الجهد في المراحل المبكرة من عملية صنع القرار قبل أن يوافقه الآخرون على ضرورة التحرك. وعلى العكس من ذلك فإذا كان هذا المدير ينتظر الموظفين أن يذكروا المشكلات فإنهم أن يتعلموا شيئاً حول هذه المواقف.

استخدام التكنولوجيا بشكل مناسب:

يجب أن يحدد صانعوا القرار متى يجب استخدام التكنولوجيا الجديدة للمساعدة في صنع القرار. وإن التطور الحاصل في تكنولوجيا المعلومات أعطى إلى الأفراد العاملين في المنظمات الكثير من الفرص والأدوات لصنع القرار ومع انتشار هذه الأدوات بشكل متزايد فإن صانعي القرار من المتوقع أن يعرفوا متى وكيف يستخدمها وإن تكنولوجيا القرار تقع ضمن فئتين عامتين وهي كالأتي:

تكنولوجيا صنع القرار الجماعي:

إن أدوات صنع القرار الجماعي تتضمن المؤتمرات المصورة وغيرها وهي تدعم صنع قرار من خلال تمكين المشاركين من الاتصال مع بعضهم البعض والاشتراك بالصور والوثائق بغض النظر عن المتوقع الجغرافي. وأن نقص التكاليف اللازمة لمشاركة المجموعة ستمكن المنظمات من الحصول على فوائد عملية اتخاذ القرار الجماعي. وإن مثل هذا النظام يمكن أيضاً أن يعرض لبعض التعليقات ويسمح بتجنب أخطاء القرار التي ستنتج لو اضطر أفراد الجماعة أن يخضعوا إلى آراء الأفراد ذوي المنصب العالي.

تكنولوجيا اتخاذ الخيارات:

هناك تكنولوجيا أخرى هي نظام دعم لقرار وهذا النوع من نظام المعلومات المحوسب

يقدم نماذج القرار التي يتوصل إليها الخبراء، ويقوم صانعوا القرار بالإجابة على أسئلة تتعلق بأهدافهم ومواقفهم وإن نظم دعم القرار تستخدم نموذج يقوم بتحليل البدائل ويوصي بالبديل الذي من الممكن أن يوصل إلى النتائج المثالية.

وإن النظم التي يتم تطويرها يمكن أن تساعد في جعل كل عملية القرار آلية وذلك عند اتخاذ القرارات الروتينية التي قد لا تحتاج إلى اجتماع للأفراد، كذلك فإن التكنولوجيا تساعد صانعي القرار في جمع معلومات حول المشكلات والبدائل فهناك مثلاً، شركات تطرح برامج كمبيوتر تقدم معلومات تدعم قرارات تطوير المنتجات. وإن هذا البرنامج يقوم على قواعد بيانات بتم تجميعها من مجموعة واسعة من علاقة السبب والنتيجة وإن النظام يقوم بالبحث عن المبادئ ذات العلاقة والتي يمكن أن تساعد في تعديل الأفكار، كذلك فإنها يمكن أن تسأل حول فئة معينة من المشكلات وتنظر إلى الحلول المتواجدة والتي يتم تطبيقها في مواقف أخرى، فمثلاً إن أحدى الشركات قد طرحت اختراعاتها في مجال الطب بحيث يمكن تطبيقها في نقل النفط من المصافي إلى ناقلات النفط كذلك فقد قامت بطرح منتجاتها التي تفيد في عملية البيع بالتجزئة حيث استخدمت تكنولوجيا المعلومات لمساعدة المدراء في اتخاذ قرارات حول عدد الموظفين الذين يجب توظيفهم.

وحيث أن الإنترنت يعمل على تقديم مكاتب كاملة من المعلومات ويضعها بين يدي صانع القرار فإن المنظمات من المحتمل أن تقوم بزيادة توقعاتها فيما يتعلق بجميع المعلومات. فمثلاً كان يكفي في السابق تحليل المنافسة في البلد الأم. أما في الوقت الحاضر فإن التجارة على الإنترنت قد أوجدت احتمالية عالية في أن يقوم صانعو القرار بتحليل المنافسة من منظور عالي باستخدام الإنترنت. ولذلك ومع انتشار أدوات صنع القرار تزداد التوقعات للقرارات المرتبطة مع الجودة.

هوامش الفصل الرابع:

1) ياغي، محمد عبد الفتاح، (2005)، اتخاذ القرارات الإدارية، (ط1) مكتبة ياسين . عمان - لأردن.

2) ياغي، محمد عبد الفتاح، (1988) اتخاذ القرارات التنظيمية، مطابع الفردوس التجارية، جامعة الملك سعود - الرياض.

3) شيما، إبراهيم عبد العزيز، (1993)، الإدارة العامة، (ط2) الدر الجامعية، جامعة بيروت العربية - لبنان.

4) مقلد، إسماعيل صبري، (1973)، دراسات في الإدارة العامة، دار المعارف القاهرة - مصر.

5) Harrison, Frank, (1999) , The Managerial decision Making process, Boston .houghton Mifflin company

6) ذ Daft, Richard L. and Noe , Raymond , (2001) Organizational Beharior, south .wester publishin U.S.A

7) Lee, David & Newman, philip & price, Robert, (1999) Decision Manking in .Organizations, financial times Management. London

# 5

الفصل الخامس

دور الاتصال الاداري في تبادل المعلومات الداخلية والخارجية من التنظيم وكيفية تحسينها

تمهيد .

عملية الاتصال.

فكرة التنظيم كشبكة اتصال.

شبكات الاتصال والقدرة على معالجة المعلومات .

قيمة المعلومات في اتخاذ القرارات .

استراتيجيات لتحسين تبادل المعلومات .

## دور الاتصال الاداري في تبادل المعلومات
## الداخلية والخارجية من التنظيم وكيفية تحسينها

**تمهيد:**

من الأمور الجديرة بالاعتبار والتي يتعين علينا أن نؤكد عليها من البداية، هي أن الأمر لا يقتصر عند حد فعالية نظام المعلومات، ولكن الأمر يتطلب أيضاً وجود نظام اتصال فعال يكفل توصيل المعلومات إلى المدير متخذ القرارات من جهة أخرى، والقائمين على متابعة التنفيذ وتقييمه ومراقبة نتائجه من جهة أخرى، حيث أنه مهما بلغت درجة كفاءة نظام إنتاج المعلومات، فإنه لا يمكن أن يحل مشكلة المدير، لذا، فإن أهمية الاتصال لا تقل بأي حال عن أهمية وفعالية نظام المعلومات لكون الاتصال يمثل وظيفة حيوية جداً من وظائف الإدارة بشكل عام واتخاذ القرارات بشكل خاص. وهو يعني وجود نظام يكفل توصيل البيانات والمعلومات الواردة من خارج المنظمة إلى كافة أجزائها، والمعلومات الصادرة من المنظمة على المجتمع المحيط بها. وكذلك بين مختلف المستويات الإدارية سواء كانت اتصالات هابطة Down Ward Communication (من الإدارة العليا إلى الإدارة الوسطى والسفلى على شكل تعليمات، وأوامر ، وقرارات وتوجيهات تصدرها الإدارة العليا بغرض تنظيم وتوجيه الأعمال بالمنظمة) ، أم اتصالات صاعدة Upward Communication (من الإدارة السفلى والوسطى إلى الإدارة العليا كأن يقدم المرؤوسين بيانات أو آراء ، أو أفكار أو اقتراحات أو شكاوي.. لرؤسائهم)، أم اتصالات أفقية Horizontal Communication بين مختلف الأقسام الإدارية داخل المنظمة بهدف إبقاء القائمين على إدارة هذه الأقسام على علم بما يجري من أمور ، هذا فضلاً عن تبادل المعلومات والبيانات والآراء ووجهات النظر حول المسائل والموضوعات المشتركة بينهم، وتنسيق ما يجب اتخاذه من إجراءات وخطوات وتدابير لحل المشكلات القائمة التي تهمهم جميعاً، وذلك بما يكفل سلامة وفاعلية تنفيذ الأعمال.

وفيما يلي سنتناول باختصار عملية الاتصال حتى ندرك الجوانب المختلفة التي تشتمل عليها، والعناصر التي تكونها.

عملية الإتصال:

إن عملية الإتصال في الأجهزة الإدارية بمثابة الخيط الذي يربط بين الإدارات، وقد أدى إلى الاهتمام بدراسة الاتصال بكثير من الباحثين في هذا المجال إلى تكوين عناصر الاتصال التالية : (مصدر المعلومات، إرسال، علامة، استقبال، جهة وصول الرسالة).

ويتضح من هذه العناصر أن مصدر المعلومات يقوم باختيار أحد الرسائل المرغوبة من بين عدة رسائل محتملة ويتم تحويل هذه الرسالة إلى علاقة تنقل خلال قنوات الاتصال في جهاز الاستقبال، وقد تحدث ضوضاء أو تشويش على الرسالة على شكل حذف أو إضافة بعض المعلومات بطريقة مقصودة أو غير مقصودة، ويمكن إزالة بعض العوامل المعوقة، عن طريق استرجاع الأخطاء وإعادة تفسير المحتوى، ومن هذا كله يمكننا القول أن عملية الاتصال هي عملية توصيل قدر من المعلومات الحقائق من جهة تكملها، إلى جهة تحتاجها لإنجاز عمل معين.

ومن الاعتبارات المهمة بالنسبة لعملية توصيل المعلومات ما يلي:

1- يجب الاهتمام بمضمون الاتصال وهدفه وليس على أدوات الاتصال فقط.

2- إن عملية الاتصال ترتبط بتصميم عملية اتخاذ القرارات وليس بإجراءات ثابتة.

3- إن عملية الاتصال ذات اتجاهات متعددة وليس في اتجاه واحد من أعلى إلى أسفل.

4- يجب الاهتمام بالعنصر الإنساني وليس مجرد الاهتمام بمجموعة إجراءات ولوائح للعمل الرسمي.

والشكل (4) يوضح هذه العناصر وعلاقتها مع بعضها.

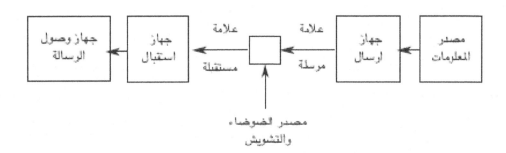

نموذج شانون وويفر للاتصالات

فكرة التنظيم كشبكة إتصال:

إن الهيكل التنظيمي للأجهزة الإدارية عنصر أساسي يستند إليه عمل الإدارة العامة، وإن كل وظيفة من وظائف الهيكل التنظيمي يعتبر مركزاً للاتصال كما أن الهيكل التنظيمي نفسه يعتبر نظاماً لمراكز الاتصال، فإن عملية الاتصال ليست مجرد عملية ثانوية، وإنما هي أساس ترتكز عليه كافة عناصر العملية الإدارية، فهي أداة فعالة للتأثير في السلوك الوظيفي، ونجد أن عملية اتخاذ القرار تتوقف سلامتها على نوع ودقة المعلومات التي تصل إلى المدراء، وعلى الرغم من أن الهيكل التنظيمي يعمل على تسهيل الاتصالات إلا أن هناك مجالات لتشويه المعلومات ما دام الأفراد هم الذين يشغلون الوظائف ويمارسون الأدوار، وإن تنفيذ الأعباء الملقاة على التنظيم الإداري تعتمد على حجم وقيمة الحقائق والبيانات التي يستطيع التنظيم تجميعها والحصول عليها من البيئة المحيطة به، وعلى قدرته في تبليغ وتوصيل هذه البيانات والمعلومات إلى جميع المراكز المسؤولة في الوقت المناسب، وقد تبين أن الاتصال هو العصب الحساس للتنظيم والعامل المؤثر في قدرته وكفايته نحو تحقيق أهدافه، لذا، فإن النظرية تعتبر التنظيم في أساسه جهاز اتصال بني على عدة تبريرات منطقية أهمها:

1. تعتبر هذه النظرية أن التنظيم بمثابة وحدة حية متحركة ومتطورة وليس كيان ثابت.

2. تؤمن هذه النظرية بالتجربة العملية، وتعتمد على نوع المعلومات المتوافرة عند المشكلة موضوع النظر، للدور بالغ الحساسية الذي تؤديه عملية الاتصال.

3. تتخذ هذه النظرية الإدارية بعض العناصر عن العلوم البيولوجية والطبيعية كعنصر التوازن والذي يقوم بتعريف الأنظمة على أنها إتجاه أو ميل نحو الوصول إلى وضع التوازن، فعند تحقيق هذا التوازن يؤدي إلى عدم تحقيق أهدافها، وإضعاف معنويات أفراد التنظيم الذين يعملون فيه.

4. إن هذه النظرية تسمح بتفهم طبيعة العلاقات القائمة بين الأفراد العاملين في المنظمة من جهة وبين تراكيب القوى السائدة داخل هذه المنظمة من جهة أخرى.

5. إن تحليل نطاق ونوع الاتصال الذي يتم داخل التنظيم الإداري يساعد في التعرف على درجات النسبة المركزية أو اللامركزية السائدة في النظام.

وككلمة أخيرة في هذا الصدد يمكننا القول أن الاتصال التنظيمي هو الرابط الحتمي للمنظمة وبدونه لن يكون لها كيان أو وجود، وتأسيسها على هذه الاعتبارات، فإنني أميل إلى النظرية التي تعتبر التنظيم شبكة من الاتصالات المنظمة للعلاقات بين أفراد التنظيم ووحداتها الإدارية حيث تتم الاتصالات من خلالها.

شبكات الاتصال والقدرة على معالجة المعلومات:

ويطلق عليه أيضاً نظام المعلومات: وهو مجموعة من العناصر ذات الصلة فيما بينهم، تشترك في تحويل المعلومات من الأشخاص الذين ينتجونها إلى المستفيدين منها، واستخدام مصطلح شبكات المعلومات يعني ربط وحدات المنظمة باستخدام (الحاسوب) ووسائل الاتصال الأخرى لتحقيق انسياب المعلومات بين الوحدات في المنظمة، وقد وصفت شبكة الاتصالات بأنه تناسب فيها تدفق المعلومات بين الوحدات في المنظمة، عبر قنوات مكونة من أشخاص يعملون كمراكز اتصالات وكل وحدة تقوم باستقبال وإرسال المعلومات إلا أن هناك خلل للرسالة بعد استلامها في إحدى هذه المحطات، وقبل إرسالها منه إلى مركز آخر أو إلى نطاقها الأخير وهذا ما يسمى بالتشويه أو غربلة المعلومات، فالمعلومات هنا ليست مقيدة بأشكال الاتصال التقليدية، فهذه نعتبرها نوع واحد من أنواع المعلومات التي نحن بصددها، أما النوع الآخر فهو يتمثل في الخطط الزرقاء والميزانيات الموجودة في المستودعات أو المخازن، وبمعنى آخر، فإن أية خصائص لعملية ما يمكن أن يلاحظها الفرد ويسجلها هي معلومات كامنة تصلح لشبكة الاتصالات.

لقد كانت افتراضات النظرية الإدارية القديمة تشير أن الهرم التنظيمي لقنوات الاتصال أكثر فاعلية في حل المشكلات التنظيمية، وقد تبين لاحقاً أن اللامركزية أكثر فاعلية في حل المشكلات التنظيمية المعقدة، كما أنها أظهرت أهمية الاتصالات وأثرها على القرارات التنظيمية ، ولوضع أنماط الاتصالات بقالب مبسط فالنقاط التالية تعطينا دلالة لأهم المفاهيم التي قدمتها هذه البحوث لفهم شبكات الاتصال. هذه الأنماط هي:

1. العجل والذي يتيح لعضو واحد فقط في المحور أن يتصل بأعضاء المجموعة الآخرين، وأن الأعضاء لا يستطيعون الاتصال المباشر إلا بالرئيس، أي يتم الاتصال فيما بينهم عن طريقه فقط، واستخدام هذا النمط يؤدي إلى تركيز سلطة اتخاذ القرارات في الرئيس.
2. الدائرة وفيه كل عضو مرتبط بعضوين، أي أن كل فرد يستطيع أن يتصل اتصالاً

مباشراً بفردين آخرين وإنه يمكن الاتصال ببقية أفراد المجموعة بواسطة أحد الأفراد الذين يتصل بهم اتصالاً مباشراً.

3. السلسلة كل الأعضاء يكونوا في خط واحد حيث لا يستطيع أن منهم الاتصال المباشر بفرد آخر إلا إذا كان أحد الأفراد الذين يمثلون المراكز الوسطية، ومن الملاحظ أن الفرد الواقع في منتصف السلسلة يتمتع بنفوذ كبير في منصبه الوسطي.

4. الكامل المتشابك وفيه يتاح لكل من أفراد المنظمة الاتصال المباشر بأي فرد فيها ، أي أن الاتصالات هنا تتجه كل الاتجاهات، غير أن استخدام هذا النمط يؤدي إلى البطء في عملية توصيل المعلومات وإمكانية زيادة التحريف فيها، وبالتالي يقلل من الوصول إلى قرارات سليمة وفعالة. ومن أنماط الاتصال التي تأثر على اتخاذ القرارات التنظيمية: الاستقلالية والإشباع، فالاستقلالية يقصد بها الحرية المستقلة التي يمكن للفرد بموجبها العمل مع مجموعة من الأفراد، وأن استقلالية عمل الفرد يمكن أن تتأثر بعوامل مختلفة كسهولة منال المعلومات، العوامل الموقفية، تصرفات أعضاء المجموعة، إدراك الفرد للموقف ، أما بالنسبة للإشباع فيقصد بها الإفراط الزائد في الاتصالات بين المحور والرئيس ومرؤوسيه الأمر الذي يؤدي إلى تحريف المعلومات لأنها تمر في مراكز اتصال عديدة، وبمعنى آخر فإن التشبع يكون في النموذج المركزي حيث يكون هناك إفراط زائد في الاتصالات مما يؤدي إلى انشغال المحور (المدير) في اتخاذ القرارات الروتينية بدلاً من القرارات المعقدة التي تحتاج إلى وقت وجهد ومعلومات دقيقة، وبناء على بعض الفرضيات لاتخاذ القرارات يتم تحليل مشكلات اتخاذ القرارات المعقدة إلى مشكلات فرعية، توكل إلى وحدات اتخاذ القرارات التي تتمتع بقدر من الاستقلالية وهذا يقودنا إلى المزايا التالية:

1. التقليل من عبء التنسيق والجدولة اللازمتان داخل كل وحدة إدارية.

2. إمكانية إنتاج مخرجات أكثر تجانساً في كل وحدة من تلك الوحدات الإدارية ما دامت الحاجة لتبادل المعلومات بين وحدات اتخاذ القرارات أصبحت قليلة.

3. التقليل من درجة التشويش في المعلومات وفقدانها الناجم عن طول قنوات الاتصال من خلال تقريب متخذي القرارات على مراكز المعلومات.

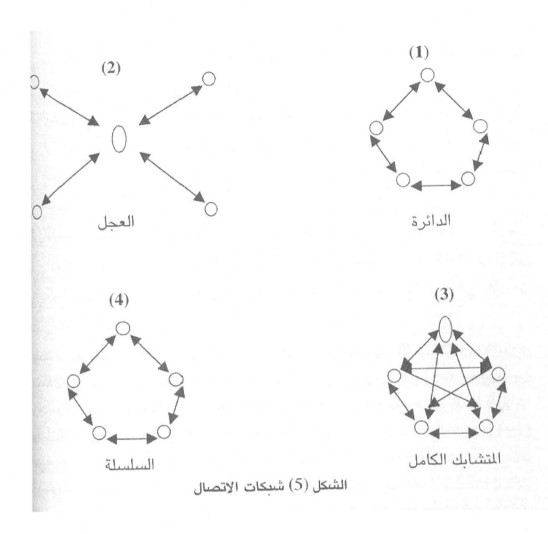

الشكل (5) شبكات الاتصال

الشكل (5) شبكات الاتصال

قيمة المعلومات في اتخاذ القرارات:

إن معرفة نتائج القرار تعد في غاية الأهمية عندما يكون متاحاً أمام المدير متخذ القرار عدداً من البدائل يختار من بينها، وفي العادة هناك ثلاثة أنواع من المعرفة الخاصة بنتائج القرار وتتلخص بالنقاط التالية:

1. المعرفة التأكدية أو حالة التأكد وهي المعرفة الكاملة والسليمة لنتائج كل بديل من البدائل المتاحة، وفي العادة تكون هناك نتيجة واحد فقط لكل بديل متاح.

2. المعرفة التي تتسم بالخطر حيث أن هناك عدداً من النتائج لكل بديل ولا توجد معرفة كاملة باحتمالات وقوعها، فإن قدراً من الاحتمال يتم وضعه بالنسبة لكل نتيجة خاصة بكل بديل.

3. المعرفة التي تتسم بعدم التأكد حيث أن هناك عدداً من النتائج لكل بديل ولا توجد معرفة باحتمالات حدوث كل نتيجة من هذه النتائج.

< فإذا كانت النتائج معروفة لهذه النتائج واضحة ومؤكدة فإن مهمة المدير اختيار البديل الذي يعطي القيمة المثلى، وتكون القيمة المثلى هي القيمة التي تعظم النتائج.

< أما في ظل الخطر فإنها تكون مشابه لعملية اتخاذ القرارت في ظل ظروف التأكد عندما تكون الاحتمالات الخاصة بالنتائج معروفة للمدير متخذ القرار، بدل من تعظيم النتائج يقوم المدير بتعظيم القيمة المتوقعة.

< أما القرارات التي تتخذ في ظل عدم التأكد فلا بد من التعامل معها بطريقة تختلف عن النوعين السابقين للقرارات فبدون احتمالات لا يمكن تطبيق معيار التعظيم، وإذا كان هناك عدة بدائل للقرار متاحة أمام المدير فإنه يختار القرار بناء على المعلومات المتوفرة له.

ويمكننا القول أنه لا يوجد قرار يتخذ في ظل معلومات كاملة لأن المدير لا يمكنه التنبؤ بالمستقبل بدرجة تأكيد تامة، ويمكن القول أنه في الحياة العملية، إن بعض القرارات يتم إتخاذها بدون توفير الكمية المناسبة للمعلومات، ويعود ذلك إلى أسباب عديدة نذكر منها:

1. إن المعلومات المطلوبة غير متوافرة ولا يمكن الحصول عليها.
2. إن الجهود والتكلفة اللازمة للحصول على هذه المعلومات قد يكون كبيراً جداً.
3. إن الفرد قد لا يعرف أن مثل هذه المعلومات متواجدة.
4. إن المعلومات قد توجد ولكن ليس في الشكل المراد الحصول عليه.

إستراتيجيات لتحسين تبادل المعلومات:

تدل الأبحاث المتعلقة بتبادل المعلومات أن هناك نوعين من الخلل فيما يتعلق بكمية المعلومات المتبادلة من جهة ومحتواها من جهة أخرى وهذين الخللين هما:

أولاً: الاختيار الانتقائي للمعلومات:

فإننا نجد أن الفرد في التنظيم الإداري الهرمي قد يستخدم التنظيم الهرمي ولتشويه المعلومات المتبادلة لتحقيق أهدافه البعيدة المدى، وتتوقف درجة صحة وفعالية المعلومات على الطرق التي تتبعها المنظمة في نقل هذه المعلومات وإذا لم يكن هناك نظاماً رسمياً

وإجراءات رسمية في المنطقة تتعلق بنقل المعلومات من مستوى إداري إلى آخر فإن المعلومات لن تصل بصورة كاملة إلى المستوى الإداري العليا للمنظمة، وذلك كله يبين أن بعض أفراد التنظيم يقومون بعمل غير إيجابي بالنسبة لمحتويات الرسالة، إلا أن هناك أفراد آخرين قد يضيقون إلى محتويات الرسالة أو يقللون منها أو يعدلونها أ, يغيرون من تكوينها قبل نقلبه لفرد آخر، وكان هناك دراسات أثبتت هذه الطريقة نذكر منها دراسة مارتش وسايمون حول ترشيح المعلومات خلال قنوات الاتصال الداخلية والخارجية للمنظمة كان من نتائج الدراسة هذه أن هناك مؤثرين رئيسين لتشويه الرسائل في التنظيم الإداري ويتمثلان في:

1- ثقة المرسل بالمستقبل.

2- إدراك المرسل بملاءمة الرسالة لحكم المستقبل، وسنتناولها على النحو التالي:

1. الثقة ودقة الرسالة:

إن مناخ العلاقات بين الأفراد وخاصة علاقة الرئيس بمرؤوسيه لها أثر كبير في ممارسة الاتصال وفعاليته، فعدم التفاهم وفقدان الثقة بين أفراد التنظيم يجعلهم في منتهى الحذر عند ممارسة الاتصال ولا يتم تبادل المعلومات بشكل جيد، وقد قدم (أثاناسايدس) عدداً من العوامل التي يمكن أن تساهم في دقة الاتصالات التنظيمية، ومن بين هذه العوامل:

- يجب أن تحدد القوانين والأنظمة بوضوح .
- يجب أن لا يعتمد بناء السلطة في التنظيم على علاقات شخصية.
- يجب أن لا يعتمد نقل المعلومات على إثارة الخوف.
- يجب أن يكون العمل ذو قياس موحد ومبسط.

ونستنتج مما سبق أن هذه الدراسات تقترح طرقاً للحد من تحريف تبادل المعلومات في مواقف محددة، وإن الثقة المتبادلة بين أفراد التنظيم تعمل على الحد من أثر ترسيخ أو تحريف المعلومات وبالتالي تؤدي إلى اتصالات فعالة.

2. تأثير المحاباة على دقة الرسالة

وتعني أي نقل للمعلومات التي تتلائم مع حاجات المستقبل أو ما يسمى بالكون على

معلومات غير مرغوبة، والجدير بالذكر أن حبس المعلومات يخلق حالة من الغموض لدى المستقبل يؤدي بالتالي إلى عدم سلامة القرارات والتصرفات التي تتخذ على أساس المعلومات المشوهة أو الناقصة.

وقد أثبتت غالبية الدراسات في هذا المجال غالبية الأفراد يترددون في نقل المعلومات غير المرغوبة حتى لو لم يكن لهم علاقات مباشرة أو حتى في غياب المكافآت والعضويات، فإن ما يهمنا التأكيد عليه هو أن عملية التعلم التنظيمي التي ركز عليها (سايرت) و (مارتش) في نموذجهما تؤثر كثيراً على الإدراك الحسي، كما أن الأداء الحسي الناتج عن رسالة قد يرجع إلى العوامل السابق اعتبارها أعلاه، إلا أن الإدراك الحسي قد يتأثر باللغة المكتوبة بها الرسالة، فاللغات قد تسبب في الحقيقة تشويها أو تحريفاً أكثر أثراً من التشويه الناتج عن الاتصال الحسي، وأيضاً، قد تخلق (حقيقة) قد تحتوي أشياء بعيدة عن اللغة نفسها.

ثانياً: قدرة المدير على التعامل مع المعلومات:

حتى تتضح الصورة في أذهاننا إلى أبعد حد ممكن، فإن من الأمور التي أشرنا إليها من قبل، إن معظم المنظمات تواجه زيادة كبيرة في حجم المعلومات المتاحة لديها نتيجة الثورة التكنولوجية الحديثة واختراع الحاسبات الإلكترونية(الحاسوب) التي تستخدم في الوقت الحاضر لجميع المعلومات وتحليلها، فإن ما يهمنا التأكيد عليه هو أن المدير متخذ القرار يحتاج إلى معلومات كافية ومناسبة وصحيحة ودقيقة لتكون قراراته سليمة وفعالة، إلا أن الوضع يختلف كثيراً في كثير من الحالات، فقد أكدت الدراسات التطبيقية التي قام بها الباحثان (جولدنز وماكريمون) أن المديرين يطلبون معلومات تزيد عن احتياجاتهم الفعلية لاتخاذ القرارات تتعدى مدى قدرتهم في التعامل معها.

ومن هذا كله يبدو أن فاعلية الاتصال تتوقف على دقة المعلومات اللازمة لاتخاذ القرارات غير أن ذلك يقتضي وجود علاقة ارتباطية فعالة بين المدير متخذ القرار ومصادر المعلومات تأتي من خلال:

1. تحديد نوعية احتياجات المدير متخذ القرار من المعلومات.
2. تحديد كمية احتياجات المدير متخذ القرار من المعلومات.
3. وجود مقاييس لمدى قدرة المدير متخذ القرار على استخدام المعلومات.
4. تفهم المدير متخذ القرار لعمل نظام المعلومات.

ونخلص من هذا كله أن قدرة المدير في التعامل مع المعلومات تتوقف على مدى قدرة وكفاءة مصادر المعلومات إلى جانب إيجاد وسائل اتصال قائمة على أسس سليمة ومدروسة ومنسقة بحيث يمكنها أن تخترق العوائق والعقبات التي تحول دون استمرارية انسياب فعال للمعلومات بين المدير متخذ القرار ومصادر المعلومات.

ثالثاً: أشكال الأنظمة ودورها في نقل المعلومات:

لا يمكننا على الإطلاق دراسة وفهم كيف تتخذ القرارات التنظيمية، وما هي نوعيتها، ومحتواها ونتائجها بمعزل عن البيئة الداخلية والبيئة الخارجية لعمليات اتخاذ القرارات، ومن هنا يكتسب النظام أهمية خاصة فيما يتعلق بتبادل المعلومات مع البيئة الخارجية المحيطة به، ويعرف النظام على أنه ذلك الكل المنظم الذي يجمع ويربط بين أجزاء تشكل في مجموعاتها تركيباً موحداً وتلك الأجزاء التي يتكون منها النظام في علاقات تبادلية بحيث لا يمكن عزل اٍدهما عن الآخر، ومن الجدير بالذكر أن لأي نظام مادي يتكون من : مدخلات وعمليات ومخرجات.

وتجدر الإشارة هنا أن كل نظام يتكون من عدد من الأنظمة الفرعية والتي تكون عادة مكونة من مجموعة اصغر من الفرعية الأخرى، ويطلق على عملية التفاعل والاتصال المتبادل بين الانظمة الفرعية والجدير بالذكر أن هناك ثلاثة أنواع من المعلومات الداخلة وهي:

1. معلومات داخلة لا يمكن التحكم بها.

2. معلومات داخلة يمكن التحكم بها من قبل منظمة خارجية.

3. معلومات داخلة يمكن للمدير متخذ القرار أن يتحكم بها.

وتلخص نموذج المعلومات الداخلة والخارجة يساعد على إظهار طبيعة عملية اتخاذ القرارات والمعوقات التي تتعلق بفصلها من العمليات التنظيمية الأخرى، وخير مثال على ذلك:

1. أن يقرر المبرمج البدء في إدخال معلومات في الحاسوب، فيمتنع عن قراراه نتيجة خلل فني طرأ على الحاسوب وبذلك فإن قراراه مرتبط بعمله.

2. أن يقرر المدير إنشاء فرع جديد للمنظمة ثم يبطل هذا القرار نتيجة صعوبات في الموارد البشرية المتخصصة التي لم يكن بالإمكان التنبؤ بها أو نتيجة تغيرات غير

متوقعة في الوضع العام. وعليه، فإن هذه العوامل لا يستطيع المدير أن يتحكم فيها، فهي بالتالي تعمل على فصل عمل المدير عن تطبيق القرار.

3. أن يقرر المدير زيادة ساعات العمل الإضافي، ثم يلغي هذا القرار نتيجة نقص في كمية العمل: هذا النقص في كمية العمل خارج عن نطاق تحكم المدير فيه. لذا قد يبطل هذا القرار بسبب نقص كمية العمل المرتبطة بشكل مباشر بالعمل.

ونخلص من هذا كله إلى القول بأن أشكال الأنظمة التي تتعلق بالبيئة الداخلية والخارجية للمنظمة (أو المعلومات الداخلة والمعلومات الخارجة) مهمة وضرورية ، وهذه هي التي دفعت (سيج )إلى اقتراح مدخل هندسي لتصميم نموذج أفضل لترشيح المعلومات في المنظمات، ويتضمن هذا المدخل ثلاثة خطوات أساسية لبناء نماذج رياضية:

1. تحديد المشكلة من خلال تحديد عناصر المنظمة التي سيتضمنها النموذج.
2. تحديد العلاقات بين العناصر السابقة.
3. تقدير الوسيط أو (وضع قيمة للنظم المتبعة في المنظمة).

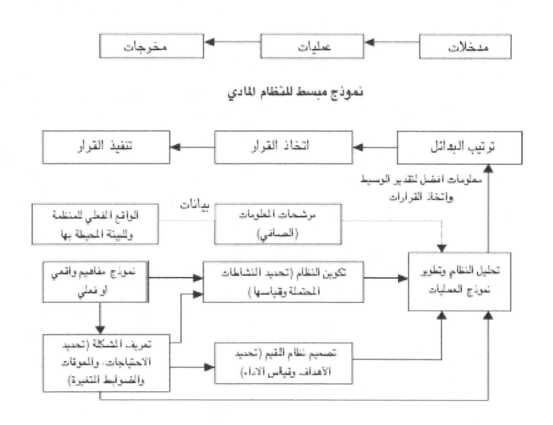

نموذج مبسط للنظام المادي

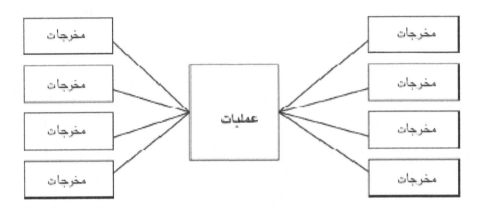

الشكل (6) نموذج النظام المتعدد المدخلات والمخرجات

وتجدر الإشارة هنا أن كل نظام يتكون من عدد من الأنظمة الفرعية Subsystems والتي تكون عادة مكنة من مجموعة أصغر من الأنظمة الفرعية الأخرى، ويطلق على عملية التفاعل والاتصالات المتبادلة بين الأنظمة الفرعية اسم "الوساطة" Interfce (أو حد مشترك بين جسمين أو فكرتين) كما هو موضح في الشكل التالي:-

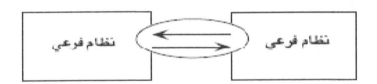

الحد المشترك بين نظامين

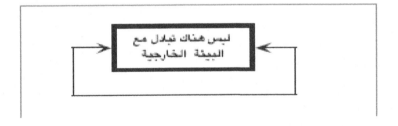

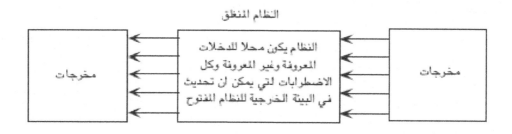

النظام المنغلق
مخرجات
النظام يكون محلا للدخلات المعروفة وغير المعروفة وكل الاضطرابات لتي يمكن ان تحديث في البيئة الخرجية للنظام المفتوح
مخرجات

كما أن النظام الفرعي ، عند مستواه الأدنى ، غالباً ما لا يتم تعريفه من الداخل أي لا يتم تعريف العمليات الداخلية له (مثل: التنظيم أو المدير) ويطلق على هذا النظام الفرع اسم " الصندوق الأسود" Black Box (أو حيث يتم تعريف المدخلات (أو المعلومات الداخلة للتنظيم) والمخرجات (أو المعلومات الخارجية من التنظيم) فقط. أما العمليات (أو معالجة المعلومات) التي تتم على المعلومات الداخلة للتنظيم لتحويلها إلى قرارات أو استجابات، فلا يتم تعريفها.

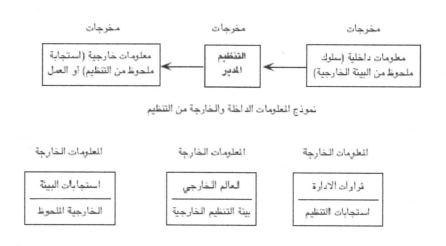

مخرجات
معلومات داخلية (سلوك ملحوظ من البيئة الخارجية)
مخرجات
التنظيم
مخرجات
نموذج المعلومات الداخلة والخارجة من التنظيم
المعلومات الخارجة
استجابات التنظيم
المعلومات الخارجة
العالم الخارجي
بيئة التنظيم الخارجية
المعلومات الخارجة
استجابات البيئة
الخارجية الملحوظ

الشكل (8) نموذج تحكم المدير بالمعلومات الداخلة والخارجة من التنظيم

ومن الأمور التي يجب أن ننوه إليها أن الصندوق الأسود - من وجهة نظر المدير متخذ القرار- لا يغطي التنظيم أو سلوكه الإداري ، وإنما يغطي العالم الخارجي للتنظيم أو البيئة

الملحوظة من العالم الخارجية للتنظيم، لذا فإن المعلومات الخارجة من التنظيم او الاستجابات الخارجي هي معلومات خارجة فقط وليست قرارات حوّلت إلى معلومات داخلة وهذا ما يطلق عليه "دورة المعلومات المرتدة" حيث يتحكم المدير بها. والجدير بالذكر أن هناك ثلاثة أنواع من المعلومات الداخلة هي:

1. معلومات داخلة لا يمكن التحكم بها.
2. معلومات داخلة يمكن التحكم بها من قبل منظمة خارجية.
3. معلومات داخلة يمكن للمدير متخذ القرار أن يتحكم بها.

والآن سنتفحص ما تعنيه اتصالات التغذية المرتدة (أو دورة المعلومات المرتدة) على افتراض أن المدير متخذ القرار يحتل مكان "الصندوق الأسود" وأنه غير شفاف تماماً بحيث يطمس (أو يخفي ) تماماً عمل المدير الذي يمارسه. ويمكن تصوير ذلك من خلال النموذج التالي:

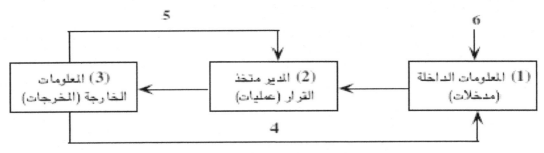

الشكل (9) اتصالات التغذية المرتدة

الشكل (9) اتصالات التغذية المرتدة

نموذج المعلومات الداخلة والخارجة من المنظمة مع قنوات التغذية المرتدة من الأمور التي نلاحظها في الشكل السابق أن قناة الإتصال رقم (4) هي القناة التي يمكن للمدير متخذ القرار أن يمارس من خلالها ما لديه من سلطة للتحكم بالمعلومات الداخلة في الأعمال التي يقوم بها المدير وكذلك في اتخاذ القرارات. فكما كانت قناة الاتصال رقم (4) نشطة وعاملة كلما رأينا عمل المدير واتخاذ القرارات مرتبطان ضمنياً بسلسلة:

قرر - إفعل - قرر - إفعل - وهكذا.

وعليه فإن طبيعة الرقابة الإدارية تتطلب ضرورة إعادة معظم المعومات الخارجة (المخرجات) عن طريق التغذية المرتدة من اجل فحصها وتقييمها، ومتعابعتها.

هوامش الفصل الخامس:

1) زهير، الصاغ، (1982)، البيئة الخارجية للقرارات الإدارية في الدولة العربية الإداري، (ع10). معهد الإدارة العامة، عمان - الأردن.

2) سلمي، سبيل، (1981)، أجهزة المعلومات، نشأتها في البحث والتنمية والاتجاهات الحديثة لتأدية رسالتها، المجلة العربية للمعلومات، (م2)، (ع2) المنظمة العربية للتربية والثقافة والعلوم . تونس.

3) اسماعيل، السيد، (1998)، نظم المعلومات الإدارية لأتخاذ القرارات الإداري، المكتب العربي الحديث للطباعة والنشر الأسكندرية.

4) صبري، مقلد (1973)، دراسات في الإدارة العامة، دار المعارف القاهرة- مصر.

(5Huber, E., (1982). Organizational infromation systems, Mangagement Science, 28.

(6Richard Daft,(2004) Organization theory and Design, 7 Ed., U.S.A.

# 6

الفصل السادس

الابداع الاداري

- تعريف الابداع .

- مستويات الإبداع .

- أسباب تبني الإبداع في المؤسسات .

- منشطات الإبداع.

- مظاهر الإبداع في المستويات .

- خصائص الشركات المبدعة.

- معوقات الإبداع المؤسسي.

# الإبداع الاداري

تعريف الإبداع:

الإبداع في اللغة العربية: مشتق من الفعل الثلاثي بَدَعَ، أي أنشأ الشيء وأوجده، فالإبداع بذلك يكون إيجاد شيء غير مسبوق.

مستويات الإبداع:

أ- الإبداع على المستوى الفردي.

لقد عرف بعض علماء النفس الإبداع: على أنه القدرة على ابتكار علاقات بين الأشياء أو ابتكار تركيبات أو تنظيمات جديدة من هذه الأشياء في محاولة منهم لربط الذكاء بالابتكار.

< هناك تعريفات تعتبر الإبداع أسلوباً عملياً لحل المشكلات، حيث يتم وضع الفرضيات ثم اختبارها، واستخلاص النتائج وإيصالها للآخرين.

أما الذين عارضوا تعريف الإبداع باعتباره أسلوباً عملياً لحل المشكلات فحجتهم في ذلك أن بعض علماء النفس وعلماء النفس الاجتماعي وعلماء السلوك التنظيمي، الغالبية العظمى ممن بحثوا في الإبداع على مستوى الفرد، وقد تم التركيز على خصائص الفرد الفطرية كالذكاء، والموهبة، وعلى الخصائص المكتبسة مثل حل المشكلات، العلاقات بين الأشياء الإنتاج، ظروف نشأة الفرد وأسلوب حياة الأسرة، الحفز الذاتي للإبداع، وهذه الخصائص يمكن التدرب عليها وتنميتها، ويساعد في ذلك ذكاء الفرد وموهبته.

ويُلاحظ بأن التعريفات مختلفة وكثيرة، مما يدل على تعقد ظاهرة الإبداع وعلى تعدد التعريفات الإجرائية التي تمكننا من قياس الإبداع الفردي، فالبعض استخدام الكم الإنتاجي، والبعض استخدم الأسلوب الإحصائي لتحديد أصحاب الانحرافات عن المستوى العادي (في الذكاء مثلاً)، والبعض يرى استخدام المحكمين والاعتماد على حكمهم كخبراء في المجال المطلوب ، والبعض يرى الاعتماد على أسلوب حياة الشخص وسيرته الذاتية وما تشتمل عليه من نشاطات وميول وهوايات، وهنالك من يرى استخدام عوامل ظرفية أو

موقفية مثل: ظروف الأسرة ، ومستواها الثقافي والمادي، وميول الآباء، وغيرها، مما مكنهم من الوصول لمعامل صدق أكبر في الاختبارات التي أجريت، وإن ذلك يؤكد أهمية العوامل الظرفية، مما يستلزم توفير بيئة مناسبة لأصحاب القدرات الإبداعية، حتى يتمكنوا من ترجمة قدراتهم الإبداعية إلى واقع ملموس.

ب- الإبداع على مستوى المؤسسة:

الإبداع المؤسسي تغيير في نتائج العمليات وما يتبعه من تغيير في قيمة المنتج ورضا المستهلك. إن التعريف يشتمل على الفائدة الاجتماعية لأهم الجماعات بالنسبة للمؤسسة، إلا وهي جماعات المستهلكين، ولقد انتقد البعض بشدة، الشركات الأمريكية على إسرافها في هذا التوجه على حساب الإبداع الفني.

الإبداع المؤسسي: يتضمن تقديم منتج جديد على شكل سلعة، أو خدمة، أو التجديد في عملية إنتاج أو توزيع هذه السلعة أو الخدمة، إن تقديم السلعة في ظل التغيير السريع، وفي ظل التكامل في عمليات المؤسسة، ونظراً لقصر عمر السلعة، أمراً ليس سهلاً، إن هذا التعريف يشتمل على مختلف نشاطات المؤسسة ويشترط تقديم منتج جديد، فيلاقي بذلك تعريفات الإبداع على المستوى الفردي والتي تشترط الجدة أيضاً.

وهنالك من الباحثين من يميز بين نوعين رئيسين من الإبداع المؤسسي هما: الإبداع الفني والإبداع الإداري، كما أنهما يتطلبان نوعين مختلفين من صنع القرار، اللذان يشملان مدى واسعاً من نشاطات المؤسسة، إن الإبداع الفني يتعلق بالمنتج، سواءً السلع أو الخدمات، ويتعلق بتكنولوجيا الإنتاج، أي بنشاطات المؤسسة الأساسية، التي ينتج عنها السلع او الخدمات، أما الإبداع الإداري فيتعلق بشكل مباشر بالهيكل التنظيمي والعملية الإدارية في المؤسسة، بشكل غير مباشر بنشاطات المؤسسة الأساسية.

لقد اقترح فريق (فريمان) من جامعة (سايسكس) في بريطانيا، أربعة مستويات للإبداع.

1. الإبداع الجذري.
2. تحول فني أساسي.
3. التحسين.
4. التقليد.

إن مستوى الإبداع الأول (الإبداع الجذري)، يتضمن الإبداع الفني والإبداع الإداري معاً، أي إنه تغيير في العملية الإنتاجية وما يستلزمه من تغيير في البناء التنظيمي أو العملية الإدارية في المؤسسة، أما التحول الفني الأساسي فهو ذاته الإبداع الفني، وأن المستوى الثالث (التحسين) يكون إبداعاً محدوداً يتمثل بتغيير وتطوير بعض خصائص السلعة أو الخدمة، أما سياسة التقليد فهي سياسة مؤسسة للتقليل من المخاطرة.

لقد قام البعض بتقسيم الإبداع الفني إلى قسمين: الإبداع السلعي ويقصد به إنتاج سلعة أو تقديم خدمة جديدة، لتلبية رغبات وسد حاجات الزبائن والعملاء، والقسم الثاني هو الإبداع العملياتي ويقصد به أي تغيير يطرأ على العملية الإنتاجية ، ابتداء من المواد المستخدمة، ثم خصائص ومواصفات المهام، ميكانيكية انسياب العمل والمعلومات وانتهاءً بالأدوات والمعدات المستخدمة في إنتاج السلع او تقديم الخدمة.

لقد ميز الباحثون بين تبين الإبداع ونشر الإبداع، أن تبني الإبداع أو عملية الإبداع تتضمن توليد الفكرة الإبداعية، تطويرها وجعلها قابلة للتطبيق ، ثم تطبيقها وجعلها واقعاً عملياً وسلوكاً ملموساً، وقد يكون الإبداع هنا خطة أو سياسة جديدة، أو برنامجاً جديداً، سواءً في الجانب الفني أم الإداري للمؤسسة، وسواءً تم ذلك بمبادرة من داخل المؤسسة أم تم شراءها من الخارج.

إن الإبداع وسيلة لتغيير المؤسسة، سواء كان التغيير استجابة لبيئة المؤسسة الداخلية أو الخارجية. أم إجراءً وقائياً مسبقاً.

حتى في البيئات الأكثر ثباتاً والأقل تغيراً، فإن على المؤسسة أن تتبنى الإبداع وأن تستمر بتجديد نفسها بخطى ثابتة ومتدرجة.

أما نشر الإبداع، فهو جانب من جوانب العملية الإبداعية، ويتعلق أساساً بالثقافة المؤسسية، حيث يصبح توليد الأفكار الإبداعية الفنية أو الإدارية مجالاً للتنافس بين العاملين في المؤسسة.

لقد صنف آخرون الإبداع المؤسسي، من حيث ارتباطه بنشاطات المؤسسة وممارساتها الحالية إلى صنفين: إبداع جذرين (نهائي، غير روتيني، توجه جديد) وإبداع تدريجي (مرحلي، روتيني، تغيير بسيط).

لقد اقترح البعض بأن ينظر إلى الإبداع كنظام يتكون من ثلاثة عناصر:

المدخلات التي تتعلق بالشخص المبدع وتمثل دوافعه وسماته الشخصية وبيئته الخاصة.

العمليات والأنشطة التي تتعلق بعملية الإبداع ومراحلها والتي تتأثر بعوامل المناخ التنظيمي في المؤسسة، وأخيراً المخرجات التي تتعلق بالنتاج الإبداعي.

إن النظر للإبداع بهذا الأسلوب يساعد على تكامل العملية الإبداعية حيث يتم الاهتمام بالفرد وتربية النزعة الإبداعية عنده، كما ويساعد على توفير مناخ مناسب للإبداع، وبمعنى آخر يساعد على نشر الإبداع وتبنيه.

أما والتون (R.E Walton) ومن خلال خبرته العملية، يعتبر الإبداع أسلوباً للتطوير ولحل المشكلات وليس حلاً سحرياً لها، وقد وضع (والتون) ثلاث مستويات للإبداع أشبه ما تكون بنظام، وهذه المستويات هي:

تصميم العمل ، الثقافة المؤسسية، والنتائج بالنسبة للفرد والمؤسسة، أما بالنسبة لتصميم العمل فإنه يشبه الإبداع الإداري والفني في التعريفات السابقة ويشمل: تصميم الوظائف، نظام الإنتاج، دور المشرف، والأجور والمرتبات، التدريب، والاتصال، الأنماط القيادية، سياسات التوظيف والتغذية الراجعة، وأما المستوى الثاني، فيلعب دوراً وسيطاً، ويساعد ومن خلال العمليتين الإدارية والفنية على ترسيخ ثقافة مؤسسة فاعلة تضمن تحقيق الأهداف والنتائج المرجوة، أما المستوى الثالث فيتعلق بنتائج تخص المؤسسة مثل خفض الكلفة، جودة المنتج، تقليل الغياب وترك العمل، فعالية الإنتاج، أما النتائج التي تخص الفرد فتشمل: احترام الذات، رفاهية اقتصادية، وأمن وظيفي.

يعتبر دافت (R. L.Daft) إن الإبداع الفني عملية فاعلة من أسفل لأعلى، حيث يتم توليد الإبداعات ودعمها من قبل طبقة الموظفين الدنيا ذوي الخبرة الفنية، أما الإبداع الإداري فهو عملية فاعلة من أعلى إلى الأسفل، حيث يتم تبني الإبداع ودعم عملية التطبيق من قبل الإداريين.

أسباب تبني الإبداع في المؤسسات:

يمكن إيجاز هذه الأسباب بما يلي:

1. الظروف المتغيرة التي تعيشها المؤسسات اليوم، سواء أكانت ظروف سياسية أو ثقافية أو اجتماعية أو اقتصادية، تحتم على المؤسسات الاستجابة لهذه المتغيرات بأسلوب إبداعي يضمن بقاء واستمرارها.

2. الإبداع الفني والتكنولوجي في مجال السلع والخدمات وطرق إنتاجها، وقصر دورة حياتها، تحتم على المؤسسة أن تستجيب لهذه الثورة التكنولوجية ، وما يستلزمه ذلك من تغييرات في هيكل المؤسسة وأسلوب إدارتها بطرق إبداعية أيضاً، لتتمكن المؤسسة من زيادة أرباحها وقدرتها على المنافسة والاستمرار في السوق.

منشطات الإبداع:

يمكن لقادة المؤسسات أن يديروا مؤسساتهم بأساليب مختلفة تساعد على تفجير الطاقات الإبداعية لمرؤوسيهم، مما يساعد المؤسسة على الاستجابة للمتغيرات البيئية المتسارعة وكمثال على تلك الأساليب التي يمكن للقادة اتباعها ما يلي:

1. العمل على تهيئة بيئة تنظيمية تجشع الأفراد على تقديم أفكارهم ومساهماتهم الإبداعية وتجريبها.

2. جعل الإبداع ثقافة مؤسسية مشتركة لجميع أفراد المؤسسة، عن طريق إعطاء العاملين مزيداً من الحرية في أداء أعمالهم، وتخليصهم من معوقات الروتين والبيروقراطية، ومساعدتهم على تقبل التغيير وإزالة مخاوفهم على أمنهم الوظيفي.

3. تمكين الأفراد من أن يلمسوا فوائد الإبداع لهم ولمؤسساتهم من ناحية مادية ومعنوية، كحافز لهم على الإبداع.

مظاهر الإبداع في المؤسسات:

الأمثلة التي سيتم عرضها ستوضح العلاقة بين كل من الإبداع الإداري والإبداع الفني وإنهما يتكاملان في إطار النظام الاجتماعي التقني (Socio-Technical System) للمؤسسة.

لقد بدأ الاهتمام بالإبداع في إدارة الأعمال، عندما عقد مؤتمراً للإبداع في الولايات المتحدة عام 1958. وهذا يعني بداية دراسة الإبداع بطريقة عملية منظمة، وكظاهرة مؤسسية تتكامل مع مختلف أوجه نشاطات المؤسسة.

أما الإبداع فهو موجود منذ وجود المؤسسات، بل ومنذ وجود الإنسان ذاته، فالإبداع صفة ملائمة للإنسان، وإن المقارنة بين مؤسسة الأمس ومؤسسة اليوم تبين مدى الإبداع الذي وصل إليه الإنسان في تسخير مختلف جوانب العلوم الإنسانية لتطوير المؤسسات إلى ما هي عليه الآن.

أ- التركيز على وظائف المدير والعملية الإدارية:

< واكبت الجهود الأمريكية في (الإدارة العلمية)، جهود أوروبية في المبادئ الإدارية التي سُميت بتسميات مختلفة مثل، التقسيمات الإدارية، الوظائف الإدارية ، التكوينات الإدارية، أو المبادئ العالمية للإدارة، وقد أطلق على هذه الجهود اسم مدرسة المبادئ الإدارية، وتعتبر هذه المدرسة مبادئها صالحة في كل الظروف، سواء تكونت من الخبرة العملية أو من البحث والتجريب، يعتبر هنري فايول (H.Fayol) الفرنسي الجنسية أباً لهذه المدرسة، لقد استفاد (هنري فايول) من خبرته الإدارية في وضع مبادئه الإدارية (وظائف المدير)، والوظائف الإدارية وظائف المؤسسة وخصص لها الجزء الثاني من كتابه الشهير (الإدارة الصناعية والعامة) الذي نشر عام 1916 باللغة الفرنسية، وهذه المبادئ لا زالت عاملة إلى يومنا هذا.

< أما موني ورايلي (J.D.Monney & A.C Reiley) الأمريكيان فقد ألفا كتاب (الصناعة المضطردة) عام 1913، ثم أعاد موني طبعة في أمريكيا عام 1939 تحت عنوان (مبادئ التنظيم) والتي تضم التعاون والتنسيق والتكامل في الأداء ، والتدرج الهرمي في السلطة، والقيادة وتفويض السلطة، والتخصص وتقسيم العمل.

< أما ليندال أروك (L.Urwick) الذي أشغل منصب المدير العام في المعهد العالي للإدارة في جنيف ، فقد اشتهر بمؤلفه (عناصر الإدارة) الذي نشر نيويورك عام 1944، لقد صاغ العملية الإدارية ضمن ثلاثة مراحل، التخطيط والتنبؤ، التنظيم والتنسيق والرقابة والأوامر، وهو أول من أعطى الرمز (POSDCORB) لوظائف المدير التالية: التخطيط ، التنظيم ، التوظيف، التوجيه، التنسيق، المخاطبة، الموازنة.

< أما لوثر قيولك (L.Gulick) فقد شغل عدة مناصب إدارية عامة: في معهد الإدارة، وعضو الجهاز الإداري للبيت الأبيض، وعضو المجلس القومي لتخطيط الموارد، عاونه (ليندال أروك)في جميع مذكراته الإدارية عام1993، ويعتبر من مؤسسي التنظيم الحكومي، وتوزيع الأعمال بين الوزارات ومديرياتها حسب: الأهداف والعمليات أو الأشخاص، أو المكان أو الزمان، وله توصيات حول المشكلات الإدارية وسبل إصلاح الإدارات في كثير من بلدان الشرق الأوسط.

لقد كانت هذه المدرسة وراء تطور إدارة الأفراد ووظائفها، وبالرغم من أنها وراء تطور الرقابة الإدارية أيضاً، إلا أن السبق في ذلك يعود إلى (هنري جانت 1962- 1919م) من

ب- رواد الإدارة العلمية الذي ابتكر مخطط جانت في مطلع القرن العشرين، الذي يُستخدم لبرمجة الإنتاج ويعتبر وسيلة ناجحة للرقابة الإدارية على خط الإنتاج وتنفيذ المشاريع، كما كان للتطوير وسائل رقابية أخرى مثل: (طريق المعالم البارزة Milestones) و (طريقة تحديد البرامج ومراجعتها PERT (Program Evaluation and Review Technique)

ب- التركيز على العنصر الإنساني (العامل).

< مع بزوغ عصر التصنيع في منتصف القرن الثامن عشر، كان الهم الأول ، والأخير لأصحاب المصانع وأصحاب العمل هو الكم الإنتاجي الغزير والربح الوفير، ولم يكن العامل حينئذ إلا وسيلة إنتاجية، كما كان حجم الطلب يفوق حجم العرض بكثير، وكان هدف المستهلك الذي لم يكن أوفر حظاً في تعليمه وثقافته من العامل نفسه، أن يشبع حاجاته بغض النظر عن جودة المنتج.

وفي الوقت الذي انهمك فيه فردريك تيلور (F.Taylor) بإرساء مبادئ الإدارة العلمية، كان آخرون يعملون في إرساء مبادئ علم النفس الصناعي.

< هوجو مونستربرغ (H.Munsterberg) الألماني، الذي شغل كرسي الأستاذية لعلم النفس التجريبي في جامعة هارفارد، وأحد أبرز أعضاء مدرسة العلاقات الإنسانية استطاع أن لفت الانتباه إلى ضرورة مراعاة العوامل النفسية كمحفز للأفراد، من خلال كتابة الشهير (علم النفس والكفاءة الصناعية) والذي أصدره عام 1912م.

< أما ليليان جلبرث (L.Gilbert) من رواد الإدارة العلمية، فبالإضافة لاهتمامها بأساليب رفع الإنتاجية، فقد دعت إلى ضرورة الاهتمام بالعامل وفهمه وفهم حاجاته، كما أضافت المفاهيم النفسية لممارسات الإدارة العلمية في كتابها الشهير، (علم النفس الإداري) الذي صدر عام 1914م.

< أما ولتر ديل سكوت (W.D.Scott) أحد أعضاء مدرسة العلاقات الإنسانية فقد عمل على إدخال مفاهيم علم النفس في مجال التسويق والإعلان الدعائي، كما ساهم في تطوير (إدارة الأفراد) من خلال التركيز على بعض مهامها مثل (الانتفاء الفعال للعاملين).

لقد كانت هذه الدعوات وراء تطور علم السلوك التنظيمي على مستوى الأفراد، مثل: دراسات الشخصية، الإدراك، الاتجاهات، القيم، التحفيز، تعديل السلوك، الإجهاد النفسي، وصنع القرار.

ج- التركيز على عنصر القيادة (القائد)

لم يكن تركيز مدرسة العلاقات الإنسانية مقتصراً على الفرد العامل، بل ركزت أيضاً على الفرد القائد ، وعلى نمطه القيادي، ولقد تمت الإستفادة أيضاً في هذا المجال من مبادئ علم النفس ونظرياته، وسلوكيات الفرد والجماعة، باعتبار العملية القيادية اتصال بين القائد واتباعه.

د- التركيز على البعد الاجتماعي في المؤسسة.

في ذات الوقت الذي انهمك فيه (فردريك تايلور) في إرساء دعائم الإدارة العلمية، و (هنري فايول) في إرساء دعائم مدرسة المبادئ الإدارية، كان هناك آخرون يعملون جاهدين في إرساء دعائم البعد الاجتماعي للإدارة.

< ماكس فيبر (M.Weber) الألماني، الذي شغل كرسيه الأستاذية في القانون في جامعة (برلين) ، ثم كرسي الأستاذية في الاقتصادي في جامعة فريبورج عام 1894م، اشتهر بنظريته (نظرية المنظمات الاجتماعية والاقتصادية) ، إن النموذج المثالي للبيروقراطية الذي وضعه ماكس فيبر في نظريته يعتبر إصلاحاً للتشوهات الاجتماعية في عصره والتي انعكست على أساليب إدارة المؤسسات وممارسة السلطة فيها.

< أما إميل دوركهايم (E.Durkheim) الفرنسي، فقد تطرق للجماعة وديناميكيتها (Group Dynamics) في رسالة الدكتوراه التي نشرت عام 1839، حيث ذكر أن المجموعة من خلال قيمها وأعرافها تستطيع أن تتحكم بتصرف أعضائها في أي مؤسسة اجتماعية.

< أما فلفريدو بارتو (V.Pareto) الفرنسي - الإيطالي والذي يعتبر أبا للنهج الاجتماعي في التحليل الإداري والمؤسسي، فقد اعتبر المجتمع كنظام عنقودي متفرع (Cluster) ويسعى هذا المجتمع بقيادة النخبة لتحقيق التوازن في نظامية الاجتماعي في وجه المعوقات الداخلية والخارجية.

< أما تجارب هوثورن (1927-1932) بقيادة (جورج إلتون مايو) فقد اثبت أن المؤسسة وحدة اجتماعية وأن مبادئ علماء الاجتماع السابقة يمكن استخدامها لتحليل الجانب الاجتماعي للمؤسسة.

هـ- التركيز على المجموعات وفرق العمل في المؤسسة:

لقد ساعد علم الاجتماع على إكمال جانب آخر من جوانب السلوك التنظيمي، مما ساعد على تسليط الضوء على المجموعة وديناميكيتها وأعرافها وقوة أفرادها ومكانتهم وأدوارهم وغيرها من خصائص المجموعة.

لقد أصبحت مجموعات العمل تدار بطريقة محفزة، حيث أعطيت مزيدا من الاستقلالية في صنع القرار الخاص بالعمل أو في مجال معالجة اشكالاته.

أما التقنية اليابانية المنشأ (دوائر الجودة) فقد قادها كاورو ايشكاوا (awKaoru Ishika) في أواخر الخمسينات وأوائل الستينات من هذا القرن، في عام 1978 بلغ عدد دوائر الجودة في اليابان حوالي مليون مجموعة، تضم حوالي 10 ملايين عامل، تضاعفت هذه الأعداد عام 1992 إلى الضعفين.

إن دوائر الجودة ، عبارة عن مجموعات عمل تضمن كل منها 3-13 عاملاً، ينضموا للمجموعة بناءً على اختيارهم، تعمل كل مجموعة على حل مشاكل العمل التي تواجهها، يتلقى قائد المجموعة تدريباً في مهارات دعم جهود الأعضاء ومشاركتهم، في حين يتلقى الأعضاء تدريبات في مهارات الاتصال وحل المشكلات.

و- التركيز على تصميم وتنظيم المؤسسة.

لمن تتعرض الدراسة إلى طرق المختلفة المتبعة في تصميم المؤسسات، ولا إلى أنواع التصاميم المستخدمة في بيئات متباينة، وإنما سوف تشير إلى مبدأ المواءمة بين التكامل والتنسيق ومجموعاتها وفعاليتها المختلفة، إنها المواءمة بين الجانب الإداري والجانب الفني، بين البيئة الداخلية والخارجية للمؤسسة، بين المسؤوليات والصلاحيات، بين الواجبات وبين الميول والرغبات.

> لقد توجت نظرية النظم على يد بيرتلانفي (L.Von Bertalanfy) عام1951م. مبدأ التكامل الذي تمت الإشارة إليه سابقاً سواء عند تصميم المنظمة أو عند تطويرها أو عند دراسة أحد جوانب المؤسسة لأي سبب من الأسباب.

ز- إدارة الجودة الشاملة:

> يمكن اعتبار إدارة الجودة الشاملة(Total Quality TQM Management)  بأنها أعلى مراتب التكامل والتنسيق في هيكلة المؤسسة وتصميم جميع نشاطاتها الفنية والإدارية بهدف الإبداع والتميز والتفرد في الأداء.

في القرن التاسع عشر كانت الصناعات لا تعرف من أمور الجودة إلا مطابقة المواصفات والمقاييس، ومع حلول القرن العشرين عندما بدأ عصر التجميع والإنتاج الحديث، ركزت رقابة الجودة على تقليل التلف في المنتج ، وكان أول كتاب مهم في الجودة هو (رقابة الجودة في التصنيع) لـ رادفورد (adR.S.G rodوالذي نشر عام 1922 في الولايات المتحدة الأمريكية حيث أسس عمليات التفتيش من أجل مراقبته في المصانع.

< أما شوهارت(Walter Shewhart) فقد أسس الرقابة الإحصائية في كتابه (الرقابة الاقتصادية لجودة المواد المصنعة) عام 1931م. وحسب طريقته يمكن إيجاد مستويات مقبولة للاختلاف بجودة الإنتاج.

< أما دوج وهاري (Harold Dodge&Harry Roming) فقد ابتدعا أسلوب المعاينة في الرقابة الإحصائية مما وفر كثير من التكلفة على الشركات.

< أما جوران (Joseph M.Juran) فقد وجه الأنظار للتركيز على الجودة بدلاً من مراقبتها، واعتبارها كإستثمار لا كمصاريف، وذلك في كتابه (دليل مراقبة الجودة) عام 1951م.

< لقد اكتسبت إدارة الجودة الشاملة زخمها في امريكيا بعد إيجـــاد جائزة ( Malcolm Baldrige National Quality Award) عام 1978 حيث سميت باسم السكرتير التجاري للرئيس (ريجان) وتصرف منذ ذلك الحين لست شركات وتقيم الشركات المتقدمة لنيل الجائزة من جميع الجوانب مثل قيادتها، نظم المعلومات، وتحليلها، التخطيط الاستراتيجي، تطوير المصادر البشرية والقيادية، إدارة عملية الجودة، جودة النتائج العملياتيه، رضا الزبائن ومدى التركيز عليه.

< أما في اليابان فقد اعتبر شهر تشرين الثاني عام 1960 شهراً للجودة، وأصبحت تحتل بالجودة في هذا الشهر سنوياً، اعتباراً من عام 1960م.

< في عام 1979 م لخص ماتسوشيتو (Konosuke Matsushito) ميزة المؤسسات اليابانية على مثيلاتها الغربية حيث يقولك " سوف تربح وسوف تخسرون جوهر إدارتنا هو تحريك وسحب أفكار الأذكياء، إننا ندرب موظفينا 3-4 أضعاف ما تقدمونه لموظفيكم، ونجعلهم يدافعون عن شركتهم ويحمونها، صحيح أن مدراءكم اجتماعيون وجيدون ولكنهم يعتمدون على أفكارهم هم لا على أفكار الأذكياء من الموظفين ويعتقدون أن مهمة الشركة حماية موظفيها".

خصائص الشركات المبدعة:

في أحد البحوث عن إبداع الشركات الأمريكية ، تبين أن من خصائص هذه الشركات: المثابرة في التجريب والممارسة، الاستجابة لمقترحات العاملين ، الالتزام بأخلاقيات العمل، الالتزام بالمهارة الأصلية بساطة الهيكل التنظيمي، استقلالية المرؤوس وتفويضه جانب من الصلاحية والسلطة.

> أما حنفي وأبو قحف، فقد ذكرا خصائص المؤسسات الناجح على النحو التالي: إعطاء مزيد من الاهتمام الملائم لحاجات ورغبات العاملين، إعطاء المدراء مزيد من الحرية وتنمية روح المغامرة فيهم ، معرفة وتلبية رغبات المستهلكين، الاهتمام بمتطلبات إنجاز النشاط ، الدخول في ميادين العمل المعروفة جيداً ، بساطة الهيكل التنظيمي، مزيج المركزية، واللامركزية في المؤسسة، بما يناسب ظروفها.

> وفي معرض رده على أسئلة (وليام تيلور) حول الإبداع في شركته، أجاب (بول كوك): "لتدفع شركتك نحو الإبداع، عليك تكوين مجموعات من أفراد موهوبين ومتحمسين لعمل شيء جديد ، عليك أن توفر لهم بيئة تساعدهم على ذلك، لم أجد أفضل من الثناء والتقدير كحافز نحو الإبداع ، أما الحفز المادي فيعين الأفراد لقياس إنجازهم إن الإبداع الحقيقي هو أن تكتشف بم تمتاز على الآخرين.

معوقات الإبداع المؤسسي:

بينت بعض الدراسات أن الإبداع على مستوى المؤسسة قد يعاني من الإعاقة للأسباب التالية:

1. المحافظة على الوضع الاجتماعي وعدم الرغبة في خلق صراع سلبي ناشئ عن الاختلافات بين الثقافة السائدة في المؤسسة وبين الثقافة التي يستلزمها التغيير.

2. الرغبة في المحافظة على أساليب وطرق الأداء المعروفة. حيث أن الإبداع في المؤسسة يستلزم في بدايته نفقات إضافية على المؤسسة أن تتحملها.

3. عدم الرغبة في تخفيض قيمة الاستثمار الرأسمالي في سلعة أو خدمة حالية.

4. عدم الرغبة في تغيير الوضع الحالي، بسبب التكاليف التي يفرضها مثل هذا التغيير.

5. ثبوت الهيكل البيروقراطي لمدة طويلة، وترسخ الثقافة البيروقراطية، وما يصاحب ذلك من رغبة أصحاب السلطة في المحافظة عليها ، وعلى طاعة وولاء المرؤوسين لهم ، أو رغبة أصحاب الامتيازات في المحافظة على امتيازاتهم.

هوامش الفصل السادس:


1) فحامرة، محسن، (1988)، العوامل المؤثرة على الإبداع. مجلد 15، عدد2.

2) العميان، محمود سلمان، (2002)، السلوك التنظيمي، (ط1) دار وائل للنشر والتوزيع، عمان - الأردن.

3) الدهان، أميمة، (1989)، الإبداع الإداري والسلوك الإبداعي لدى العاملين في المنظمة مجلد 11، عدد 26، تنمية الرافدين ، بغداد.

4) نور اللـه، كمال، (1992)، وظائف القائد الإداري، دار طلاس للدراسات والترجمة والنشر دمشق - سوريا.

5) عيسوي، عبد الرحمن، (1999)، سيكولوجية الإبداع: دراسة في تنمية السمات الإبداعية، دار النهضة العربية، بيروت.

6) فضل اللـه، فضل اللـه، (1983)، نظريات التنظيم الإداري، المطبعة العصرية، دبي.

7) القريوتي، محمد قاسم، (2000)، السلوك التنظيمي: دراسة السلوك الإنساني الفردي والجماعي في المنظمات المختلفة، (ط3). دار الشروق للنشر والتوزيع، عمان - الأردن.

8) STONER, James F. and Freenam, (1992) , Management Prentice Hall, ذ Ince. New jersey.

9) Umstot, D . (1984). Organizational Behavior, west publishing Co. USA.

10) Spencer , Matta, (1974), Fonndation of Modern Socology, prentice ذ hall, Inc, New Jersey.

11) Robbins, stephen, (1992) . Organizational Behavior, Prentice Hall, ذ Inc., New Jersey.

# 7

---

**الفصل السابع**
**الأزمة ومفاهيمها وإدارة الأزمة**

الأزمة والمتخصصين .

مفاهيم الإدارة بالأزمات .

أنواع الأزمات التي تمر بها أي منظمة.

متغيرات تؤثر على حل الأزمة .

مصادر الأزمة.

مهام إدارة الأزمات .

فريق إدارة الأزمات .

مجالات الأزمة .

متطلبات إدارة الأزمات .

أشهر الأزمات الصناعية العالمية.

دور العلاقات العامة في معالجة الأزمة .

مراحل الأزمة وأعباء معالجتها .

مبادئ وإرشادات عامة في الأزمة .

شروط نجاح الإدارة بالأزمات .

الأزمة والقرار .

مميزات القرار وقت الأزمة.

موقف الإدارة من الأزمات .

كيفية قيام الإدارة في حال نشوب الأزمة.

الآثار المرتبة على وقوع الأزمة لدى الإدارة.

مفهوم الأزمة: هي موقف محدد يهدد مصالح المنشأة وصورتها أمام الجماهير مما يستدعي اتخاذ القرارات السريعة لتصويب الأوضاع حتى تعود إلى مسارها الطبيعي. أو هي تعرض الفرد أو الجماعة أو المنظمات أو المجتمعات إلى مواقف حساسة حرجة ومؤلمة وتزداد حدة الألم تجاهلنا وأهملنا تلك الإنذارات والإشارات المصاحبة وقد ينتج عن الإهمال خطر الموت وفقدان الحياة ويحتاج الأمر إلى اتخاذ قرار لمعالجة الموقف (الأزمة).

الأزمة والمتخصصين.

هناك عدة زاويا تتمثل فيها الأزمة منها:-

1) الزاوية الإدارية: تعتبر الأزمة هنا هي ظاهرة إدارية غير مستقرة تمثل تمهيداً مباشر وصريح لبقاء المنظمة واستمرارها، تتميز بدرجة من المخاطرة.

2) الزاوية السياسية: حيث تمثل الأزمة موقف يستدعي اتخاذ القرار لمواجهة التحدي والإستجابة الروتينية تكون غير كافية الأمر الذي يتطلب تجديدات حكومية إذا كانت المنتخبة لا تزيد التضحية بمركزها.

3) الزاوية الاجتماعية: الأزمة هنا بمثابة انهيار لكيان الأفراد أو شعورهم بعدم أهميتهم كنتيجة للتغيرات التي تحول الفرد إلى مجرد شيء وتعتبر نتاج لعملية بتفاعل الحيوي المستمر في طبيعة الروابط القائمة بين طرفي علاقة إنسانية.

4) الزاوية الاقتصادية: الأزمة هي الانقطاع المفاجئ في مسيرة المنظومة الاقتصادية مما يهدد سلامة الأداء المعتاد وتعبر الأزمة عن التناقضات القائمة بين الطبقات الاجتماعية وبين قيم التبادل.

5) الزاوية الطبية: هي تلك النقطة الحرجة والنقطة الحرجة واللحظة الحاسمة التي يتحدد عندها مصير تطور إما إلى الأفضل وإما إلى الأسوأ.

مفاهيم الإدارة بالأزمات:

هي فعل أو رد أنساني يهدف إلى توقف أو انقطاع نشاط من الأنشطة أو زعزعة استقرار وضع من الأوضاع بهدف إحداث تغيير في هذا النشاط أو الوضع لصالح مديره.

أو هي منهجية التعامل مع الأزمات في ضوء الاستعدادات والمعرفة والوعي والإدراك والإمكانيات المتوافرة والمهارات وأنماط الإدارة السائدة.

أو هي تطبيق وظائف العملية الإدارية خلال البحث عن أسباب الأزمة لتحديد تلك الأسباب واحتواء أبعادها في انتظار التوصل إلى حلول مناسبة لها.

أو هي إدارة تهتم بالمستقبل من أجل المحافظة على تطلعات الحاضر من خلال هذه التعاريف يمكن اعتبار إدارة الأزمات بالنسبة لمنظمة الأعمال المنظمة الكهربائي للآلة أو الجهاز الكهربائي يحميه من تذبذبات التيار الكهربائي ويمكنه من تأدية وظيفته حسب ما هو مخطط لها.

إن إدارة الأزمات يسمى مفاهيم علم السياسة والقانون والإدارة العامة. ويظهر استخدام إدارة الأزمات في الإدارات المختلفة خاصة بعد ازدياد ظاهرة تعرض المنظمات للتأثيرات المتبادلة في مختلف بيئات الأعمال دولية أم إقليمية.

أنواع الأزمات التي تمر بها أي منظمة:

يمكن تصنيف الأزمات التي تمر بها منظمات الأعمال إلى ما يلي :

1) أزمات المسار الطبيعي:

هي أزمات طبيعية تمر بها المنظمة مثل الأشخاص الطبيعيين أثناء نموه وتطور حياتهم العادية، ويمكن الاستفادة من هذه الأزمات لتجاوز أزمات مستقبلية تحدث مع أي شخص ويجب التنبؤ دائماً لمثل هذه الأزمات والإستعداد لها حتى يتم تجاوز تجارب الأزمات الماضية.

2) أزمات الأحداث الطارئة:

هي أزمات تحدث بشكل غير متوقع في مسيرة المنظمة العادية أو في نشاطاتها تسبب أحداث طارئة تمكن نشاط المنظمة، وهي بمثابة أحداث سريعة والمفاجأة تشكلان عنصرين

أساسين بميزات هذا النوع من الأزمات ، فهذا النوع من الأزمات تعيشه المنظمة منذ اللحظة الأولى لحلول الأزمة.

متغيرات تؤثر على حل الأزمة:

هناك عدد متغيرات تؤثر على حل الأزمة وعلى مستقبلها منها:

1) تطور الأزمة:

حيث أنها تؤثر على وحدة الأزمة في سرعة حلها وتؤثر في تأخير حل الأزمة التي تؤدي إلى خلق تداعيات متواترة قد تعمق حدة الأزمة وتزيد في مستوياتها فتتطور وتتفرع ويصعب حلها.

2) حجم ونوعية المعلومات المتوفرة:

إن توفر المعلومات المبكرة والدقيقة والوافية عن مؤشرات الأزمة يساعد في رصد مؤشراتها وتحليل تلك المؤشرات وإيجاد الحلول المناسبة لها، كما توفر المعلومات لدى الفريق المتخصص برسم السياسات الخاصة بالأزمة يحدد مسبقاً قدرة وسرعة إدارة الأزمات في حل تلك الأزمة.

3) الإمكانات المتاحة لإدارة الأزمات:

توفر الموارد البشرية والمالية الضرورية يساعد على سرعة الحركة لاكتشاف الأزمة ومواجهتها.

مصادر الأزمات:

هناك مصدرين رئيسيين بالنسبة لمنظمات الأعمال منها:

1- الاحتياجات الخاصة بالمنظمة والعاملين فيها: حيث قد تواجه المنظمة عوائق وعقبات تتعلق بعناصر الإنتاج التي تستخدمها وخاصة الموارد المالية والبشرية المتاحة لها. وهذا المصدر يعتبر من اكثر المصادر الرئيسية وراء الأزمات المسماة بأزمات المسار الطبيعي التي تمر بها المنظمة والتي يمكن إذا ما أحسن استخدام هذا النهج في الإدارة السيطرة على هذا النوع من الاحتياجات والاحتياط لأية أزمة قد تنتج عنه في المستقبل لأنه يتعلق بالبيئة الداخلية لمنظمة الأعمال.

2- بيئة منظمة الأعمال الخارجية: تشكل هذه البيئة مصدر أزمة يصعب رصد مؤشراته لحدة وتشابك التأثيرات الخارجية المتبادلة وأثرها على البيئة الداخلية للمنظمة ويؤثر هذا المصدر على مدخلات ومخرجات العملية الإنتاجية لمنظمة الأعمال.

مهام إدارة الأزمات:

1) خلق وعي عام والالتزام لدى إدارة المنظمة بضرورة الاهتمام بهذا النهج الإداري الحديث التي يمكنها من مواجهة الأزمات عن طريف الاستجابات المرنة والمنظمة لظروف الأزمات.

2) أحداث جهاز إنذار مسبق لرصد مؤشرات الأزمة ويتكون هذا الجهاز من قسم أبحاث خاص يعمل فيه فريق مختص لرصد المؤشرات التي تنذر بقدوم الأزمات وإطلاع الإدارة العليا أولاً بأول على نتائج تطور مؤشرات الأزمة.

3) تطبيق الأسلوب العلمي الحديث في رصد وتحليل ومعالجة الأزمة.

4) خلق توازن بين مبدأ المركزية واللامركزية، حيث أن المركزية لا تعطي حرية التصرف واعطاء الأوامر إما اللامركزية التي تسمح بإعطاء الأوامر وحرية التصرف وصلاحيات واسعة، ومن هنا جاءت إدارة الأزمات في التوازن بينهما ويتكون فريق إدارة الأزمات من عدة نقاط منها:

أ- الفريق الإداري:

وهو فريق يتبع إدارياً الفريق الرئيسي الذي يضع السياسات وهنا مهمة الفريق الإداري العمل من أجل حل الأزمة ويرأسه رئيس إدارة الأزمات ويمارس نوعاً من اللامركزية في مجال التنفيذ.

الفريق المختص بوضع السياسات الخاصة بمواجهة الأزمات:

ويتكون الفريق المختص عادة من المدير التنفيذي للمنظمة يساعده أخصائيون من داخل أو خارج المنظمة ويتمتع هذا الفريق بسلطة لا مركزية في هذا المجال حيث يحق له صنع واتخاذ القرار المناسب لحل الأزمة.

ج- الفريق الارتباط:

يعمل فريق الارتباط بين الفريق الإداري والأقسام المختلفة المعنية مباشرة بالأزمة، ومهمة هذا الفريق تزويد الفريق الإداري بالمعلومات المتعلقة بالأزمة وأية اقتراحات حول سبل حلها، وتكون سلطته مركزية نظراً لارتباطه بالفريق الإداري.

مجالات الأزمة:

1) مجال الصدمة: يعتبر هذا المجال من المجالات التي يلاحظ أو يدرك فيها المرء أو منظمة الأعمال حول الأزمة به، ويتميز هذا المحال بالارتباك في السلوك والتصرف والحيرة في اتخاذ القرار وصدور ردود فعل غير منتظمة، حيث أن المفاجأة في الأزمات للمرء أو منظمة الأعمال تخلق نوعاً من الذعر والإرباك في النفوس وتحتاج إلى فترة كبيرة لاستيعاب ما حدث.

2) مجال المراجعة: تبدأ حين تنتهي المجال الأول وهو الصدمة هي عملية تفحص الأزمة وإدراك أبعادها، وفي هذا المجال تجمد المنظمة المواقف والقرارات التي كانت قائمة خلال الأزمة وحلها، وتبدأ بمحاولة فهم واستعياب الأزمة وإعادة الحسابات لإدراك أسبابها.

3) المجال التسوية والتكييف: في هذا المجال تبرز مرحلة إدارة الأزمة حيث تحاول منظمة الأعمال إعادة توظيف طاقاتها في ضوء النتائج التي توصلت إليها لتجاوز الأزمة أو المد من نتائجها السلبية.

متطلبات إدارة الأزمات:

هناك عدة متطلبات لإدارة الأزمات منها:-

1) عدم تعقيد الإجراءات: أثناء معالجة الأزمة فإن المنظمة تحتاج إلى السرعة في انجاز الأعمال ومعالجة المشكلات وبالتالي تعتبر الوقت عنصر حاسم في هذا المجال.

2) التنسيق الفعال: لا بد من وجود انسجام بين أعضاء فريق إدارة الأزمة وذلك من اجل توفر التنسيق الفعال فيما بينهم.

3) التخطيط الجيد: تمثل الخطة الإطار العام الذي يقود تفكير المرؤوسين إزاء أداء

أعمالهم وتجاه التعامل مع الأزمات، فاستخدام التخطيط كإدارة منهجية لإدارة الأزمات يبعد عن الإرتجالية والعشوائية في اتخاذ القرارات.

4) التواجد المستمر: من الصعب معالجة الأزمات الكبيرة إلا من خلال تواجد أعضاء الفريق بشكل مستمر في مكان الأزمة، فالتواجد يؤدي إلى اكتمال الصورة لدى أعضاء الفريق عن الأزمة.

5) تفويض السلطة: أن عملية تفويض السلطة تعتبر في غاية الأهمية أثناء معالجة الأزمة فقد تظهر الأحداث إلى ضرورة اتخاذ القرارات المناسبة بشكل سريع وبدون الانتظار لحضور الشخص المسؤول والذي يقع هذا القرار ضمن اختصاصه.

أشهر الأزمات الصناعية العالمية:

1) تسرب المواد المشعة من المفاعل النووي بالولايات المتحدة عام (1979) والذي أثبت أهمية الاعتماد على وسائل الإعلام وضرورة تجنب هجومها وانتقاداتها كأحد مخارج الأزمة.

2) إضافة مواد سامة من قبل مجهولين إلى دواء (Tylenol) الذي تنتجه شركة (Johnson) في الولايات المتحدة حيث قامت الشركة  بسحب الدواء من الأسواق وعقدت المؤتمرات الصحفية وجهزت التغطيات الإعلامية اللازمة للتخفيف من آثار الأزمة والخروج منها بصورة جيدة أمام العملاء.

3) كارثة انفجار مكوك الفضاء (challenger) التابع لوكالة الفضاء الأمريكية ناسا والذي احترق في سبعة من رواد الفضاء.

4) كارثة (piperalpha) في تموز (1988) إلى الشمال الشرقي من aberdeen في سكوتلاندا والتي راح ضحيتها (167) شخصاً.

دور العلاقات العامة في معالجة الأزمة

تعتبر معالجة وإدارة الأزمات من مسؤولية الإدارة العليا بالدرجة الأولى لكن العلاقات العامة يبقى لها الدور الرئيسي في عمليات التخطيط والتنظيم والتنفيذ والمتابعة لهذه الأزمات، هناك عدة إجراءات يجب اتباعها عند حدوث الأزمة التي يمكن سردها كما يلي:

1) عند وقوع أي حادث فإن على الموظفين المعنيين اتخاذ الإجراءات اللازمة لمحاصرته ومعالجته أولاً وقبل كل شيء.

2) الاتصال فوراً بمدير الأمن والسلامة بالإضافة إلى استدعاء الطبيب المناوب في عيادة الشركة.

3) الاتصال بمدير المصنع ومدير العلاقات العامة وابلاغهما بما حدث وبالتفاصيل الكاملة عن عدد الوفيات أو الإصابات وعن حجم الحادث ومسبباته.

4) عقد اجتماع فوري للجنة الطوارئ لبحث الأزمة واقرار الحقائق المفروض التصريح بها.

5) قيام مدير العلاقات العامة بالاتصال بأهالي المتضررين أو المصابين لإبلاغم بالحادث.

6) قيام مدير العلاقات العامة بالاتصال بوسائل الإعلام لإبلاغهم بتفاصيل الحادث مع مراعاة عدم تحريف الحقائق أو المبالغة فيها.

مراحل الأزمة وأعباء معالجتها:

أولاً: مرحلة ما قبل إندلاع الأزمة:

تقوم العلاقات العامة بتسجيل الملاحظات والظواهر وإجراء البحوث والإستقصاءات اللازمة لدراسة اتجاهات وأراء ومواقف الجماهير الداخلية والخارجية والتي من خلالها يمكن التنبؤ بحدوث الأزمة، هناك ظواهر ارتفاع معدلات الغثيان والتظاهر بالمرض من قبل الموظفين قد ينذر بحدوث أزمة مع الموظفين وأيضاً زيادة شكاوي العملاء وتدمرهم قد ينذر بقرب حدوث المشكلة مع العملاء، تقوم العلاقات العامة بدور كبير في مرحلة ما قبل اندلاع الأزمة للفت النظر الدوائر المعينة وإشعارها بضرورة معالجة أسباب الأزمة قبل وقوعها أو تراكمها وانفجارها.

ثانياً: مرحلة حدوث الأزمة:

في هذه المرحلة يتولى فريق المعالجة للأزمة بمهامه ويقوم بدوره في معالجة الأزمة حيث يبادر إلى عقد اجتماع فوري حال وصوله نبأ وقوع الأزمة لمناقشة التفاصيل واتخاذ القرارات التصحيحية والعلاجية لتصويب الأوضاع كما قد يقرر الفريق إيقاف آلات

المصنع وعجلة الإنتاج في حال حدوث حريق كبير في المصنع أو قد يقرر سحب المنتج من الأسواق إذا كان هذا المنتج قد تعرض لإتلاف مقصود أو دس مواد غريبة فيه.

ثالثاً: مرحلة ما بعد انتهاء الأزمة

بعد انتهاء الأزمة والخروج منها تأتي المرحلة الآخيرة والتي تقوم على أساس معالجة الآثار السلبية الناتجة عنها فدس مواد غريبة في منتجات الشركة سوف يؤدي إلى تشويه سمعة الشركة والأعراض عن شراء منتجاتها حتى لو قامت بسحب المنتجات المتلاعب بها التالفة من الأسواق، كما تقوم هذه المرحلة على عقد الندوات والمؤتمرات الصحفية وشرح الأسباب الحقيقية وراء الحادث وتطمئن الجماهير على أن الشركة قد اتخذت الاحتياطات والإجراءات المناسبة لمنع تكرار هذه الحادث مستقبلاً.

مبادئ وإرشادات عامة في الأزمة:

1- تخصيص غرفة أو قاعة مناسبة لوسائل الإعلام لعقد المؤتمرات الصحفية وغيرها أثناء الأزمة.

2- المحافظة على علاقات قوية مع وسائل الإعلام بشكل دائم.

3- تخفيض عدد الناطقين الرسميين باسم الشركة إلى أقل حد ممكن مع أنه يفضل تسمية ناطق رسمي واحد.

4- إبلاغ الإدارة العليا أولاً بأول عن آخر تطورات الأزمة.

5- عدم إعطاء إجابات سريعة أو ردود فعل عفوية وغير مدروسة والتأكد من دقة وصحة جميع المعلومات قبل التصريح بها.

6- إبلاغ الصحافة ووسائل الإعلام أولاً بأول عن آخر تطورات الأزمة.

7- ضرورة تفرغ فريق الأزمة وابتعاده عن مشاغل العمل اليومي حتى يستطيع التركيز على معالجة الأزمة.

8- تحديد المسوؤليات والمهام لكل فرد معين بالأزمة.

9- التيقظ والحذر من احتمال إعادة نشوب الأزمة مرة أخرى واتخاذ الاحتياطات اللازمة لمنع ذلك.

10- مراجعة وتحديث خطة الطوارئ وإجراءاتها والمعلومات الموجودة فيها بشكل مستمر.

شروط نجاح الإدارة بالأزمات.

1- وجود تفاوت كبير في ميزان القوى لصالح مدير الأزمة مما يضطر المستهدف بها إلى التسليم بمطالبة تجنباً للصراع.

2- في حالة عدم وجود فارق جوهري بين طرفي الأزمة فإن على مدير الأزمة أن يقنع الطرف المستهدف بقدرته على تكبيده خسائر فادحة في حالة الصراع، إن الإدارة بالأزمات لا تعتني بالضرورة قدرة مدرب الأزمة على السيطرة على تطورات الأزمة ففي كثير من الأحيان يفلت زمام السيطرة من مفتعل الأزمة.

الأزمة والقرار:

يمثل القرار القلب النابض لإدارة الأزمة وهنا يتعلق بالعوامل المعنوية والتي يصعب قياسها مثل الإحساس والمشاعر الإنسانية، ويمثل القرار المشكلة وقت الأزمة نظراً لتعرض متخذ القرار لمجموعة من الضغوط لا تسمح بالتفكير بشكل طبيعي وأخذ رأي الآخرين، وعندما يفشل متخذ القرار وقت الأزمة في السيطرة على الأمور قد يجد نفسه مضطراً إلى الاستسلام أو الانهيار أو الهروب.

تميز القرار وقت الأزمة:

1) الرؤية الغير واضحة.

2) ترتيب الأولويات .

3) التفكير المتعجل غير المتأني .

4) الحسابات الدقيقة لعنصري التكلفة والعائد.

5) الإبداع السريع لكل أطراف الأزمة.

موقف الإدارة من الأزمات:

1- أن تقف الإدارة موقفاً سلبياً وتتجاهل الأزمة.

2- أن تدرك الإدارة حقيقة الأزمة ولكنها تفشل في مواجهتها بالأسلوب المناسب.

3- أن تدرك الإدارة حقيقة الأزمة وتقوم بمواجهتها بالأسلوب المناسب وبشكل سريع بما يمكن  من الحد من الخسائر.

4- أن تدرك الإدارة حقيقة الأزمة ولكن قصور الإمكانيات المادية شهرية يؤديان إلى تفاقم الأزمة.

في حالة نشوب الأزمة تقوم الإدارة بما يلي:

1- نقل الصلاحيات والسلطات إلى هيئة مركزية تستطيع السيطرة على الموقف .

2- فتح خطوط اتصال بين مجموعات العمل وكافة المسؤولين بالمنظمة مع حشد كافة الإمكانيات المادية والبشرية لخدمة تلك المجموعات.

3- توزيع العمل على مجموعات عمل داخل تلك الهيئة المركزية بدلاً من أن تعمل تلك الهيئة في جميع الاتجاهات في آن واحد حيث يتأثرا النجاح في إدارة الأزمات بمدى توافر فريق عمل متكامل يستطيع القيام بكافة خطوات ومراحل إدارة الأزمة.

4- إنشاء لجنة عمل ميدانية لبحث وتقصي الحقائق على الطبيعية ومتابعة تنفيذ الخطط حتى انتهاء الأزمة.

ما الآثار المترتبة على وقوع الأزمة لدى الإدارة:

1) شلل إستراتيجية وخططها الموضوعية.

2) عدم القدرة على اتخاذ القرارات الصحيحة لكثرة المعلومات التي ترد للإدارة وعدم دقتها.

3) انتشار الشائعات والتوتر لدى العاملين مما يمثل مزيداً من الضغط على الإدارة ويؤدي بالتالي إلى تضارب القرارات وتعارضها.

هوامش الفصل السابع:

1) الحملاوي، محمد رشاد، (1993)، إدارة الأزمات تجارب محلته وعالميته،(ط1) مكتبة عين شمس . القاهرة- مصر.

2) شدود ، ماجد محمد، (2002) ، إدارة الأزمات والإدارة بالأزمة، (ط1) . دار وائل للنشر والتوزيع ، عمان- الأردن.

3) عليوة، السيد، (1977) إدارة الأزمات والكوارث - حلول عملية أساليب وقائية القاهرة.

4) الصرفي، محمد عبد الفتاح، (2003) مفاهيم إدارية حديثة. (ط1) الدار العلمية للنشر والتوزيع، عمان - الأردن.

5) جودة، محفوظ أحمد، (2005)، العلاقات العامة (ط4) دار زهران للنشر والتوزيع عمان - الأردن.

6) القيبي، صبحي جبر، (2004) تطور الفكر والأساليب في الإدارة، (ط1) دار الحامد للنشر والتوزيع، عمان - الأردن.

7) الصحن، محمد مزيد، (1988) العلاقات العامة: المبادئ والتطبيق، الدار الجامعية الإسكندرية- مصر.

Fraser p. seitel, (1995). The practice of public Relations, 6th Ed., (8
.hall, New Jersey ذ prentice

Norman stone, (1995). The Management & practin of public (9
.relation, Macmillan Business, London

# 8

---

**الفصل الثامن**
**الخصخصة**

دوافع الخصخصة .

أهداف الخصخصة.

الرقابة والخصخصة.

أساليب الخصخصة .

العوامل التي أدت لإنتشار الخصخصة في العالم.

دول الخصخصة في التنمية الإدارية .

عوامل نجاح برنامج الخصخصة .

المعوقات والقيود على برنامج الخصخصة.

مراحل التخاصية.

الخصخصة

مفاهيم التخصصية:

> تعريف البنك الدولي للخصخصة: هي زيادة مشاركة القطاع الخاص في إدارة ملكية الأنشطة والأصول التي تسيطر عليها الحكومة أو تملكها.

> تعريف نيقولاس ارديتوبارلتيا مدير البنك الدولي للنمو الاقتصادي: هي عبارة عن التعاقد أو بيع خدمات أو مؤسسات تسيطر عليها أو تمتلكها الدولة إلى أطراف من القطاع الخاص.

> المفهوم الشامل للخصخصة: هي زيادة في الملكية الخاصة، مع دعم القطاع الخاص للقيام بدور إيجابي في التنمية عن طريق بيع معظم القطاعات الإنتاجية العامة كلياً أو جزئياً للقطاع الخاص.

> تعريف الخصخصة في رأي : إنها سياسة تحويل الملكية العامة (الدولة) إلى ملكية خاصة (الأفراد أو الشركات بأنواعها) ضمن ضوابط وقوانين الدولة.

دوافع الخصخصة:

يود العديد من الأمور المساعدة التي تدفع الحكومات إلى ضرورة قبول مفهوم الخصخصة في قطاعاتها الإنتاجية ، وهي متغيرة من دولة إلى دولة آخرى، هذه الدوافع يمكن إجمالها كما يلي:

1) الدوافع الاقتصادية : حيث يدل هذا الدافع إلى ما يتمتع به القطاع الخاص من مرونة وقدرات ومهارات بشكل يساعد أكثر على تشجيع الاستثمار وزيادة الرأس مال وتحسين فرص العمل وتخفيض البطالة.

2) الدافع السياسي: حيث يدل هذا الدافع إلى مفهوم الحرية الإنسانية وتشجيع احترام الفرد وتقديره واعطائه الحرية الكاملة في ممارسة نشاطات اقتصادية وإدارية

واجتماعية، كما وتهدف بعض الحكومات إلى تحسين المستويات المعيشية من خلال إيجاد فرص العمل وتحقيق الرضا الاجتماعي بين المواطنين.

3) الدافع الإداري: تركز الخصخصة هذه على رفع المنافسة الحرة وهذا يعني ضرورة البحث عن موارد بشرية متميزة وماهرة خاصة في مجال سياسات التعيين وأمور التوظيف والحوافز والعمل على تنمية مهارات وقدرات هؤلاء الأفراد إضافة إلى التركيز على ضرورة توافر بيئة تنظيمية متطورة من حيث الهياكل وطرق وأساليب العمل والإجراءات.

4) الدافع المالي: يعتبر العجز المتواصل والمستمر في الموازنة العامة، خاصة في دول العالم النامية من الأمور التي شجعت إلى خصخصة بعض القطاعات حيث هذا العبء الكبير على الحكومات الأمر الذي دفعها إلى ذلك الخصخصة للتخفيف من هذه الأعباء والمساعدة على التخلص من طلب القروض والمساعدات.

أهداف الخصخصة:

1- الأهداف الاجتماعية: نجاح الخصخصة يعود على الجميع بالفوائد والمنافع التالية:

أ- العمل على إعادة توزيع الدخول وتحقيق العدالة الاجتماعية.

ب- دعم الديموقراطية وتشجيع اللامركزية التي تسمح بإعطاء الصلاحيات الواسعة.

ج- تحسين مستويات المعيشة للمجتمع من خلال زيادة حجم المشاريع الإنمائية وزيادة معدل النمو الاقتصادية مما يساعد على توفير فرص عمل جديدة للناس.

د- العمل على زيادة رأس المال المستثمر.

هـ- تقديم خدمات اجتماعية ذات جودة عالية.

2- الأهداف الاقتصادية: هنا الخصخصة تساعد على ما يلي:

أ- التقليل من الأعباء المالية.

ب- إعادة تحديد وتوضيح دور الدولة في النشاطات الإنتاجية.

ج- العمل على زيادة وتحسين الإنتاجية.

د- المساهمة في زيادة حجم المشاريع التنموية.

هـ- زيادة حجم الملكية الخاصة.

و- جذب وتوسيع مجالات الاستثمارات الخارجية.

ز- الحصول على التكنولوجيا وعصر العولمة.

الرقابة والخصخصة:

من خلال هذه العملية الرقابية في إدارة النشاطات في تعزيز الخصخصة التي تعني تنشيط دور القطاع الخاص وتوسيعه حتى يغطي معظم النشاطات الاقتصادية، فتفعيل دور هذا القطاع يعني زيادة الأنشطة الرقابية على عمل المشروعات ومحاولة تصحيح الانحرافات ومعالجة التخلف الإداري وتحسين كفاءة المؤسسات الإنتاجية.

هذا المفهوم يساعد على منح الإدارة مجال كبير من الحرية للحركة في ممارسة العمليات الإدارية والابتعاد عن المركزية التي تقيد إعطاء المهام والصلاحيات، والبيروقراطية والعمل اليوم الروتيني. أيضاً يساعد على توفير أنظمة رقابية جيدة ومساءلة جادة، وتساعد الخصخصة على إقامة هيئات رقابية تمارس عملها على التنظيمات الإدارية وتحديد شكل الأجهزة الرقابية لكي يتلاءم مع طبيعة نشاطات المنظمات.

أساليب الخصخصة:

معظم الدول تمارس نماذج وأساليب معينة في مجال تطبيق الخصخصة، وتحاول التحول من القطاع الحكومي إلى القطاع الخاص في معظم المجالات الإنتاجية، وعلى ذلك هنالك العديد من الطرق التي لا يمكن اعتماد طريقة واحدة للقيام بهذه المهمة، فبعض الدول تتبع أسلوباً أو أكثر والبعد الآخر يحاول المزج بين أكثر من أسلوب، كذلك يتوقف على العديد من الاعتبارات منها رغبة وقناعة الدول بالتحول إلى القطاع الخاص، إضافة إلى بعض المتغيرات الأخرى مثل الرغبة في الاتصال دفعة واحدة أم بشكل تدريجي، كذلك مدى تأثير الجماعات الضاغطة ورجال الأعمال ودور المنظمات العالمية في ذلك.

هنالك ثلاث طرق يمكن إتباعها للقيام بالتحول للقطاع الخاص (الخصخصة) وهي:

(1) إنهاء ملكية الدولة: حيث تحاول الحكومة في إنهاء ملكيتها للمشروعات أو الممتلكات العامة، وهنا التحول واضحة ومباشرة وإيجابية.

(2) التفويض: هنا الحكومة تقوم بإعطاء وكالة وحدات القطاع الخاص، لكي تقوم بتقديم خدمات بدلاً منها، ويشترط في هذه المرحلة أن تكون تدريجية ، ويراعى هنا نسبة التحول وسرعة الإنجاز وفقاً للظروف السياسية والاقتصادية والاجتماعية، وهنا تقوم الحكومة بمواصلة مرحلة الإشراف والرقابة والمساءلة حول النتيجة النهائية ويأخذ التفويض أحد الأشكال التالية، الامتياز، المنح الإلزام، الكوبونات.

(3) الإحلال: أي إحلال القطاع الخاص مكان القطاع العام لأداء النشاطات والأعمال وبذلك إعطاء القطاع الخاص الفرصة لإظهاره ونموه طبيعياً ويكون بذلك سعي الحكومة ليست مباشراً.

من الأساليب الأخرى لتطبيق الخصخصة:

1- الطرح العام للأسهم.

2- الطرح الخاص للأسهم.

3- بيع الأصول.

4- إتاحة فرص لنمو الاستثمارات الخاصة داخل المشروعات المشتركة.

5- البيع إلى العاملين بالمشروع.

6- عقود الإيجار والإدارة.

7- نظام مقايضة الديون بأسهم في المشروعات العامة.

8- نظام الكوبونات لمشاركة الطبقات محدودة الدخل.

العوامل التي أدت لانتشار الخصخصة في العالم:

إن الدوافع وراء الخصخصة تختلف من بلد لآخر، فمثلاً في بعض الدول النامية جاءت الخصخصة بعد موجة التأميم التي سادت في الستينات والسبعينات حيث صادرت الدولة ممتلكات من القطاع الخاص لمصلحة القطاع الحكومي، إلا أنه وبعد عقد من الزمن جاءت موجة إعادة المؤسسات العامة للقطاع الخاص، بعد المشكلات التي تراكمت من عدم الكفاءة في الإدارة والخسائر التي أثقلت موازنة الدول، وعندما عادت المؤسسات لمالكيها الأصلتين فقد عادت بشكل شركات مساهمة أو بيعت لمجموعة من القطاع الخاص.

ومن خلال الدراسة والبحث تبين لي أن أسباب إنتشار الخصخصة في العالم تعود لنوعين من العوامل:

أولاً: العوامل الداخلية.

ثانياً: العوامل الخارجية.

أولاً : العوامل الداخلية:

على أثر إخفاق الملكية العامة في تحقيق أهداف منشودة، وإظهار عدم الكفاءة لهذا القطاع العام في أوقات متباينة على العكس من القطاع الخاص الذي أثبت من خلال الممارسة العملية كفاءته مما دفع الفكر الاقتصادي بالاهتمام بهذه القضية وظهرت على أثر ذلك قضايا أهمها:

1) نظرية حقوق الملكية : التي تشير أن الحكومة تواجه مصاعب بتقديم الحوافز المناسبة لطبقة المديرين في القطاع العام وفي مراقبة إدارتهم، ومن ثم أن حرية التصرف ضئيلة لدى مديري القطاع العام بالمقارنة بنظرائهم بالقطاع الخاص، الأمر الذي يؤدي لاختصار المديرين على الأهداف الموضوعة والتي غالباً ما تكون متواضعة.

2) أما النظرية الثانية فهي: (نظرية الاختيار العام) : وتذكر هذه النظرية على أن مديري القطاع العام يمكنهم الاستحداث على مال وسلطة ومكانة اجتماعية ، بالمقارنة بإقرانهم في القطاع الخاص ثم تحالفهم مع الوزارات الإشرافية لبناء جماعات مصالح، وهذا بدوره يؤدي لتضخم الميزانيات الذي أصبح هدفاً وكل الأهداف تعمل من اجل الهدف وظهر هذا بشكل واسع في الستينات والنصف الأول من السبعينات ولحل هذه جعل الاقتصاديات عاجزة عن التكييف مع الأسعار العالمية.

3) وكذلك من العوامل الداخلية التي أدت لأتساع نطاق الخصخصة هو رغبة الحكومات في الدول في المساهمة في ترشيد الإنفاق الحكومي من خلال التخلص من أعباء الدعم المادي الذي تتحمله الحكومات لمنتجات وخدمات المرافق الشركات العامة وتوفير مصدر آمن للأموال يمكن أن يساهم بدعم الموازنات وتغطية المحجوزات وعلى دفع القطاع الخاص لتولي الاستثمارات بهذه الأنشطة بدلاً من القطاع الحكومي الذي يعاني من تراجع الاستثمارات والذي يحول دون التوسع في

تقديم الخدمات والمنتجات لمواجهة الطلب المتزايد عليها، وقطاع الحكومي لا يستطيع الصمود أمام القوى الاقتصادية العالمية بل يعتبر مسؤولاً عن هدر كثير من إمكانيات التنمية الاقتصادية والبشرية.

والجدول التالي (2) يبن الفروق بين القطاع الخاص والقطاع العام بالتعامل مع القضايا الاقتصادية:

| نقطة المقارنة | القطاع الخاص | القطاع العام |
|---|---|---|
| مرونة التغيير | قطاع لديه حرية ذاتية في الحركة وهو بذلك اكثر قدرة على التعامل مع البيئة الاقتصادية والاجتماعية حوله | المصلحة الحكومية او البيروقراطية الإدارية للدولة تفقد الحرية الذاتية في الحركة بالتبعية المباشرة لجهاز الدولة |
| الهدف | تحقيق بقاء المشروع وإستمراريته ونموه وازدهاره عن طريق خدمة نافعة للمجتمع لتحصل على ارباح ملائمة تحقق بها هدف المشروع. | لا تهدف لتحقيق الربح بالدرجة الأولى، وإنما تقديم خدمة نافعة للمجتمع. |
| اللوائح التي تحكم العمل | اللوائح والقيود الداخلية ليست مفروضة من الخارج إلا القليل لذلك يمكن تغييرها بسرعة حسب مقتضيات مصلحة العمل | اللوائح مفروضة، ويجب الالتزام بها حرفياً ومن الصعب تغييرها سريعاً وهذا منافي لطبيعة التعامل مع مسائل الإشباع والتسويق التنمية الاقتصادية التي تحتاج لمرونة كبيرة بالعمل. |

وهذا الجدول (3) يبين عمليات الخصخصة التي تمت في الدول النامية حتى أكتوبر عام 1999م:

| المناطق | عدد المشروعات | النسبة الاجمالي% |
|---|---|---|
| شرق اوروبا | 805 | 37.2 |
| امريكا اللاتينية | 794 | 36.2 |
| افريقيا | 384 | 17.8 |
| اسيا | 122 | 5.6 |
| الشرق الاوسط | 59 | 2.7 |
| الجمالي | 2164 | %100 |

ثانياً: العوامل الخارجية:

تمثلت هذه العوامل في الربط بين معونات الدول المتقدمة للدول النامية، بأن تقوم الدول النامية بإتباع سياسات اقتصادية ترتكز على الإصلاحات الهيكلية في اقتصادها بعدة أوجه كترشيد الأنفاق وتحرير الاقتصاد واعتماد آليات السوق، ودعم الأطر المؤسسية، للاستثمار وإصلاح الإدارة الاقتصادية والنظم القانونية والخصخصة، ولعلة الكثرة في الدول النامية قامت هذه المؤسسات الدولية بالتأييد وتطبيق عمليات التحول الفكرية إلى واقع عملي في النصف الثاني من السبعينات منها مجموعة البنك الدولي فمساعدة مجموعة البنك الدولي المادية والفنية من خلال:

1) إعداد استراتيجية ومنهج التطبيق الخصخصة.

2) اختيار المؤسسات المرشحة للخصخصة مع توفر الدراسات والبيانات.

3) وضع جداول زمنية لتنفيذ خطة الخصخصة.

دور الخصخصة في التنمية الإدارية:

تلعب الخصخصة دور فعال في القطاع الخاص في تنمية المجالات التالية:

1- يلعب الخصخصة مكان هام في التقليل من العبء المالي على الميزان المدفوعات، نتيجة مكان هام في التقليل من العبء المالي على الميزان ملكيتها إلى القطاع الخاص وهنا يساعد على تحقيق هذا الأهداف:

أ- تحويل الدعم المالي إلى أوجه إنفاق أخرى بعد إثبات ضعف القطاعات العامة في أدائها.

ب- توفير مبالغ مالية كبيرة على خزينة الدولة، نتيجة لتناقص الأنفاق الحكومي، ونتيجة لبيع بعض القطاعات إلى القطاع الخاص.

ج- تحقيق إيرادات ضريبة إضافية، نتيجة لتغير أولويات الإنفاق الحكومي، ونتيجة لتغير بعض السياسات المالية.

د- تقليل حاجة الحكومات إلى طلب القروض، وتساعد هذه المفاهيم على تطوير إجراءات لمكافحة التضخم المالي.

2- إن التخاصية كأسلوب ومدخل لزيادة كفاءة وفعالية أداء التنظيمات الإدارية في المشروعات الاقتصادية، وهذا يعني اتخاذ القرار الرشيد، أي ترشيد النفقات والحصول على أفضل المنتجات والخدمات المقدمة للمواطنين وإعادة المنافسة الحرة بين الوحدات الإنتاجية المتعددة ، مما يعني جودة السلعة أو الخدمة المقدمة.

3- تساعد الخصخصة على تشجيع فرص الاستثمار، حيث تقدم بعض الحكومات وعلى رأسها حكومات الدول النامية، تسهيلات وفرصاً مالية لجذب رؤوس الأموال وإنشاء المشاريع، فالاستثمار والتنمية وجهان لعملة واحدة، حيث تعتبر الاستثمار وإقامة المشروعات، التي تساعد على التنمية الإدارية وإقامة المشروعات التي تراعي المفاهيم الإدارية الحديث واستخدام التكنولوجيا المتطورة العاملة على الإسراع في التنمية.

4- تعمل الخصخصة على اتباع سياسات إدارية حديثة، تراعي عملية إعادة توزيع الموارد البشرية، أو اتباع السياسات المتطورة في استقطاب قوة العمل الفعلية، كما تشجع على تطوير مهارات وقدرات العاملين من خلال اتباع برامج تدريبية تساهم في تحقيق الكفاءة وزيادة الإنتاجية.

5- تعمل الخصخصة على إعادة توزيع الدخل القومي من خلال ما يصاحب الخصخصة من سياسات مالية واستثمارية تشجع على تقديم القروض، كتجربة اليابان حين تبنت الحكومة إنشاء مشروعات صناعية وبعد تشغيلها يتم بيعها إلى

جهات خاصة، ثم تقوم الحكومة بإعادة تشغيل الأموال أثمان هذه الشركات من جديد.

6- تساهم التخاصية كمفهوم اقتصادي في تطوير وتحديث الأسواق المالية، الأمر الذي يساعد على إسراع العملية التنموية.

7- إن التخاصية تعطي اعتباراً وأهمية لعامل الوقت وإدارته، ويمكن ملاحظة قدرات القطاع الخاص في استغلال الوقت وإدارته بكفاءة وفعالية أكثر من القطاع العام.

8- تساعد الخصخصة على تنمية البنية التحتية، من خلال تشجيع القطاع الخاص على الاستثمار في مشاريع البنية التحتية اللازمة لدعم النمو الاقتصادي.

9- تساعد التخاصية على تعزيز دور الرقابة الإدارية، وبذلك تساعد على تفعيل السلوك والاتجاهات والعمل على تثبيت الأسعار للسلع والمواد الاستهلاكية وتقديمها بمواصفات عالية ومحاربة الفساد وتعميق الشفافية وتقليل نسبة العجز في الموازنة بشكل مباشر أو غير مباشر.

10- تساعد الخصخصة الحكومات على تركيز جهودها على الإدارة العامة والعمل عن طريق أجهزتها على مكافحة الفساد والفقر والبطالة والجهل.

11- احتل موضوع الخصخصة أهمية كبيرة على مستوى الجهود العملية وعلى مستوى اهتمام الحكومات بصفة خاصة في تعزيز المحاور الرئيسية للسياسة الاقتصادية لمعظم دول العالم المتقدمة والنامية، وهذا يساعد على تعزيز التنمية.

12- تساعد الخصخصة على تحقيق التنمية الاقتصادية والاجتماعية وإشباع حاجات ورغبات المواطنين من خلال إيجاد فرص عمل في المشروعات التنموية وتحسين الدخول عن طريق السياسات التشغيلية وتوزيع الموارد البشرية وفقاً لمعايير علمية وليس بناءاً على أسس اجتماعية.

13- تساهم الخصخصة في بلورة التنمية الإدارية من خلال رفع الكفاية الإدارية والتشغيلية للمؤسسات التي تعمل على تقديم خدمات وسلع للمواطنين الأمر الذي يؤدي إلى تحقيق الأرباح وتقليل التكاليف ومن ثم العمل على تخفيض الأسعار وبالتالي فإن هذه المساهمة تعمل على تحسين المستويات المعيشية للأفراد، وتوفير سلع تعليمية وصحية وغذائية وثقافية عالية بشكل يؤدي إلى توفير قوة عمل فعلية.

14- تساعد الخصخصة على تخفيض الأعباء المالية على ميزانية الدولة عن طريق تقليل أوجه الإنفاق الحكومي إضافة إلى تقليل الدعم المالي لبعض أجهزة الدولة. والعمل على تقليل الدعم المالي لبعض أجهزة الحكومة، والتقليل من طلب القروض أو المساعدات من المؤسسات المالية الدولية وتساعد على زيادة الإيرادات للدولة من خلال ما توفره من بيئة استثمارية ناجحة.

عوامل نجاح برنامج الخصخصة

1) يجب توافر عدة شروط تتمثل في توفر الإدارة السياسية الواعية والإدارة الكفؤة.

2) ضرورة العمل على وضع آليات تنظيمية وإشرافية ورقابية فعالة قادرة على توفير البيئة السليمة واللازمة لنجاح الخصخصة.

3) يتطلب النجاح توافر الرغبة الحقيقة وتوافر الصدق والانتماء والولاء لبناء وطن قادر على إشباع حاجات أبنائه في الدولة.

4) حشد الدعم للخصخصة وشرح الواقع والتجارب الناجحة له.

5) الاعتماد على الخبرات الفنية القادرة في المجالات المهنية.

6) توفير جهاز مركزي للتنفيذ وتوظيف الكفاءات المتخصصة للإعداد لعمليات الخصخصة والتعامل مع كافة الأطراف.

7) اختيار الوقت والأسلوب المناسبين لتنفيذ كل عملية على حدة.

8) تطبيق عملية التخاصية بشفافية ونزاهة.

المعوقات والقيود على برنامج الخصخصة:

ينبغي أن يتميز برنامج الخصخصة بالواقعية بمعنى أنه ينبغي الأخذ بعين الاعتبار قيود البيئة التي تتمثل في:-

1) القيود السياسية: هذه القيود السياسية تكون كما يلي:

أ- أن من شأن الخصخصة المساس باستقلالية الدولة خاصة إذا ما سمح للأجانب بالمساهمة في رؤوس الأموال للمؤسسات محل الخصخصة.

ب- مطالبة المعارضون بضرورة بقاء منشآت معينة تحت سيطرة الدولة الكاملة ووصفها منشآت تعمل في قطاعات استراتيجية.

ج- أن الخصخصة لا بد وأن تنتهي بزيادة نسبة البطالة.

2) القيود الاجتماعية: هذه القيود تظهر من خلال:

تبرز أهمية القيود الاجتماعية، في المنشآت ذات النشاط الاحتكاري على مستوى الدولة، مثل منشآت الخدمة العامة (كهرباء، اتصالات، مياه) حيث يخشى أن يترتب على الخصخصة ارتفاع أسعار الخدمة.

3) قيود اقتصادية: منها:

أ- عدم وجود سوق كفوء لرأس المال.

ب- تركيز ملكية المنشآت في يد عدد محدود من المستثمرين.

ج- ندرة في المدخرات الوطنية في الوقت الذي لا يسمح فيه للأجانب بشراء حصحص في رأس المال المنشآت المطروحة في رسم البيع.

4) القيود القانونية:

من أهم القيود القانونية قوانين العمل التي صدرت في ظل تملك الحكومة لمؤسسات العمل والتي أعطت العمال حقوقاً تفوق بكثير من المسؤوليات والمهام الملقاة على عاتقهم.

مراحل التخاصية:

1) مرحلة التخطيط : يتم في هذه المرحلة:

أ- إجراء تقييم مالي وتنظيمي للتعرف على الأمور الرئيسية التي لا بد من معالجتها قبل عملية التحويل.

ب- تعديل القوانين والأنظمة للمؤسسات العامة.

ج- تجهيز بيانات التوقعات المالية بقياس مقدرة الشركة على تحقيق الأرباح.

د- بحث إيجاد حلول المشكلات العمالية وعلاقة الموظفين بالشركة الجديدة ومكافأة نهاية الهدمة والتقاعد وكافة الأمور التي تخص الموظفين والعمال.

مرحلة التطبيق:

يتم في هذه المرحلة تنفيذ التغيرات المطلوبة بما فيها التعديلات اللازمة للقوانين وإعادة بناء الهيكلة الجديدة وتحديد الإطار الرقابي.

3) مرحلة بيع المؤسسات:

يتم في هذه المرحلة بيع الحكومة لجزء أو كل ملكيتها في المؤسسات عن طريق عرض عام أو خاص بالأسهم يعتمد ذلك على مدى وضوح الإستراتيجية والتجهيز الدقيق لها.

والواضح من خلال المراحل أنفة الذكر أن الفائدة الحقيقية من عملية التخاصية تحوي القطاع العام إلى القطاع الخاص لا تأتي من بيع الشركات أو المؤسسات ولكن من نقل عملياتها إلى الوضع التجاري ويشتمل ذلك على ما يلي:-

1) تطوير خطة إستراتيجية.

2) إعادة بناء الهيكل التنظيمي.

3) إدخال عنصر حافز الربح على جميع المستويات للإدارة.

4) إعادة تدريب الإدارة والموظفين.

5) تطوير أنظمة معلوماتية ورقابية جديدة.

هوامش الفصل الثامن:

1) الناشف، أنطوان، (2000) الخصخصة (التخصيص مفهوم جديد لفكر الدولة ودورها في إدارة المرافق العامة) منشورات الحلبي الحقوقية - بيروت - لبنان.

2) عباس، صلاح، (2003)، الخصخصة المصطلح - التطبيقي، مؤسسة شباب الجامعة، الإسكندرية، مصر.

3) قندح، عدلي، (1999)، تطورات محددة لإستراتيجية التخاصية، السلبية والإيجابية، ورقة قدمت في الدورة التدريبية حول (الخصخصة وأساليب الرقابة عليها) عمان- الأردن.

4) صبح، محمود، (1999)، الخصخصة، (ط2) البيان للطباعة والنشر،القاهرة- مصر.

5) أبرشي، مرزوق، محمد، نبيل، (1996)، الخصخصة آفاقها وأبعادها،(ط1) دار الفكر للنشر والتوزيع، دمشق - سوريا.

6) الريح، عبد الرحيم، (1998)، إستراتيجية الخصخصة في العالم ، مجلة أبو ظبي الاقتصادي. ع 32.

(7Http://www.worldbank.org.

(8perohi, E,. (2000) Credible privatiz atization working paper No. Boston Universty.

(9Guistian pieers, (1997). The privatization challenge, A strategic legal & institutional analysis of international experience, washington.

# 9

## الفصل التاسع
## التغيير التنظيمي

تاريخ ونشأة التغيير التنظيمي.

المصادر التي ارتكزت عليها التغيير التنظيمي .

مفهوم التغيير التنظيمي .

الأسباب التي تستوجب التغيير.

مجالات التغيير .

مداخل وطرق التغيير التنظيمي .

وسائل التغيير .

مراحل التغيير .

المقاومة للتغير.

كيفية التعامل مع أسباب المقاومة للتغير.

تاريخ ونشأة التغيير التنظيمي:
إن موضوع التغيير التنظيمي يعتبر من المواضيع الحديثة نسبياً والتي ترتبط بالسلوك الإداري، وتعود الكتابة فيه خصوصاً إلى الفترة التي تلت الحرب العالمية الثانية، إذ أن الكتابة حول موضوع التغيير التنظيمي والاهتمام به ودراسته لم توجد مثلاً في أي من الجامعات والمعاهد التي تدرس إدارة الأعمال والإدارة العامة في أمريكيا حتى أواخر الأربعينات من القرن الماضي.
كذلك فإن من أهم المصادر التي ارتكز عليها التغيير التنظيمي منذ نشأته وحتى الآن ثلاثة وهي:
1- حركة التدريب المعملي:
ويقصد بالتدريب المعملي مجموعة مواقف لمجموعات صغيرة غير مخططة يتعلم المشاركون فيها من خلال تفاعلاتهم الخاصة "وديناميكات" المجموعة المتطورة ومن أهم علماء هذه الحركة هربارت شيربارد، روبرت بلاك، دوجلاس ماكجريجور وغيرهم.
2- بحوث المسح وأساليب الاسترجاع:
وهذه البحوث تعد الدفعة الثانية الرئيسية في تاريخ التغيير التنظيمي والتي يتوازن تاريخها مع تاريخ الدفعة الأولى (حركة التدريب المعملي)، وقد كان ذلك في مركز بحوث (ديناميكية) المجموعات التي أنشأت كيرت لوين Kurt lewin عام 1945.
3- جهود كيرت لوين:
وهذه تعتبر دفعة وأساساً متيناً للدفعتان السابقتان إذ أنها كانت وراء إنشاء المعمل القومي للتدريب والذي يعتبر ركيزة الدفعة الأولى، وكان أيضاً وراء تأسيس وإنشاء مركز بحوث (ديناميكية) المجموعات، وكان له أيضاً أثر كبير على المنظمتين ومن عمل فيهما من باحثين.

مفهوم التغيير التنظيمي:

تتفاوت الآراء حول مفهوم التغيير التنظيمي Organizational Change بين الضيف والإتساع، أو النظرة الجزئية أو الكلية، لذا فقد وردت عدة تعريفات للتغيير التنظيمي، إذ تعرف رواية حسن التغيير التنظيمي بأنه طريقة من خلالها تتم إحداث التغييرات أو التعامل معها، وهذا يمثل أهمية خاصة بالنسبة لكل من العملاء والأعضاء. بينما يعرفه Judith Gordan على أنه " عملية تغير ملموس في النمط السلوكي للعاملين وإحداث تغيير جذري في السلوك التنظيمي ليتوافق مع متطلبات ومناخ وبيئة التنظيم الداخلية والخارجية". أماHellriegle فيعرفه بأنه اهتمام المنظمة المقصود للتأثير على الوضع الحالي للمنظمة وإدخال تغييرات داخل المنظمة بهدف استعياب التحديات الجديدة التي تواجهها بشكل فعال سواء كان داخلية أو خارجية.

وبناء على ما سبق، يتضح عدم وجود تعريف واحد متفق عليه حول التغيير التنظيمي، إذ أن المصطلح نفسه لا يزال موضوع خلاف، فهناك من يطلقون عليه بالتغيير التنظيمي المخطط، وآخرون يطلقون عليه التطوير التنظيمي، بالرغم من أن التغيير التنظيمي يعتبر أشمل وأعلم من التطوير التنظيمي.

وفي ذات السباق يفرق ربحي الحسن بين التغير التنظيمي والتغيير التنظيم، إذ يرى أن التغيير التنظيمي ما هو إلا ظاهرة طبيعية ومستمرة في حياة المنظمات وتحدث دون تخطيط مسبق فهي (تلقائية وعفوية) ، أما التغيير التنظيمي فهو " تغيير موجه ومقصود وهادف وواعي يسعى لتحقيق التكيف البيئي (الداخلي والخارجي) بما يضمن الانتقال إلى حالة تنظيمية أكثر قدرة على حل المشكلات".

وبشكل عام يمكن تعريف التغيير التنظيمي على أنه إحداث نقلة كمية أو نوعية في التنظيم من خلال عناصر المنظمة المادية والسلوكية (المهام، الهيكل التنظيمي، القوى البشرية ، والتكنولوجيا) وذلك بغرض رفع المنظمة لمستوى أداء أفضل بما يحقق الكفاءة والفعالية، وذلك عن طريق الاستعانة بتقنيات ومعارف العلوم السلوكية.

الأسباب التي تستوجب التغيير:

هناك العديد من القوى والأسباب التي تدفع المنظمة نحو التغيير والتطوير، إذ يواجه عمل المنظمات مصدرين من الضغوط: المصدر الداخلي والمصدر الخارجي.

1- القوى والمسببات الداخلية:

هي القوى والمسببات الناشئة من داخل المنظمة بسبب عمليات المنظمة والعاملين فيها وغيرها.

ويمكن أن تتمثل بتضارب الاهتمامات والمصالح بين الإدارة والعاملين، والانفعال بين الثقافة العامة السائدة والنظام الاجتماعي للمؤسسة، وكذلك الاتصالات داخل النظام الاجتماعي لنفس المؤسسات عندما تتضارب أولوياتها.

ويرى (كرتينز وكينكي) بأن القوى الداخلية التي تستدعي التغيير في المنظمة نوعان:

أ- مشكلات وإمكانيات تتعلق بالقوى العاملة، مثل المشكلات الناشئة عن إدراك العاملين بكيفية معاملة المنظمة لهم.

ب- سلوك أو قرارات المديرين، فالصراع والاحتكام بين الرؤساء والمرؤوسين يتطلب تنمية مهارات في التعامل لدى الجميع.

2- القوى والمسببات الخارجية:

وهي القوى والمسببات الناشئة من خارج المنظمة بسبب التفاعل المستمر بين المنظمة وبيئتها. وتتمثل الأسباب الخارجية في جميع التطورات والمستجدات والمشكلات والتوقعات والمتطلبات في البيئة الخارجية المحيطة بالمنظمة.

ومن الضغوط الخارجية هناك البيئة الطبيعية، والتغيرات السكانية ومستوى الثقافة العامة السائدة، وظهور وانتشار التقنية المادية.

ويحدد (هلريجل) أهم القوى الخارجية بما يلي:

1- التطور التكنولوجي السريع.

2- الثورة المعرفية والنمو المتسارع في جميع ميادين المعرفة.

3- التقادم السريع للمنتجات سواء كان سلع أو خدمات.

4- التغيير في طبيعة وتركيب القوى العاملة.

5- التغيير في نوعية وجودة حياة العمل.

6- ظهور أفكار وفلسفات إدارية جديدة، مثل فلسفة الإدارة اليابانية.

2- ومن ناحية أخرى يرى آخرون بأن أسباب التغير والتطوير قد تكون إما أسباباً داخلية أو خارجية كما يلي:

1- التطور الذي يحصل على الأساليب المستخدمة في العمل.

2- التغييرات في السياسات والقوانين والأنظمة.

3- تطور وعي العاملين وزيادة طموحاتهم وحاجاتهم.

4- تغير نظرة الجمهور وتوقعاته عن المؤسسات العامة والخاصة.

5- تطور لمعرفة الإنسانية في مجال العلوم السلوكية.

6- التغييرات في الظروف الاقتصادية والسياسية.

7- زيادة المنافسة بين التنظيمات الإدارية.

8- إدراك الصلة بين أسلوب التعامل مع العامل وإفساح المجال له للمشاركة في اتخاذ القرار.

مجالات التغيير:

لا يوجد -عموماً- أي حصر أو تحديد للمجال الذي يمكن أن تشمله عملية التغيير أو التطوير في المنظمات المعاصرة، ورغم ذلك فإنه يمكن تحديد أهم مجالات التغيير بالآتي:

1- الفلسفة العامة للمنظمة: وتتمثل بمنظومة القيم العامة التي تضفي على المنظمة خصوصيتها، وتمثل أيضاً الإطار المعياري الذي يحكم حركة المنظمة.

2- غايات المنظمة، وتمثل الاختيارات بعيدة المدى التي وجدت المنظمة لتحقيقها.

3- أهداف المنظمة، أي الأهداف الجزئية والمرحلية التي تضعها المنظمة بهدف الوصول لغاياتها العليا بعيدة المدى.

4- سياسات المنظمة : وهي المرشد أو الدليل الذي يمكن المنظمة من إنجاز أهدافها المرحلية.

5- عناصر المنظمة: وتشمل:

أ- العناصر الهيكلية التي تكون هيكل المنظمة Structure.

ب- العناصر الوظيفية التي تكون وظيفة المنظمة Function .

ج- العناصر العلائقية التي تحدد علاقات المنظمة.

6- إجراءات وأساليب العمل ، وهي التي تؤدي لتحقيق السياسات المحددة.

إن بعض المجالات التي يمكن للمنظمة تغييرها يمكن أن تتمثل في الأهداف والإستراتيجيات، والتكنولوجيا والتصميم الوظيفي، والهيكل، والعمليات، والأفراد، وغيرها.

أن أهم التغييرات تكون متعلقة بالعنصر الإنساني، ومن أهمها ما يلي:

1- محاولة تقييم قيم إيجابية جديدة.

2- التخلص من قيم قديمة.

3- مجالات تنظيمية تتصل بتنظيم جديد لأساليب الاتصالات وغيرها.

وبشكل عام، فإن هناك 3 أنواع أساسية من التغيير في المنظمة وهي:

1. التغيير في الأهداف الرئيسية والفرعية للمنظمة.

2. التغيير في هيكل المهمات الرسمية للمنظمة.

3. التغيير في الهيكل التنظيمي للمنظمة.

مداخل وطرق التغيير التنظيمي:

هنالك 4 مداخل رئيسية لإحداث التغيير في المنظمات وهي:

1- المدخل الوظيفي Task: ويهتم هذا المدخل بأهداف وسياسات المنظمات وكيفية تطويرها بحيث يمكن إنجاز الأهداف بفعالية عالية، ويشمل ذلك الإثراء الوظيفي ، التوسع الوظيفي.

2- المدخل الهيكلي Structure: ويهتم بتوزيع العمل، وتشكيل الوحدات الإدارية، وارتباطاتها وخطوط الاتصال والصلاحيات والمسؤوليات، وهو يشمل تفويض السلطة ونطاق الإشراف.

3- المدخل التكنولوجي Technology: ويهتم بإدخال الطرق وأساليب العمل الفنية ، ويشمل ذلك معدات جديدة من الأتمتة واستعمال أجهزة الكمبيوتر الحديثة.

4- المدخل الإنساني People: ويهتم بالتأثير على قيم واتجاهات الأفراد والجماعات ومهاراتهم ويتم بصورة أساسية من خلال التدريب مثل عملية الاستشارة ، بناء فرق العمل، وتدريب الحساسية.

وبالرغم من عدم وجود اتفاق عام لاعتماد مدخل واحد أو مجموعة مداخل لإستخدامها في تغيير المنظمات بمختلف أنواعها، فإن هناك عوامل تؤثر في اختيار استراتيجية التغيير المناسبة، ومن أهمها: أهداف التغيير، الوحدة المستهدفة من التغيير، الموراد المتاحة، الفرص أو القوى المؤيدة له، والقوى المضادة له وغيرها.

وسائل التغيير:

يعتبر التدريب الوسيلة الرئيسية لإحداث التدخلات الموجهة التي تيم من خلالها إحداث التغيير التنظيمي، وتتعدد أساليب التدريب ويمكن تلخيصها بما يلي:

1- التدريب المخبريLaboratory Training :: هو أسلوب مختبري يعني بأن مكان التدريب يكون بمثابة مختبر وأن العاملين هم مادة الاختبار ويخضعون لمجموعة ضوابط ومعايير بهدف إيصالهم إلى نتيجة معينة يفترض أن تترك أثرها على سلوكهم التنظيمي المستقبلي، ويطلق على هذا النوع أيضاً مصطلحات تدريب الحساسية أو مجموعات التدريب.

2- أسلوب تشكيل الفريق Team Building: وهو يأخذ مجموعات الزملاء في العمل أو أية جماعة أخرى بحيث يكون التركيز هنا على الجماعة وزيادة فعاليتها، وتعد الشبكة الإدارية هنا من أهم تطبيقات أسلوب بناء الفريق.

3- أسلوب لعب الأدوار Role - Playing: وهذا الأسلوب يعمل على مساعدة المتدربين على تفهم كافة المؤثرات على القرارات التي يتخذها شخص ما عن طريق تمثيل المواقف التي تعبر عن مشكلات عملية بطريقة دراماتيكية، وذلك بهدف زيادة الوعي بأدوار الآخرين.

مراحل التغيير:

تتكون عملية التغيير من ثلاث مراحل أساسية، وتأتي جميعها بعد أن يتم تشخيص المشكلة Diagnosis التي يتم خلالها تحديد المشكلة المراد حلها.

وفيما يلي شرحاً موجزاً لمراحل عملية التغيير الثلاثة الأساسية:

1-مرحلة إذابة الجليد Unfreezing: وتتطلب أن يقوم المسؤول بتحليل واقعي لأسباب مقاومة التغيير. إذ يتم خلال هذه المرحلة أضعاف القيم والاتجاهات وأنماط السلوك السائدة (القديمة) وذلك نظراً لأنها تكون غير فاعلة للمواقف الجديدة.

3- مرحلة التغيير Changing or Movement: إذ أنه وبعد نجاح المدير في إزالة الجليد للطرق القديمة لدى العاملين فإنه يقوم بإدخال التغير المطلوب، وإحداث أنماط سلوكية جديدة من خلال أوامر وتعليمات وتدريب ومعلومات تلزم للتوجه نحو الهدف.

3- مرحلة إعادة التجميد Re-freezing: حيث يقوم المدير هنا بإدخال عوامل مقوية تحقق الاستقرار للحالة الجديدة وذلك من خلال تشجيع السلوك الجديد وتثبيته بالحوافز المادية والمعنوية كالترقيات والمكافآت، بالإضافة إلى التدريب ورفع الكفاءات وإصدار الأوامر والتعليمات ووضع برامج العمل المناسبة وغير ذلك من الأمور.

مقاومة التغيير:

من البديهي أن تواجه المنظمة عند قيامها بالتغيير أو التطوير العديد من المشكلات الناجمة عن عدم قبول التغيير من قبل الأفراد العاملين في المنظمة، وقد يتحول هذا الشعور إلى مواقف عدائية من التغيير أو التطوير، حيث أن إدارة التغيير تعتبر من أصعب الأمور التي على المشتغل بالإدارة التعامل معها، وذلك نظراً لأن الناس يفضلون عادة ما اعتادوا عليه.

ويمكن تعريف المقاومة باختصار بأنها امتناع الموظفين عن التغير أو عدم الامتثال له بالدرجة المناسبة والركون إلى المحافظة على الوضع القائم. كذلك فإن المقاومة تعد فشل ظاهر أو غير ظاهر لأعضاء المنظمة في تدعمها لجهود التغيير.

ويورد الكتاب في هذا السياق العديد من الأسباب التي تدعو الكثيرين لمقاومة التغيير، ومن تلك الأسباب ما يلي:

أ- من وجهة نظر الفرد:

1- الإدراك الاختياري: إذ أن الفرد يرى الحقيقة غالباً من خلال تركيبة أثرت عليها عوامل الاتجاهات والخبرات والعقائد الفردية، فتصبح عندها " الحقيقة مزيفة".

2- الخوف: والذي يجعل الفرد يعتقد بأن التغيير سيترتب عليه الاستغناء عن بعض الوظائف بسبب استخدام تكنولوجيا جديدة مثلاً أو سيترتب عنه تخفيض في

مستوى الدخل، وأيضاً الخوف من قيام الإدارة بزيادة عبء العمل، ومن تشديد الرقابة وتغيير فترات الدوام، كما حصل في الآونة الأخيرة في دوام البنوك في الأردن.

3- الرغبة في الاستقرار: إذ أن الفرد يحاول عادة الإبقاء على نمطية الحياة أو العمل الذي يقوم به، وذلك تجنباً لأي تغيير قد يؤدي لزعزعة نمط الحياة والقواعد والأسس التي أدت إلى استقرارها.

4- الطباع والعادات: حيث أن أي تغيير في المعتقدات والقيم السائدة مثل تغيير دول مدير البنك من أن يكون جالساً على مكتبه ينتظر وصول العملاء، إلى بائع يتصل بالعملاء المحتملين للترويج لخدمات البنك.

ب- من وجهة نظر المنظمة:

إذ بينما تحاول المنظمة التأقلم للبيئة فإنها تجد نفسها تواجه ميولاً معاكسة في توازنها نحو الانغلاق، فالقوانين والإرشادات توضع من اجل التعامل مع العديد من الحالات، والمنظمة تشعر بالطمأنينة عن العمل في إطار. لذلك فإن التغيير يجري معاكساً للمصلحة التي قامت عليها تلك الأسس، والتي تشمل كلاً من الإستقرار، الاستثمار السابق، والتعاقدات والالتزامات السابقة.

وفيما يلي توضيحاً موجزاً لهذه الأسس:

1- الإستقرار: حيث تحاول معظم المنظمات وبخاصة الكبيرة الحفاظ على درجة من الإستقرار من خلال الوصف الوظيفي وخطوط محددة للسلطة ونطاق إشراف ضيق، وذلك بهدف التمكن من التنبؤ وزيادة الإنتاجية.

2- الاستثمار السابق: حيث أن كثيراً من المنظمات تقاوم التغيير لأنها كانت استثمرت موادها في مشروع معين اضطرت بسببه إلى الالتزام بإستراتيجية معينة.

3- التعاقدات والالتزامات السابقة: حيث لا توجد هناك منظمة لا تقوم بعمل تعاقدات كالالتزامات مع وزارة العمل والموردين والمنافسين والعملاء والنقابات.. وغيرهم، وقد تفرض عليها تلك الالتزامات إجراءات أو قواعد معينة.

كيفية التعامل مع أسباب المقاومة للتغيير:

يمكن للمختص بأحداث التغيير التقليل من المقاومة للتغيير من خلال عدة وسائل أهمها ما يلي:

1- تجنب المفاجآت عن طريق أحاطه الموظفين علماً وبشكل مسبق بما يراد عمله، وذلك حتى يتم تفهم الأسباب، وحتى يتوفر الإستعداد ويتم تقبل التغيير، ويمكن اتباع أسلوب الإجتماعات واللقاءات والمناقشة لتحقيق هذا الهدف.

2- العمل على إفهام العاملين بمضامين التغيير ودوافعه ودواعيه بحيث يتفهموا الأسباب الحقيقية له بما يقطع الشائعات حول مقاصد التغير وما سيترتب عليه.

3- ضرورة توفير حوافز لقبول التغيير، وإشعار المعنيين بالتغيير والمكاسب التي يمكن تحقيقها لهم جراء التغيير (بناء الثقة).

4- الاستعانة بالقادة ورؤساء التنظيمات غير الرسمية في شرح التغيير ودواعيه وما سيترتب عليه.

5- إشراك العاملين بكافة مراحل التغيير ما أمكن، فالإنسان بطبعه يتقبل أكثر تنفيذ ما يستشار فيه من أمور وما يشترك في التخطيط له.

6- إيجاد رؤيا مستقبلية Vision يتم تعريف العاملين بها وإعطاء سلطة لفريق التغيير للعمل على تحقيقها.

إن عدد من العوامل التي يمكن أن تساعد في إنجاح عملية التغير وأهمها ما يلي:

1- إشراك المتأثرين بالتغير في التخطيط له وتنفيذه ورقابته.

2- التشاور وتبادل الرأي بين جميع الجهات المعنية فيما يتعلق بأبعاد التغيير وأغراضه وضرورته وسبل تحقيقه.

3- تطبيق التغيير تدريجياً، وذلك حتى يستطيع النظام التأقلم عليه وامتصاص تأثيراته واستيعابه والوقوف على مزاياه الإيجابية والسلبية.

4- أن تتوافر كافة الإمكانات والترتيبات اللازمة لإنجاحه.

5- مشاركة جميع العاملين في نتائج التغيير من حيث زيادة الرواتب والأجور مما يجعلهم أكثر تقبلاً للتغيير.

6- إجراء تجربة مبدئية على التغيير Pilot Run وذلك قبل تطبيقه بشكل نهائي.

هوامش الفصل التاسع:

1) العميان، محمود سلمان، (2002)، السلوك التنظيمي، (ط1) دار وائل للنشر والتوزيع، عمان - الأردن.

2) القريوتي، محمد قاسم، (2000)، السلوك التنظيمي: دراسة للسلوك الإنساني الفردي والجماعي في المنظمات المختلفة، (ط3)، دار الشروق للنشر والتوزيع، عمان - الأردن.

3) ياغي، محمد عبد الفتاح، (1995)، مبادئ الإدارة العامة، (ط1)، مطابع الفرزدق التجارية، الرياض.

4) سيزولاقي، أندرودي، (1991)، السلوك التنظيمي والأداء، معد الإدارة العامة، الرياض.

5) عبد الرحمن، توفيق، (2002)، أساليب أحداث التغير والتطوير التنظيم، مركز الخبرات المهنية للإدارة، عمان - الأردن.

6) موسى، المدهون، (1999)، الاستراتيجية الحديثة للتغير والإصلاح الإداري، (م15). عدد (3) ، عمان - الأردن.


2) ,stephen ,Robbins  (70 th10 .Organizational Behavior (03Ed., New pr :dersey entic Hall,Inc.

8) Waldo, Dwight, (1985). The euterprise of public administration : Asummary View. Chandler & ;sharp publishers, Inc. USA

# 10

---

**الفصل العاشر**
**التطوير التنظيمي**

تمهيد .

تعريف عملية التطوير التنظيمي .

عملية التطوير التنظيمي .

مصفوفة هيوز.

خطوات اتطير التنظيمي .

مستويات التي تشارك في عملية التطوير التنظيمي .

أنواع التدخل لتحقيق التطوير التنظيمي .

تقييم برنامج التطوير التنظيمي.

العوائق التي تحد من استخدام التطوير التنظيمي في القطاع العام.

# التطوير التنظيمي

**تمهيد:**

تعتبر عملية التطوير التنظيمي من الأمور الطبيعية والممارسة في المنظمات الإدارية، وذات أهمية كبيرة في زيادة الكفاءة والأداء، وخاصة في عصرنا الحالي، وذلك لاعتماد هذا العصر على البحث والدراسة والتحليل بغرض تطوير الجوانب التنظيمية والأبعاد التنظيمية المختلفة، وتهيئة الجو المناسل وخلق روح المناخ التنظيمي المناسب والذي يؤدي إلى زيادة الغرض الوظيفي والانتماء الوظيفي والإنتاجية.

ومن هنا يمكن تعريف عملية التطوير التنظيمي بأنها عبارة عن : عمليات خاصة وهادفة يتم فيها إدخال مبادئ وممارسات العلوم السلوكية لدى الجماعات الإنسانية بهدف زيادة الأفراد والجماعات بحيث يتبين لنا أن التطور التنظيمي له عدة أساليب تبرز نظرية التطوير التنظيمي وهي:

1- التغير المخطط له.

2- أسلوب الاستشارة المميز.

3- أسلوب يركز على الثقافة التنظيمية والعمليات وعلى هيكل ينتج عنه نظام متكامل.

4- البحث الإجرائي.

ومن هنا يمكن تعريف التطوير التنظيمي:

RICHARD BECKHARD جهد مخطط واعي على مستوى المنظمة ويدار من قبل السلطة العليا في المنظمة لزيادة فعالية المنظمة وسلامتها من خلال التغيير المخطط في عمليات المنظمة باستخدام معارف علم السلوك.

WENDELL FRENCH جهد طويل المدى لتحسين عمليات حل المشكلة والتجديد في المنظمة من خلال إدارة ثقافة المنظمة بصورة أكثر فعالية وتعاونية مع اهتمام خاص بثقافة جماعات العمل، وباستخدام نظريات وتقنيات علم السلوك التنظيمية بما فيها البحث الإجرائي.

خلال العقدين السابقين تطور مفهوم إدارة التغيير على أرض العمل وظهر هناك أساليب وطرق جديدة لإدارة التغيير بحيث أطلق على هذه العملية التطوير التنظيمي.

(Organization Development OD)

ويجب هنا ملاحظة أن هذا التغير يختلف عن عمليات التغير الأخرى والتي ناقشناها سابقاً والتي تركز على صنع السياسة، وتهدف عملية التطوير التنظيمي (OD) إلى تحسين وزيادة فعالية العمليات والوظائف الداخلية للمنظمة بحيث يمكن تطبيق ذلك من خلال تحسين العمليات وزيادة الرضى الوظيفي لدى الموظفين وليس على تغيير وتعديل السياسة ويوجد هناك العديد من التعاريف المتعلقة بموضوع التطوير التنظيمي حيث يعرفها كلا من (cemmings/ hus) بأنها: عبارة عن تطبيق العلوم السلوكية المتعلقة بالتعزيز والتطوير المخطط لها مسبقاً للإستراتيجيات التنظيمية والهياكل التنظيمية والعمليات بغرض تحسين فعالية المنظمة. وهنا نستنتج من هذا التعريف:

1. ترتكز هذه العملية على التغيرات التنظيمية الشاملة.

2. ترتكز على التغيير المنظم مسبقا (المدروس مسبقا).

3. يكون التركيز في هذه العملية على التغير الهياكل والسياسات والعمليات التنظيمية أو على الأفراد المنظمة.

وتكمن الغاية الرئيسية من (OD) في تكوين بيئة تنظيمية لحل المشكلات المستقبلية التي ستواجهها المنظمة.

وتتجلى عملية التطوير التنظيمي في تعريف المشكلة ومن ثم تحديد أسباب المشكلة وتحديد الطرق الملاءمة للتعامل مع هذه المشكلة وبالتالي الحصول على الحلول واخيرا تأتي عملية تقييم نتائج التطبيق.

وأخيرا ميزات هذه العملية الرئيسية هو أن التقنيات والوسائل المستخدمة في عملية التطوير التنظيمي تتشابه بشكل غير مباشر، ويمكن الاختلاف في نطاق ومستويات تطبيق هذه العملية. تهدف عملية التقييم في التطوير التنظيمي مراجعة نجاح فعالية الخطة أو البرامج الموصى عليه والذي بدوره (البرنامج، الخطة) يساعد على تعزيز وتشجيع التغيير في المنظمة ككل.

ففي هذه الورقة سوق نقوم بالتركيز على هيكلية وعمليات التطوير التنظيمي ومن ثم سنقوم بدراسة ممارسة وتطبيق هذه العملية في القطاع العام.

وتبدأ عملية التطوير التنظيمي عادة بجمع البيانات والمعلومات وتحديد أماكن الخلل والتي تزودنا بالتحديد الدقيق لمكان المشكلة اللازمة التركيز عليها، وتحديد أماكن التغير في المنظمة للحد من هذه المشكلة سواء كانت هذه الأماكن (الهياكل، الثقافة، العمليات، الأفراد).

وتركز عملية التطوير التنظيمي على 7 مستويات رئيسية وهي:

1. محتوى ومضمون العمليات التنظيمية.
2. نوعية المخرجات (سواء كانت تنظيمية أو نفسية).
3. الثقافة التنظيمية.
4. حاجة ومتطلبات المهام.
5. طبيعة المنظمة الرسمية بما في ذلك العمليات والهيكل التنظيمي الخاص بها.
6. الأفراد.
7. الظروف التكنولوجية والجسدية.

ويرجع محتوى ومضمون العمليات التنظيمية إلى هدف وغاية المنظمة بالإضافة إلى بيئة المنظمة الداخلية والخارجية في الوقت الحالي بالإضافة إلى أنها تهدف إلى فهم الموقع السياسي والاجتماعي والاقتصادي الحالي للمنظمة.

وعلى العكس منها المخرجات التنظيمية والتي لا تهتم فقط بالمنتج والخدمة التي تزودها المنظمة بل المحيط النفسي للمنظمة، وتكون العملية التحليلية الأولى موجهة نحو التأكد من مدى فعالية المنظمة في تطبيق السياسات والبرامج على الأفراد وتهتم العملية الثانية بالأفراد وفي التنظيم وعلى العلاقات المتبادلة بينهم.

وفيما يتعلق بموضوع الثقافة التنظيمية والتي تعرف من خلال ما يلي: تبادل أفراد مجموعات ما معتقدات وسلوك وتصرفات وأعراف وأنماط سلوك معينة مع بعضهم البعض بالإضافة إلى أن الثقافة قوة غير مرئية وغير ملحوظة.

ويجب على المدير في هذه الحالات القيام بعملية تحليل الإدراك والسلوك الداخلي للأفراد وذلك لأن العوامل والمؤثرات الثقافية تكون غير ملحوظة وغير مرئية بحيث يختلف الأفراد عن بعضهم البعض من خلال اختلاف الأعراف والتقاليد فيما بينهم.

وتقود عملية تحديد الاحتياجات التنظيمية في العادة إلى عملية وصف كيفية إنجاز الأعمال في المنظمة ككل ويجب عليه التركيز على العلاقات البشرية والعوامل السيكولوجية لجميع الأفراد وتوحيد ودمج نشاطات جميع الأفراد مع بعضها البعض.

مصفوفة هيوز The Hase Matrix:

طورت هذه الطريقة من خلال Colgr,Hus بحيث يقوم في هذه العملية بدمج ثلاث مستويات لتحليل المشكلات في المنظمة وهي (الأفراد ، الجماعات، المنظمة) والذين يقوموا بالتعامل مع ثلاث أوجه رئيسية (المدخلات/ عناصر ومكونات التصميم/ المخرجات).

ويكمن الافتراض الرئيسي لهذه الطريقة في أنه إذا كان هناك تناغم وتلاؤم ما بين المدخلات ومكونات التصميم ستكون العمليات التنظيمية فعالة. مع العمل أنه إذا كان هناك مشاكل موجودة في هذه المستويات الثلاثة داخل المنظمة فإن عملية تحديد موقع المشكلة سيكون صعبا وغير ممكن.

خطوات التطوير التنظيمي (Organization Development (OD).

1. جمع البيانات Data Collection

تكمن القدرة في تصميم استراتيجية تطوير تنظيمي فعالة في القدرة على جمع معلومات جيدة وموثوقة وذات صلة بالمشكلة ويمكن التأكد من مدى صدق وموثوقية البيانات من خلال:

1. العلاقة المتبادلة بين جامع المعلومات وأعضاء التنظيم.

2. الطرق المستخدمة في جميع المعلومات.

3. التغذية الراجعة عن هذه المعلومات.

ويرى Hus أن عملية الانتباه الجيد والحذر خلال جمع البيانات تحقق ما يلي:

1. الحصول على معلومات موثوقة وصادقة حول النشاطات التنظيمية.

2. تطوير علاقات تعاونية فعالية تساعد على تحقيق التطوير التنظيمي.

3. الحصول على انتماء الموظفين ومساعدتهم في تحقيق التطوير التنظيمي .

ويعتبر أكثر طرق البحث العلمي استخداما في الحصول على المعلومات وجمعها في الاستبيانات والمقابلات والملاحظات.

وبعد انتهاء جميع المعلومات تبدأ عملية تزويد تغذية راجعة إلى أعضاء التنظيم وذلك للتأكد من تكوين قاعدة وأساس ودعم للتغيير والتطوير التنظيمي في المنظمة والمساعدة من قبل الموظفين لتطبيق برنامج التطوير التنظيمي.

2. تحليل البيانات DATA Analysis.

وتعتبر هذه الخطوة مهمة جداً لتعزيز ونجاح (OD) بحيث يقوم كل من الجماعات الإدارية والمحللون الإداريون بعملية تحليل البيانات والمجموعة، وهناك طريقة أخرى للتحليل بحيث تكون من خلال جمع الأيدي العاملة أو تكوين فريق معين وتوكيلهم بمهمة تحليل البيانات بحيث يقوم أعضاء الفريق في هذه الطريقة بمناقشة فيما بينهم حول بعض المواضيع مثل التكاليف والفوائد والمرونة والضبط والسيطرة والاستقلالية في الأعمال والنشاطات، بحيث تشكل هذه الأسئلة والنقاشات عملية التحليل وهي أفضل من أنواع الأسئلة الأخرى الغير مفيدة مثل (ما الأمور التي سوف نستفيدها من العمليات الحالية).

OD) Preactice: the Intervention)

من خلال مسح التجارب السابقة تبين لنا أن الاهتمام في موضوع التطوير التنظيمي كان قليلا، كما كان هناك اهتمام ضئيل أيضاً في مجال الإدارة الإستراتيجية والتخطيط الإستراتيجي.

وتعتبر عملية التطوير التنظيمي مسؤولة من قبل ثلاث مستويات والتي تشارك بدورها في هذه العملية وهي (المنظمة، الأفراد، الجماعات) ويختلف مدى تأثير هذه المستويات وتتأثر أيضاً ببعضها البعض، وهنا يجب علينا دراسة التدخل من قبل المستويات وذلك لفهم طبيعة التدخل من كل مستوى بالإضافة إلى بعض الأمور الأخلاقية.

من مستويات الثلاث التي تشارك في عملية التطوير التنظيمي هي:

1. التغير في المستوى التنظيمي:

حيث يمكن الهدف والاهتمام في هذه المرحلة ببعض الأمور المتعلقة بهيكلية وتكنولوجيا وبنية عمل المنظمة بالإضافة إلى نوع المهام التي تقوم بها المنظمة، والافتراضات

الإستراتيجية التي تحدد تصميم ، وتعتبر الهياكل الرسمية أكثر عرضة من قبل التغير التنظيمي مثل تغيير التكنولوجيا المستخدمة في العمل والموارد البشرية من حيث (التوظيف والاستقطاب، والاختيار والتدريب، والرواتب والدفعات).

وبذلك تعتبر الثقافة التنظيمية هي أصعب الأنواع تعبيرا.

2. التغير والتدخل في الجماعات:

يعتبر العمل الجماعي من أقل المؤثرات على نشاطات ومهام الأداء التنظيمي وهنا يتم التركيز بشكل رئيسي على الاتصال والعلاقات المتبادلة والقدرة على توصيل فهم مشترك لجميع أعضاء المجموعة وإعلامهم بحاجة التغيير والتطوير.

نوع الأسئلة التي سيستخدمها المدراء في هذا النوع:

1. تسمح الهيكلة الحالية للمنظمة إعطاء الجماعة الحرية الكافية لأن يكونوا فعالين في الحل الجماعي للمشاكل؟
2. هل المهارات والخبرات المطلوبة موجودة في أعضاء الفريق؟
3. هل أن معايير الأداء الخاصة بالمجموعة تتعلق بإنجاز المهام أو الاهتمام الفردية الاجتماعية المتبادلة؟
4. هل هناك أي مشاكل فردية بين أعضاء المجموعة؟
5. هل هناك أي صراعات بين أعضاء التنظيم؟

3. التغير والتدخل في الأفراد:

وتتضمن هذه العملية التغيير في سلوك ومهارات الموظفين وهنا نقوم بتغيير بيئة العمل وإعادة تصميم العمل وتغيير مهارات وأداء العمال والعلاقات المتداخلة فيما بينهم.

أنواع الأسئلة المستخدمة في التحليل والتغير في هذه العملية:

1. هل يعكس التصميم الوظيفي المهارات والقدرات اللازمة للموظفين؟
2. هل تزود الوظيفة الموظفين الاستقلالية اللازمة لهم لتحقيق النمو والتقدم؟
3. هل لدى العاملين فهم جيد لمسؤولياتهم وعلاقاتهم التنظيمية؟
4. هل هناك مشاكل بين الموظفين والتي قد تؤثر على أدائهم؟

أنواع التدخل لتحقيق التطوير التنظيمي Types of Invention

بعض القيام بعملية تحديد الأسئلة المتعلقة بعملية التغيير التنظيمي الموجه نحو تحقيق التطوير التنظيمي تبدأ عملية ربط هذه الأسئلة مع بعضها البعض ومن ثم بدء ممارسات التطوير التنظيمي وهنا يجب على المنظمة الانتباه والتحديد الدقيق للأمور التي تحتاج إلى تغيير وتطوير وبالتالي بعد تحديد المنطقة التي تحتاج إلى تغيير تبدأ عملية التدخل في العمليات وتغييرها، وهذه العملية تعتبر مهمة جدا بحيث تستطيع المنظمة التغيير والتعديل في عدة أماكن مثل:

1. التغيير في الاتجاه الإستراتيجي ككل للمنظمة.

2. التغيير في العمليات التكنولوجية والهياكل التنظيمية للمنظمة.

3. التغيير في الروابط والعلاقات بين الموارد البشرية داخل المنظمة.

4. التغيير في السلوك والمهارات الإنسانية في المنظمة.

1) التغيير الإستراتيجي Strategic Change.

تعتبر عملية التغيير الإستراتيجي قريبة ومشابهة لحد كبير مع مفهوم الإدارة الإستراتيجية، كلتا العمليتان من أوجه التغيرات الإستراتيجية المستخدمة في المنظمات والتي تهدف بدورها إلى ضمان تحقيق حاجات الأفراد وأهدافهم وتسخيرها إلى تحقيق الأهداف التنظيمية وزيادة الأداء التنظيمي وهنا قد تقوم المنظمة إما بوضع خطة جديدة لتحقيق هذه الغايات أو قد تقوم بتغيير القيم والمعايير التي تشجع الأفراد في المنظمة على تحقيق الأهداف والغايات والمصالح التنظيمية.

وتتعلق عملية التغير الإستراتيجي بعملية التغيير والتعديل على كل من الثقافة التنظيمية أو التغيير والتعديل على المنتج أو الخدمة وهنا تتم عملية التركيز على الأداء وبذلك يجب على التطوير التنظيمي تحسين الأداء التنظيمي وتكوين رؤية وصورة وبذلك يجب على التطوير التنظيمي تحسين الأداء التنظيمي وتكوين رؤية وصورة مستقبلية وكيفية تحقيق هذه الرؤية، ومن هنا تستطيع المنظمة تحديد فيما إذا كانت المشكلة تقع في أنظمة العمليات أو في أنظمة الموارد البشرية، حيث أن المشكلات البشرية أكثر احتمالية للحدوث وهي صعبة التعريف، أما بالنسبة للمشاكل في أنظمة العمليات فهي سهلة التحديد وقد تواجه المنظمة كلا النوعين وقد يكون هناك مشاكل في الثقافة التنظيمية وهنا فإن مثل هذا النوع

من التغير يعتبر صعبا جدا ويحتاج لجهود كبيرة لتحقيقه ويشكل خصوصي تعديل وتغيير السلوك التنظيمي.

2) التغيير في الهيكل والعمليات:

هذا النوع من التغير يشبه مبدأ عمل التغيير الإستراتيجي للأنظمة التقنية ويكون التركيز في هذه العملية على التصميم التنظيمي ككل مع الاهتمام النسبي بالأيدي البشرية والعاملين.

3) التدخل والتغيير في أعمال ونشاطات الأفراد:

من خلال التجارب السابقة وخاصة تجارب هوثورن تبين أن هناك تأثير نوعي للعمل الجماعي على الأداء الوظيفي حيث يكون هذا التأثير إيجابيا أو سلبياً، وهنا يأخذ التطوير التنظيمي بعين الاعتبار الأوجه الإيجابية للسلوك الجماعي لا أهداف مشتركة، إدراك ووعي مشترك، وللتقليل من الأوجه السلبية تقوم المنظمة خلال ممارستها للتطوير التنظيمي بممارسة أربعة أنواع من التدخلات التنظيمية.

4) استخدام T-Group

أو تدريبات وهنا يقوم مرشد خارجي بمساعدة أعضاء الجماعة على تعلم كيفية تنمية وتفعيل العوامل والمؤثرات الاجتماعية في التعلم وتطوير المنتج أو الخدمة ويمكن الهدف الرئيسي لهذه العملية في مساعدة العامل على فهم نفسخ بشكل أفضل من خلال رؤية نفسه في الأشخاص الآخرين وسلوكهم وبالتالي فقط يعرف ويفهم العامل بشكل أفضل أدواره المختلفة المسؤول عنها وكيفية استخدام هذا الفهم في تحسين علاقاته وسلوكه وتصرفاته وأداءه في المجموعة.

5) مرحلة الإرشاد Process Consultation.

وهو نوع أخر من التدخل المصمم بهدف مساعدة المجموعة على فهم المشكلات التي تواجهها، أو الاستخدام الأفضل لمهاراتها ومواردها المتاحة من اجل مساعدتها على حل مشاكلها وتتضمن هذه العملية بعض الأمور المهمة يجب أخذها بعين الاعتبار.

6) تدخل الأحزاب Party inventions

ويستخدم هذا النوع من التدخلات في حالة وجود خلاف وصراع ينشا بين شخصين

أو أكثر داخل المنظمة حول العلاقات الإدارية العملية واختلاف الأداء بين الموظفين أو لوجود سوء فهم بين الموظفين، وهنا يبدأ المسؤولين بالاستفسار والاستقصاء حول سبب الصراع والخلاف وقد يكون سبب الصراع في بعض الأوقات غير ظاهراً وهذا يشكل مشكلة في بعض الأوقات وقد يكون الصراع أو الخلاف ناتج عن صراع داخلي أكبر وأعمق من الصراع الحالي، في حين أن الصراع لا يشكل دائماً مشكلة فقد يكون الصراع ناتجا عن التغيير وهنا يجب على الشخص الذي يقود التغيير أن يعرف ويحدد وقت التدخل ووقت التعامل مع الصراع والكيفية والطرق اللازمة لذلك.

7) تكوين الأفرقة الجماعية Team Building:

ويشكل هذا النوع استراتيجية تدخل وتهدف إلى مساعدة الأفراد على العمل مع بعضهم البعض بشكل أكثر فعالية. ويكمن الهدف الرئيسي لهذه العملية على مساعدة الجماعات الإدارية لأن تصبح أكثر فعالية ويطلق علي هذه الجماعات الأفرقة الإدارية والتي تركز بدورها على زيادة التنسيق والتعاون داخل الأجزاء التنظيمية ومن ثم التعامل مع المشكلات والصراعات التي توجهها المنظمة.

8) التغيير في مهارة وسلوك الأفراد Human Skill and Behavior Change.

تقوم العديد من المنظمات باستخدام أنظمة الرواتب والحوافز والمكافئات لزيادة انتماء وفعالية وكفاية وأداء الموظفين ناهيا عن الذكر حوافز النمو والتقدم وتستخدم المنظمة أيضاً طرق أخرى لتطوير عملية التطور التنظيمي وتتعلق هذه الطرق بالتخطيط الوظيفي وبناء التزام طويل الأمد عند الموظفين تجاه المنظمة، وتساعد كلتا الطريقتين على تعزيز التطور والنمو البشري وبالتالي التطور والتغيير التنظيمي الفعالية.

تقييم برنامج التطور التنظيمي:

تهدف عملية تقييم برامج التطور التنظيمي إلى ما يلي:

1. التأكد من ملاءمة مستوى ونوع التدخل ومدى صحته.

2. تكوين أرضية واضحة لممارسة التطور التنظيمي والمساعدة على تطبيقه بنجاح ضمن إطار الأعمال والنشاطات التنظيمية اليومية والروتينية في المنظمة.

التطور التنظيمي في القطاع العام:Organization D vlopm nt in th Puplic Sctor

قام روبرت عام 1989 بتحدي أسباب استخدام التطور التنظيمي في القطاع الخاص

بشكل أكبر من القطاع العام وقد وضح أيضا أن التطور التنظيمي يعتبر مهما للقطاع العام بشكل أكبر من القطاع الخاص ولكن مع الأسف فقد كان (Robrt) متشائما جدا خلال تحليلاته وذلك لعدم استجابة وتفاعل القطاع العام مع هذا المفهوم.

العوائق التي تحد من استخدام (OD) وهي كما يلي:

1. الهيكل التنظيمي والمؤسسي العام للقطاع العام.
2. المعايير الإدارية والعلاقات الفردية والتي تعتبر جزءا من النظرية الإدارية.
3. الإرتباط الضعيف بين كل المستويات السياسية والإدارية في التنظيم.
4. طرق توصيل الأوامر والطلبات والتحديات بين المدراء والموظفين في بعض الأوقات.
5. تنوع واختلاف الاهتمام وهيكلية أنظمة الحوافز والمكافئات.
6. قلة الثقة والتنسيق بين الأقسام التنظيمية.
7. قلة تفويض وتمكين العاملين والاقتصار على التسلط في إعطاء الأوامر.
8. الحذر الدائم والإجراءات التنظيمية المحددة.
9. قلة الاهتمام في المهنة والاحتراف وخاصة عند المدراء.
10. الاهتمام الدائم في المحافظة على السرية.

ويرى Robrt أن للجانب الإداري دورا مهما في تطبيق التطوير التنظيمي وفهم المسؤولين عن السياسات وهم الذين يحددون نوع السياسات وهم الذي يحددون الأهداف والغايات التنظيمية، ولكن ومع ذلك فان المدراء في القطاع العام يعملون تحت ظروف متغيرة ومليئة بالشكوك وهنا يقترح Robrt على المدراء أربعة أمور ونشاطات مهمة وهي كما يلي:

1. التعامل مع الأهداف والغايات الموضوعية بحذر والتي تتأثر من قبل العديد من العوامل الخارجية.
2. العمل ضمن الهيكليات الموضوعة والمصممة من قبل الإدارة العليا بحذر شديد.
3. تفويض العمال وإعطاءهم صلاحيات وعدم الضبط والرقابة الشديدة.
4. عدم التأخر في إنجاز الأهداف والغايات التنظيمية.

وتكمن المشكلة هنا في وجود معتقدات ومعايير إدارية وسلوكية عند المدراء في القطاع العام والتي تتجنب التطور والتغيير التنظيمي وتعود هذه المعتقدات والمعايير للأسباب التالية:

1. تكون ممارسات واقتراحات المدراء محصورة ومحدودة من قبل البيروقراطية، أو الروتين في الأعمال.

2. قلة دعم الإبداع والمخاطر في اتخاذ القرارات وذلك لعدم تقبل المنظمات الحكومية المخاطرة في أموال الغير.

3. قلة البحث عن طرق جديدة للقيام بالأعمال والاقتصاد على الأعمال والنشاطات الروتينية .

4. إعطاء الأولية لمعايير وقواعد المحاسبة.

هوامش الفصل العاشر:

1) العميان، محمد سلمان، (2002)، السلوك التنظيمي، (ط1). دار وائل للنشر والتوزيع، عمان - الأردن.

2) عبد الرحمن، توفيق، (2002) ، أساليب أحداث التغير والتطوير التنظيمي، مركز الخبرات المهنية للإدارة ، عمان - الأردن.

3) المفرني، كامل، (1995)، التطوير التنظيمي، مفاهيم وأسس سلوك الفرد والجماعة في التنظيم ، عمان - الأردن.

4) اللوزي، موسى، (1999)، التطوير التنظمي، (ط1)، دار وائل للطباعة والنشر، عمان- الأردن.

5) القريوتي، محمد قاسم، (2000)، السلوك التنظيمي: دراسة للسلوك الإنساني الفردي والجماعي في المنظمات المختلفة، (ط3) دار الشروق للنشر والتوزيع، عمان- الأردن.

(2Robbins, stephen , (2003). Organizational Behavior 10th Ed., New derey: prentic tlall, Inc.

(3Richard , hodgetts & steven, Attman, (1997) organization Behavior. Philadelphia.

# 11

الفصل الحادي عشر
الاتجاهات الحديثة في السلوك التنظيمي

مفاهيم السلوك التنظيمي .

أهمية السلوك التنظيمي .

أهداف السلوك التنظيمي .

التطور التاريخي للسلوك التنظيمي .

الفترات التاريخية للسلوك التنظيمي .

أولاً : السلوك التنظيمي في الدراسات المبكرة .

ثانياً : السلوك التنظيمي في العصر الكلاسيكي .

ثالثاً : السلوك التنظيمي في العصر السلوكي .

رابعاً : السلوك التنظيمي في مدرسة العلاقات الإنسانسة.

خامساً : السلوك التنظيمي في نظريات المدرسة السلوكية.

سادساً : السلوك التنظيمي في نظريات التنظيم الحديثة.

الاتجاهات الحديثة في السلوك التنظيمي.

مفاهيم السلوك التنظيمي (Organizational Behavior)

هو افتراض أساسي مؤداه أن هناك نمطاً خاصاً من السلوك الإنساني يميز تصرفات الناس عندما يكونون أعضاءي أي تنظيم، وهو سلوك مختلف عن تصرفاتهم خارج أطر تلك التنظيمات.

أو هو المحاولة الشاملة لفهم سلوك العاملين في المنظمة أو المنشأة، سواءٍ كانوا أفراداً أو جماعات صغيرة أو أفراداً كثيرين كوحدة شاملة ومتكاملة، وكذلك تفاعل هذه المنظمة مع بيئتها الخارجية.

أو هو تفاعل علمي النفسي والاجتماعي مع علوم أخرى أهمها علم الإدارة والاقتصاد والسياسة، وذلك لكي يخرج مجال علمي جديد هو المجال العلمي الخاص بالسلوك التنظيمي، والذي يهتم بسلوك الناس داخل المنظمات.

أو هو دراسة السلوك الإنساني في المواقف التنظيمية، ودراسة المنظمة ذاتها، وأيضاً دراسة التفاعل بين السلوك الإنساني والمنظمة من ناحية، وتفاعل المنظمة مع البيئة من ناحية أخرى.

أهمية السلوك التنظيمي:

"يمكن تلخيص أهمية السلوك التنظيمي في بعض النقاط التالية:"

1) أهمية الموارد البشرية للمنظمة استلزم ضرورة الاهتمام بدراسة وفهم سلوك الأفراد بمالها من تأثير على فعالية المنظمة.

2) تغيير النظرة إلى الموارد البشرية، جذب الانتباه إلى ضرورة الاهتمام بتنمية وتطوير هذا المورد ويمكن تحقيق هذا بالاستثمار فيه لزيادة الكفاءة وتحسين مهاراته.

3) وجود تعقيدات في الطبيعة البشرية ووجود الاختلافات الفردية التي تميز هذا

السلوك مما تطلب من المنظمة، فهم وتحليل هذه الاختلافات للوصول إلى طرق تعامل متمايزة تتناسب مع هذه الاختلافات، هذا زيادة لتأثير والتحكم في هذا السلوك.

4) تغلغل في كل وظيفة تقريباً على مستوى المنظمة وعلى مستوى الأعمال وعلى مستوى جميع التخصصات.

أهداف السلوك التنظيمي:

أن الهدف من السلوك التنظيمي يفيد بدرجة كبيرة في محاولة التنبؤ بهذا السلوك في المستقبل، ويمكن إجمال الأهداف لدراسة السلوك التنظيمي كما يلي:-

1) التعرف على مسببات السلوك.

2) التنبؤ بالسلوك في حالة التعرف على هذه المسببات.

3) التوجه والسيطرة والتحكم في السلوك من خلال التأثير في المسببات.

بصفة عامة يهتم السلوك التنظيمي بتنمية مهارات الأفراد، ولكن ما هي الأهداف الأكثر تحديداُ التي يسعى إلى تحقيقها في الواقع يهدف السلوك التنظيمي إلى تفسير، والتنبؤ، والسيطرة، والتحكم في السلوك التنظيمي، لذلك كانت على النحو التالي:

1- تفسير السلوك التنظيمي:

تهدف التفسير إلى تفسير تصرف فرد ما أو جماعة من الأفراد بطريقة معينة، حيث أن فهم أي ظاهرة بمحاولة التفسير ثم استخدام هذا الفهم لتحديد سبب التصرف، مثال ذلك قد يترك بعض الأفراد العمل لأسباب عديدة، ولكن عندما يفسر معدل ترك العمل العالي كنتيجة لانخفاض الأجر، أو الروتين في العمل، فإن المديرين غالباً ما يستطيعون اتخاذ الإجراءات التصحيحية المناسبة في المستقبل.

2- التنبؤ بالسلوك:

يهدف التنبؤ إلى التركيز على الأحداث في المستقبل فهو يسعى إلى تحديد التصرفات المترتبة على تصرف معين، مثال ذلك يمكن اعتماداً على المعلومات والمعرفة المتوافرة من السلوك التنظيمي، يمكن للمدير أن يتنبأ باستخدامات سلوكية تجاه التغير، ويمكن للمدير

من خلال التنبؤ باستجابات الأفراد أن يتعرف على المداخل التي يكون فيها أقل درجة من مقاومة الأفراد للتغيير، ومن ثم يستطيع أن يتخذ المدير قراراته بطريقة صحيحة.

3- السيطرة والتحكم في السلوك:

يعد من أصعب الأهداف من بين النقطتين السابقتين، مثال ذلك عندما يفكر المدير كيف يمكنه أن يجعل فرد من الأفراد ببذل جهداً أكبر من العمل، فإن هذا المدير يهتم بالسيطرة والتحكم في السلوك، ويتمثل وجهة نظر المديرين فإن أعظم إسهام السلوك التنظيمي إضافة إلى تحقيق هدف السيطرة، والتحكم في السلوك يؤدي إلى تحقيق هدف الكفاءة والفعالية في أداء المهام.

- التطور التاريخي للسلوك التنظيمي:

يحاول الإنسان منذ قديم الأزل أن يقدم تفسيراً متكاملاً للسلوك الإنساني، وتأتي الأديان السماوية لتقدم لنا نظريات متكاملة لتوجيه السلوك التنظيمي الإنساني، إلا أن الباحثين لم يستطيعوا حتى الآن وضعها في قالب متكامل يخدم العمل الإداري والمديرين.

ويساعد النظر إلى التطور التاريخي لدراسة الأفراد في العمل على دراسة السلوك التنظيمي، لما يضفيه من بعد النظر وتوضيح للرؤية في المجال للحاضر.

لماذا ندرس التاريخ؟ قاضي المحكمة العليا الأمريكي أو ليغير ويبذلك هولمز، الإبن، أجاب على هذا السؤال باختصار مفيد عندما قال: عندما أريد أفهم ما الذي يحدث اليوم أو أحاول الجزم بماذا سيحدث غداً، أنظر للوراء، بالنظر للوراء في تاريخ السلوك التنظيمي تكسب الكثير من بعد النظر إلى كيف وصل هذا الحقل إلى ما هو عليه اليوم، فهو سيساعدك على الفهم على سبيل المثال، كيف جاءت الإدارة لفرض القواعد والتعليمات على المستخدمين، لماذا العديد من العمال في المنظمات يعملون مهام قياسية ومكررة على خطوط التجميع، ولماذا عدد من المنظمات في السنوات الأخيرة استبدلت أنظمة التجميع على خطوط التجميع بوحدات عمل أساسها الفريق، في هذا البحث ستجد شرحاً وافياً لكيفية تطور النظرية والتطبيق للسلوك التنظيمي، لذل من أين نبدأ؟ وجود البشر والنشاطات المنظمة منذ الآلاف السنين، لكننا لا نحتاج أن نعود إلى ما قبل القرن الثامن عشر أو القرن التاسع عشر لإيجاد جذور السلوك التنظيمي.

يمكن إبراز أهم الفترات التاريخية في السلوك التنظيمي كما يلي:

أولاً: السلوك التنظيمي في الممارسات المبكرة (Early practices)

هنالك ثلاثة أفراد كانوا مهمين خصوصاً في الترويج للأفكار التي كانت في النهاية لها تأثير رئيسي في تشكيل اتجاه وحدود السلوك التنظيمي وهم: آدم سميث، تشارلز باباج، روبرت أوين.

1) آدم سميث: (ADAM, AMITH 1776)

نشر (آدم سميث) عام 1776م، نقاشاً رائعاً على المزايا الاقتصادية للمنظمات والمجتمع التي يخبها من تقسيم العمل من خلال ما يسمى (بتخصص العمل)، استعمل سميث قطاع صناعة الدبابيس لأمثلته، لاحظ بأن كل (10) أفراد دبابيس في اليوم الواحد. إذا كان كل واحد يسحب السلك، يعدله، ويقطعه، ودق الرؤوس لكل دبوس، وجعله حاداً، ويلحم الرأس إلى عامود الدبوس، سيكون مفخراً فعلاً لإنتاج (10) دبابيس في اليوم، وبذلك استنتج سميث بأن تقسيم العمل رفع الإنتاجية بزيادة كل مهارة العمال ويوفر الوقت ويشجع إبداع العمل الذي يوفر الابتكار والآلية والتطور الشامل لعمليات إنتاج خط التجميع خلال القرن العشرين نشط بلا شك بالمزايا الاقتصادية من تخصص العمل.

2) تشارلز باباج ((1832) CHARLES BABBAGE )

نشر (تشارلز باباج) في كتابه (اقتصاد الآلية والصناعات)، كما أضاف باباج لاحقاً إلى قائمة سميث عام (1832) مجموعة من الفوائد التي تمكن من تقسيم العمل منها:

1- يخفض الوقت الذي يحتاجه تعلم العمل.

2- يخفض ضياع المادة أثناء مرحلة التعليم.

3- يسمع لكسب مستويات عالية من المهارة.

4- يسمع لمعادلة أكثر تأني لمهارات الناس والقدرات الطبيعية مع المهارات المحددة.

علاوة على ذلك أقترح باباج بأن الاقتصاديات من التخصص يجب أن تكون وثيقة الصلة لعمل العمل العقلي كعمل طبيعي.

3) روبرت أوين ( (1789) ROBERT OWEN)

كان عمر (روبرت أوين) (18) عاماً عندما أشترى مصنع في ويلز عام (1789) وهو

بذلك مهم في تاريخ السلوك التنظيمي لأنه كان أحد الصناعيين الأوائل لأعترافهم أن نمو نظام المصنع كان يحتقر العمال.

رد بالممارسات القاسية التي شاهدها في المصانع مثل توظيف الأطفال (الكثير تحت عمر (10)) يوم عمل (13) ساعة، وكانت هناك شروط انتقد (أوين) على انهم يشتدون أفضل المكائن ولكنهم يشغلون أرخص العمال، واقترح أن موقع العمل السعيد الذي يخفض معاناة الطبقة العاملة.

ثانياً: السلوك التنظيمي في العصر الكلاسيكي (The classical E ra):

تعرف المدرسة الكلاسيكية: هي نظرية قديمة تفسر سلوك الإنسان، حيث افترض أن الأفراد كسالى وغير قادرين على تدبير وتنظيم وتخطيط العمل وغير رشيدية عقلانية، وعلى هذا فرضت المدرسة الكلاسيكية النموذج الرشدي العقلاني.

ظهر العصر الكلاسيكي من الفترة (1900) إلى منتصف الثلاثينات. خلال هذه الفترة بدأت النظريات العامة الأولى للإدارة بالتطور، ومن أبرز روادها (فريدريك تايلور، هنري فويل، ماكس ويبير، ماري باركر فوليت، وتشيستر بارنارد) هؤلاء الرواد وضعوا الأسس لممارسة الإدارة .

تشتمل النظرية الكلاسيكية على ثلاثة اتجاهات فكرية هي:

1) نظرية الإدارة العلمية.

2) نظرية المبادئ الإدارية.

3) النظرية البيروقراطية (الهيكلية).

أولاً: الإدارة العلمية (Taylor، 1991)

هذا الإدارة افترض على أن الأفراد كسالى وأنهم مدفوعون فقط من الناحية المالية، وأنهم غير قادرين على تخطيط وتنظيم الأعمال المنوطة بهم، وحاول (تايلور) تفسير السلوك الإنساني ويتنبأ به ويسطروا عليه من خلال الافتراضات السابقة المشار إليها.

وبذلك ظهرت محاولته المتمثلة في مبادئ الإدارة العلمية عام 1911، وهذا هو اسم كتابة، ومن أهم هذه المبادئ هي:

1- يجب تجزئة وظيفته الفرد إلى مهمات صغيرة، ومعرفة احسن الطرق وأنسبها لتطبيق كل مهمة.

2- يجب تقديم المحفزات المادية للعاملين من خلال الأجور والحوافز.

3- يجب أن يختار الفرد بطريقة تناسب العمل وأن يدرب عليها بالطريقة السليمة.

4- يجب أن يتم تنظيم العمل في المنظمة بين الإدارة والعمال، حيث تضطلع الإدارة بمهام تصمي الوظائف والأجور والتعيين، ويضطلع العمال بأداء وتنفيذ المهام الموكولة إليهم.

انتشرت أفكار (تايلور) ليس فقط في الولايات المتحدة، لكن أيضاً في ألمانيا، فرنسا، روسيا، اليابان، حيث واحد من أكبر التشجيعات في الاهتمام في عملية الإدارة في الولايات المتحدة جاءت خلال التحقيق في عام (1910) على أسعار السكة الحديدية قبل لجنة التجارة بين الولاتين، ظهر قبل اللجنة، أدعى خبير كفاءة بأن سكك الحديد يمكن أن توفر مليون دولار في اليوم (يساوي حوالي 18$ مليون دولار في اليوم عام (2003) خلال تطبيق الإدارة العلمية، وجهة انتقادات عديدة إلى النظرية الإدارة العلمية وأهمها:

1- أنها نظرية جزئية جعلت جل اهتمامها الفرد العامل واتخذته عنصراً رئيسياً في تحليلها الإنساني للعملية الإدارية المرتكزة على زيادة الإنتاج ورفع الكفاءة.

2- أغفلت العنصر الإنساني في نظرتها للعامل، حيث كانت فلسفتها نحو الإنسان هي أنه مخلوق اقتصادي لا يفكر إلا في زيادة دخله المادي.

3- اقتصرت في نقاشها على ما يجري داخل المنظمة دون الاهتمام بما يجري في البيئة الاجتماعية من تأثير على سلوك الأفراد العاملين.

من أهم نتائجها: فشلت هذه النظرية في التفسير الصحيح لسلوك العامل داخل منظمته كما أهملت عواطف العامل ومشاعره.

ثانياً: نظرية المبادئ الإدارية (henri Fayol,1917).

تصف هذه النظرية الإدارية الجهود لتعريف الوظائف العالمية التي ينجزها المدراء والمبادئ التي شكلت ممارسة الإدارة الجيدة. واقترح (فايول) أن المدراء يؤدون وظائف الإدارة الخمسة (يخططون، ينظمون، يقودون، ينسقون، ويسيطرون).

وبناءاً على هذه الأنشطة استطاع أن يضع (14) مبدأ يمكن من خلالها الاضطلاع

بأنشطة الإدارة على خير وجيه. وفيما يلي نذكر الأربعة عشر مبدأ :

1) تقسيم العمل والتخصص: يمكن تحسين العمل من خلال تقسيم العمل بين الناس بحيث يكونون متخصصين فيه، أو تعيين متخصصين للقيام به.

2) السلطة والمسؤولية: تعني السلطة الحق في اصدار الأوامر، أما المسؤولية فتعني مقدار المساءلة الناجمة عن التمتع بحق إصدار الأوامر.

3) الضبط والربط: إن أفضل الطرق للحصول على الضبط والربط هي أن يطبق المدير أنظمة الجزاء والعقاب في حالة حدوث أخطاء على أن يتم التطبيق بصورة عادلة.

4) وحدة الأمر: تعني أن لكل فرد يحصل على أوامره من فرد واحد.

5) وحدة الهدف: تعني أن كل وحدات التنظيم لا بد أن تساهم أنشطتها في تحقيق أهداف المشروع.

6) أولوية المصالح العامة على المصالح الشخصية: وهذا يعني أن عندما تتعارض مصالح المنظمة مع مصالح الأفراد تأتي مصالح المنظمة في ترتيب متقدم.

7) عوائد العاملين: يجب أن يكون الأجر والمستحقات مناسبة لكل من العاملين والمنظمات.

8) المركزية: أن التعامل مع الأفراد يمثل نوع من الامركزية، في حين يمثل استخدام السلطات الإدارية نوعاً من الحقوق المتمركزة لدى المديرين.

9) التسلسل الرئاسي: لا بد من وضوح التبعيات الرئاسية باعتبارها خطوط السلطة والاتصالات بين الرؤوساء والمرؤوسين.

10) النظام: على الموارد مثل الخامات والأفراد والأدوات أن تكون في مكانها في الوقت المناسب لكي توفر استخداماً أمثل.

11) العدالة: لا بد من توفير معاملة عادلة لكل العاملين.

12) استقرار العمالة: لا بد من توفير العمال بطريقة سليمة حتى يمكن التقليل من احتمال لتسربهم.

13) المبادأة: لا بد من تشجيع المبادأة والابتكار لضمان تطوير الشروع.

14) تنمية روح الجماعة: يجب تنمية روح الجماعة والتوافق بين العاملين.

ثالثاً: النظرية البيروقراطية (الهيكلية) (Max Weber, 1947)

عالج عالم الاجتماع الألماني (ماكس ويبير) النظرية البيروقراطية كنظام عقلاني يتناسب مع المجتمع الصناعي في العالم الغربي، وقد بين ويبير بعض الخصائص الأساسية للنظام البيروقراطي في المنظمات المدنية والعسكرية والدينة والصناعية التي يحتويها المجتمع الغربي.

ووصف ويبير نوع مثالي من المنظمة الذي سماها البيروقراطية، حيث أن البيروقراطية نظام تمييز بتقسيم العمل، عرف بوضوح الهرمية، قواعد وتعليمات مفصلية، وعلاقات غير شخصية، أصبحت هذا النموذج أساس التصميم للمنظمات الكبيرة.

ولهذا بني ماكس فيبر نظريته في البيروقراطية على المبادئ (الخصائص) الآتية:

1) التخصص وتقسيم العمل: هو أساسي لأداء عمل ناجح للأعمال والوظائف .

2) التسلسل الرئاسي: هذا التسلسل مهم جداً لمعرفة العلاقات بين المديرين ومرؤوسيهم من خلال معرفة ما لدى كلهم من معلومات تفيد العمل.

3) نظام الإجراءات : أيضاً تعتبر ضرورية لمعرفة كيفية التصرف في ظروف المختلفة للعمل.

4) نظام القواعد: تعتبر مهمة جداً لمعرفة وتحديد الواجبات والحقوق الواجبة للعاملين.

5) نظام من العلاقات غير الشخصية: هذا النظام مطلوب لانتشار الموضوعية والحيدة في التعامل.

6) نظام اختيار وترضية العاملين: تعتمد على مبدأ الإستحقاق والجدارة للقيام بالعمل.

عيوب (نقاط الضعف) للنظرية البيروقراطية:

1- قلة اعتناء الأفراد بمصالح المنظمة، وبذلك ينصب اهتمامهم على استيفاء الإجراءات.

2- تضخم الأعباء الروتينية وكثرتها.

3- إحساس العاملين بأنهم يعاملون في المنظمة كالآلآت وانتقال نفس الشعور لمن يتعامل معهم.

4- ان صراحة القواعد والإجراءات يؤدي إلى قلة روح المبادأة والإبداع والنمو الشخصي.

4- تزداد الصعوبة في الأداء عندما تؤدي الإجراءات والقواعد إلى تشابه في السلوك.

رابعاً: مبدأ (ماري باركر فوليت) في العصر الكلاسيكي (1930).

كانت إحدى الكتاب الأوائل لإعتراف أن المنظمات يمكن أن تنظر من منظور سلوك الفرد والمجموعة، تحولت لكتابة خلال الوقت الذي سيطرت عليه الإدارة العلمية، فوليت كانت فيلسوفة اجتماعية التي اقترحت أن أفكار معظم الناس موجهة وجهات نظرها كانت واضحة للسلوك التنظيمي، ومن أهم مبادئها في السلوك التنظيمي ما يلي:

1- رأت فوليت بأن المنظمات يجب أن تكون مستندة على أخلاق المجموعة بدلاً من علم الفردية.

2- كان المدراء للعمل يلائمون وينسقون جهود المجموعة حيث المدراء والعمال يجب أن ينظروا إلى أنفسهم كشركاء وكجزء من مجموعة مشتركة.

3- يجب على المدراء أن يعتمدوا أكثر على خبرتهم ومعرفتهم من سلطتهم الرسمية لموقعهم في قيادة الأتباع.

4- معظم أفكار فوليت الإنسانية أثرت على طريقة نظريتها إلى الحافز والقيادة والقوة وسلطة اليوم.

خامساً: مبدأ (تشيتر بارنارد) في العصر الكلاسيكي (1927).

كان تشيستر بارنارد صاحب مهنة أنضم إلى نظام البرقية والهاتف الأمريكي في عام (1909) وأصبح رئيساً لنيوجرسي بيل في عام (1927). رأى بارنارد أن المنظمات كالنظم الاجتماعية التي تتطلب تعاوناً إنسانياً أبدي وجهات نظره في وظائف المدير التنفيذي في منشورة عام (1938) ومن أهم مبادئه ما يلي:

1) اعتبر أدوار المدراء الرئيسية كانت حول الاتصال وتحفيز الأتباع إلى المستويات العالية الجهد وهذا هو الجزء الرئيسي لنجاح المنظمات.

2) اعتبر التعاون بين الموظفين مهم.

3) جادل بأن النجاح اعتمد على ابقاء العلاقات الجيدة مع الناس والمؤسسات خارج المنظمة مع الذين تفاعلوا بانتظام مع المنظمة.

4) يجب على المدراء أن يفحصوا البيئة وبعد ذلك تتكيف المنظمة لإبقاء حالة التوازن.

ثالثاً: السلوك التنظيمي في العصر السلوكي (The Behavioralera).

اتسم هذا العصر السلوكي بحركة العلاقات الإنسانية والتطبيق الواسع الإنتشار في منظمات بحث العلوم السلوكي. بينما هذا العصر السلوكي الحقيقي لم يبدأ بالتكور حتى عام (1930)، هناك ثلاثة أحداث سابقة استحقت الذكر الموجز لأنها لعبت دوراً مهماً في تطبيق وتطوير السلوك التنظيمي وهي:

1- ولادة مكتب موظفين (1900) The Birth of the personnel offece.

2- خلق حقل علم النفس الصناعي (1913)The Birthof industrial psychology .

3- مرور قانون الميثاق الأعظم للعمل (1935) The Magma carta of labor.

أولاً: ولادة مكتب موظفين:

هنا كانت في الرد على نمو النقابات المهنية في نهاية القرن، حيث هناك شركات مثل (اتش جي، وقودو حديد كولورادو، والحصادة الدولية) خلقت مواقع لمساعدات السكرتير الذي ساعد العمال باقتراح التحسينات في شروط العمل، الإسكان، العناية الطبية، والوسائل التربوية، والاستجمام، وفي عام(1900) طور قسم للتوظيف فقد اقتصرت مسؤولياتهم على الاستخدام، أما عام(1902) أسست شركة مكنية النقد الوطنية ووكلت وزارة العمل بمسؤولية إدارة هذا النقد الوطني والشكاوي والتوظيف وشروط العمل والأحوال الصحية وحفظ السجلات وتحسين العمال.

ثانياً: ولادة علم النفس الصناعي:

خلق هيوجو (Mtinsterberg) حقل علم النفس الصناعي بنشر كتابه الدراسي (علم النفس والكفاءة الصناعية في عام (1913) ناقش فيه الدراسة العلمية للسلوك البشري كأمثلة عامة مماثلة ولتوضيح الاختلافات الفردية، رأي (Mitinsterberg) رابطة بين الإدارة العلمية وعلم النفس الصناعي، حيث كلاهما أرادا زيادة الكفاءة خلال تحليلات العمل العلمية وخلال العمل الأفضل من المهارات والقدرات الفردية بطلبات الوظائف المختلفة.

مبادئ (Mitinstergerg) كانت حول:

1- استعمال الاختبارات النفسية لتحسين اختيار المستخدم.

2- قيمة التعلم النظري في تطوير وسائل التدريب.

3- دراسة السلوك البشري لكي تفهم ما هي التقنيات الأكثر فاعلية لتحفيز العمال.

ثالثاً: المثياق الأعظم للعمل:

بعد تحطم سوق الأسهم المالية عام (1929)، دخلت الولايات المتحدة ومعظم الاقتصاد العالمي الكساد الأعظم للمساعدة على التخفيف من تأثيرات الكآبة على قوة العمل الأمريكية دعم الرئيس (فراكلين روزفليت) مهمة قانون (Wagner) عام (1935) هذه المهمة اعترفت بالإتحادات كالممثلين للعمال، قادرة على المساومة بشكل جماعي مع أرباب الأعمال لمصلحة أعضائها، كما شجعت نمو سريع في عضوية الاتحاد وأصبح مدراء الصناعة منفتحين أكثر لإيجاد طرق جديدة لتعامل مستخدميها.

رابعاً:السلوك التنظيمي في مدرسة العلاقات الإنسانية human relations school.

في الثلاثينات والأربعينات من القرن العشرين، بدأ ميلاد نظرية العلاقات الإنسانية، والتي تمثل المرحلة الرابعة في تطور السلوك التنظيمي، ولقد بنيت النظرية أن الإنسان ليس اقتصادياً بطبعه بل هو اجتماعي بسلوكه، فقراراته تحكمها عوامل اجتماعية إلى جانب العوامل الاقتصادية.

هناك عدة دراسات قامت في مدرسة العلاقات الإنسانية، (دراسات هاوثورن hawthorne). كما لعب ثلاث أشخاص أدوار مهمة في حمل رسالة العلاقات الإنسانية وهم [Carnegie +[Donglas Mr Grega + abraham Maslow

دراسات هاوثون (1924) The hawthorne studies

تعتبر المساهمة الأكثر أهمية في حركة العلاقات الإنسانية ضمن السلوك التنظيمي خرجت من دراسات (hawthorne) التي قامت ف أعمال (هاوثون) الشركات الغربية الكهربائية في النيونز، هذه الدراسات بدأت أصلاً في عام (1924) وامتدت في النهاية ووصلت خلال أوائل الثلاثينات، كما ابتكر معظم المهندسون الصناعيون الكهربائيون الغربيون بفحص تأثير المستويات المختلفة للإضاءة وكان هناك مجموعة مراقبة عملت تحت كثافة ثابتة، توقع المهندسون أن الناتج الفردي متعلق بكثافة الضوء مباشرة. على أي حال وجدوا أن المجموعة التجريبية الى رفع مستوى الضوء لها، الناتج لكلتا المجموعتين ارتفع، المفاجأة كانت للمهندسين عندما أغلقوا الضوء في المجموعة التجريبية لكن الإنتاجية استمرت في الزيادة في كلتا المجموعتين، في الحقيقة نقصان الإنتاجية لوحظ في المجموعة التجريبية فقط عندما تنخفض الكثافة الضوئية إلى مستوى ضوء القمر.

وفي عام (1927) دعوا المهندسون الكهربائيون أستاذ (هارفارد التن) وزملائه للانضمام إلى الدراسة كمستشارين، وبذلك بدأت العلاقة عام (1932) وشملت تجارب عديدة التي تغطي إعادة تصميم الوظائف. تغير في طول يوم العمل وأسبوع العمل وإدخال فترات الاستراحة مثال ذلك تجربة واحدة صممت لتقييم تأثير نظام دفع محفز عمل بالقطعة على إنتاجية المجموعة . أشارت النتائج بأن الخطة المحفزة كان عندهم تأثير أقل على ناتج العمال من عمل ضغط المجموعة والأمن الموجود.

بالرغم من أن تجارب (هاوثورن) قامت أساساً لدراسة تأثير العوامل المادية (مثل درجة التهوية والإضاءة وفترات الراحة على إنتاجية العاملين، إلا أنها اكتشفت أن تأثير العوامل الاجتماعية والعلاقات الإنسانية أكثر أهمية في التأثير على الإنتاجية.

من أهم الرواد الذين لعبوا أدوار مهمة في حمل رسالة العلاقات الإنسانية هم:

1- (1930) (Dale Carnegie) : بحث في كتابه كيف تربح الأصدقاء وتؤثر في الناس. وقد كان موضوع (دايل) الأساسي الطريق إلى النجاح كان من خلال كسب تعاون الآخرين وقد نصح جمهوره إلى:

1) أن تعمل أكثر اهتمام لشعور الآخرين من خلال التقدير الصادق لجهودهم .

2) أن تطمح لعمل انطباع أول جيد.

3) كسب الناس إلى طريقة تفكيرك بالسماح لهم بالكلام، وإن تكون متفهم.

4) تغيير الناس بمدح ميزاتهم الجيدة وتعطي المخطئ الفرصة لحفظ الوجه.

2-(1954)(abraham Maslow): اقترح (ماسلو) تدرج نظري من خمس حاجات : فسيولوجية، الأمان، الاجتماعية، الاحترام، تحقيق الذات، وقد جادل ماسلوا بأن كل خطوة في التدرج يجب أن تشبع قبل إنجاز الآخرى، مثال ذلك أن تحقيق الذات تكون عندما يصل الشخص إلى قمة وجوده الإنساني. وسيتم توضيح هرمته سلم (ماسلوا) للحاجات كما يلي:

الشكل (10) سلم (ماسلوا) للحاجات

| (تلبيتها في العمل) | (هرم الحاجة) | (تلبيتها خارج العمل) |
|---|---|---|
| فرص التدريب، التقدم، النمو الابداع | حاجة تحقيق الذات | التعليم، الدين، الهوايات النمو الشخصي |
| الاعترافات، مكانة عالية مسؤوليات متزايدة | حاجات الاحترام والتقدير | موافقة العائلة، الاصدقاء المجتمع |
| مجموعات عمل، زبائن، زملاء عمل، مسعفين | حاجات الانتماء | العائلة، الاصدقاء، مجموعات المجتمع |
| فوائد إضافية، أمان وظيفي عمل امن | حاجات الأمان والحماية | العنف، التلوث، الحركة من الحرب |
| تدفئة، هواء، راتب اساسي | الحاجات الفسيولوجيا | طعام، شراب، جنس |

حسب نظرية (فاسلوا)، فإن الاحتياجات ذات الترتيب المنخفض تأخذ الأولوية، ويجب تلبيتها قبل الاحتياجات العليا، وقبل تفعيلها بحيث يتم تلبية الحاجات بالتزامن والتتابع.

3- Douglas Mr Gregor (1960):

قام (Douglas) بدراسة على الأسخاص الإداريين في نظريته (Y,X)، حيث ركزت نظرية (X) بافتراضات الحركة السلوكية، أما نظرية (Y) كانت تجاه الفرو والسلوك الإنساني وذلك على النحو التالي.

الجدول (4) لنظرية (Y) (X).

| نظرية (X) | نظرية (Y) |
|---|---|
| (1) يعتبر العمل مثيراً للاستفزاء لعظم الناس حيث يتم اجبارهم على العمل حتى تحقق المؤسسة أهدافها). | (1) الإنسان يحب العمل ولا يتهرب من تحمل المسؤولية بل يسعى إليها. |
| (2) التقدم يحدث في النواحي الفسيولوجيا والمستويات الأمنية. | (2) يقوم العامل بتنفيذ أعماله غريزاً إذ كانت الظروف المحيطة مهلة لها. |
| (3) يكره المسؤوليات ويحب ان يكون مقاد او موجهاً وليس طموحاً. | (3) يقوم الموظف بالضبط الذاتي على نفسه وأعماله. |
| (4) يجب ضبط العاملين بشكل جيد ومباشر. | (4) يجب العمل على ترغيب العاملين واقناعهم بالأهداف. |
| (5) قلة القدرة الإبداعية والتي تنقصهم في إيجاد الحلول لمشاكل المنظمة. | (5) تكون الحافزية لدى العمال كبيرة بالإضافة إلى الإبداعية وزيادة الأداء الوظيفي |
| (6) التعلم معرفي فقط وليس إبداعي. | (6) يستطيع الأفراد الإبداع إذا استغلت الظروف بالشكل الصحيح. |
| | (7) يقوم الأفراد بالتعليم دائماً واكتساب معارف جديدة وتحقيق مفهوم المنظمة. |

خامساً: السلوك التنظيمي في المدرسة السلوكية (The Behavioral theory)

نتيجة للعيوب الذي ظهرت في نظرية العلاقات الإنسانية حاول بعض العلماء تطوير بالشكل الذي يسمح باستخدام كل الجوانب السلوكية للأفراد لاعطاء تفسيرات أكثر دقة للأداء الناجح في الأعمال.

من أبرز مساهمات علماء وعلم السلوك [هيربرت سايمون) و [B.FKinner] و David J. [Federick herz berg] , [Fiedler Fred], [David Mc Clethnd] , Richard .hackman and Greg oldham

1- هيربرت سايمون (بعد الحرب العالمية الثانية (1945)):-

يعتبر سايمون المهندس الرئيسي لمدرسة الأنظمة المفتوحة، ومن اقتراحاته مايلي:

1) دعا إلى إجراء أبحاث لوضع أساسي تجريبي للمبادئ الإدارية المثبتة.

2) قام بنشر كتاب رائد الإدارة العامة والذي من خلاله قام بوضع الأسس العملية لنوع جديد من التنظيم وهو التنظيم السلوكي).

3) ضرورة وجود منظمات تتعامل مع الضغوطات الداخلية والتطورات الخارجية.

4) يرى بأن المنظمات هي شبكات لصنع القرار، قدرتها على إيجاد وتحليل المعلومات يتبع المعوقات التي تفرضها الواقعية الجامدة.

5) دعا إلى التقبل بحلول جزئية للمنظمة بدل من الحلول الوهمية الكاملة.

2- B.F.skinner (1953):

بحث عن كيفية التكيف الفعال وتعديل السلوك الذي له تأثير هام على تصميم البرامج التدريبية التنظيمية وأنظمة الجائزة، جوهرياً أثبت (skinner) أن السلوك وظيفة له نتائجه ووجد أن الناس سينشغلون على الأغلب في السلوك المرغوب إذا هم كوفئوا بعمل ذلك هذه الجوائز أكثر فاعلية إذا اتبعوها بالرد المطلوب فوراً والسلوك الذي لم يكافئ أو معاقب أقل احتمالاً لأن يكون متكرر.

3- David Mc Clelland(1961):-

اختبر (مالكليند) قوة حافز الإنجاز الفردي بمطالب تخضع إلى مجموعة من الصور الغامضة إلى حد ما ولكتابة قصتهم حول كل صورة وجد (مالكيلند) أنه قادر على تمييز الناس مع حاجة عالية لإنجاز، بحثه كان وسيلة في مساعدة المنظمات لملائمة الناس أكثر للوظائف وفي إعادة تصميم الوظائف لإنجاز العالي لكي يزيدوا تحفيزهم.

4- Fiedler Fred (1967):

بحث (fred) على موضوع مهم وهو السمات الموقفية للقيادة وبالإضافة إلى محاولته لتطوير النظرية الشاملة من سلوك القيادة. كان نموذج (Fred) مسيطر على بحث القيادة خلال منتصف الستينات وأواخر السبعينات، حيث طور أستبانة لقياس توجيه قيادة الأفراد الفطرية.

5- Frederick herzberg (1959):-

قام (فريدريك) باعتبار دراسات (hawthorne) ليست المنبع الوحيد للبحث، كما كان

تأثيره أعظم على تفويض توصيات الإدارة العلمية. كما أراد (فريدريك) جواباً على السؤال: ماذا يريد الأفراد من وظائفهم؟ سأل المئات من الناس على ذلك السؤال في أواخر الخمسينات وقد حللت إجاباتهم بعناية بحيث استنتج بأن الناس فضلوا الوظائف التي أعطته فرص من أجل الاعتراف، الإنجاز، المسؤولية، النمو. كما أن المدراء اهتموا بأنفسهم بالأشياء مثل سياسات الشرطة، دفع مستخدم، ويطورون شروط عمل مناسبة قد تسترضي عمالهم، لكنهم لا يحفزوهم.

J. Rechard hackman & Grey oldham (1975)-6

كان كلاً من (hackman) و (oldham) من التفسيرات التي ظهرت في السبعينات والتي ستوفر تفسير لكيف تؤثر عوامل العمل على تحفيز ورضا المستخدم. كما كشف بحث كلاً من (hackman) و (oldham) إبعاد العمل الرئيسية أيضاً، والمهارات المتنوعة، وأهميته المهمة، والاستقلالية والتغذية الراجعة التي أظهرت تقدم جيد في تصميم الوظائف، ووجدوا أن الأفراد بحاجة للنمو القوي، والوظائف التي تسجل مستوى عالي على هذه الأبعاد الرئيسية الخمسة تؤدي إلى المستخدم العالي الأداء والرضا.

سادساً : السلوك التنظيمي في نظريات التنظيم الحديثة

organization BehavioToday

منذ الخمسينات وحتى بداية الستينات من القرن العشرين لم يجد العاملون في ممارستهم اليومية للإدارة أي من النظريات السابقة تفيدهم من الناحية العملية في حل المشكلات الإدارية التي تواجهم. فقد عجزت كل من النظرية التقليدية للإدارة ونظرية العلاقات الإنسانية عن تفسير معظم الظواهر التي يتعامل معها المدير، كما عجزت عن التنبؤ بنوعية المشكلات التي يواجهها.

كما أسفرت البحوث التي أجريت في الخمسينات والستينات عن صعوبة قبول الافتراض القائل بوجود علاقة بين الشعور بالرضا ودرجة التعاون في العمل لدى العاملين وكما بينت صعوبة التحقيق في درجة الارتباط الشرطي المباشر بين الظواهر الإدارية المختلفة، وبدأت بذلك نظرية السلوك التنظيمي الحديثة أما بمسمى يسمى (بحقل السلوك التنظيمي).

ومن أهم هذا التطور في السلوك التنظيمي (حقل السلوك التنظيمي) ما يلي:

1) اتجاه الموراد الإنسانية: منذ الستينات من القرن الماضي وحتى اليوم مر حقل

السلوك التنظيمي بعدة اتجاهات فكرية قامت جميعها بمعالجة الظواهر الإدارية المختلفة من منطلقات متعددة. فقد كانت هناك اتجاهاً فكرياً يركز على أهمية الموارد الإنسانية بجانب الموارد الاقتصادية التي تحكم سلوك الفرد في المنظمة وهو ما يسمى باتجاه الموارد البشرية الإنسانية، ومن أهم اقتراحات اتجاه الموارد الإنسانية ما يلي:

1- إعطاء الفرصة للمواهب التي تظهر وتأخذ أشكالاً متعددة مثل الإدارة بالأهداف، وفريق العمل، والرقابة الذاتية، وتعميق العمل.

2- أوضحت أهمية الأداء للأفراد مثلما له أهمية لدى المنظمة إذ أن الإنسان من خلال أدائه لعمله يشبع حاجة للانتماء.

3- أن التوصل إلى الهيكل التنظيمي الذي يوضح مسؤوليات لكل فرد في المنظمة وأهمية التغير في المنظمات من خلال التكامل ما بين الرئيس والمرؤوسة تجبر المرؤوس على القيام بأداء عمله.

4- أهتم هذا الإتجاه بفرق العمل دون النظر إلى الأقسام الأخرى في المنظمة وأهمية التنسيق فيها .

5- أهمية المشاركة في اتخاذ القرارات.

2) اتجاه الاعتماد: في أواخر الستينات وأوائل السبعينات من القرن العشرين ظهر اتجاهاً آخر سمي باتجاه الاعتماد، حيث حاول هذا الاتجاه تقديم الحلول لبعض المشكلات الإدارية التي لم تعالج مثل التنسيق بين الجماعات المختلفة ويقوم هذا الاتجاه على مقومات أساسية هي:-

1- يقوم على أساس أن الأسلوب الإداري الصحيح يعتمد أساساً على عوامل رئيسية في الموقف التي تواجه الإدارة، وتتضمن:-

أ- الأعمال التي تتصف بالتكرار يتم التخطيط لها مسبقاً.

ب- إجراءات إدارية معينة تتطلب طاعة الفرد.

ج- إجراءات لا يستلزم أداؤها فرق عمل معينة

2- يجب التركيز على أهمية المشاركة والتشاور بين الرئيس والمرؤوس.

2- أن بعض الأعمال تتطلب وجود حوافز قوية تدفع الأفراد إلى القيام بأدائها مع ضرورة وجود تنظيمات معينة تتمشى مع طبيعة هذه الأعمال.

4- يقوم نظام الإتجاه الاعتماد على أن هناك نظماً من الحوافز والإسراف والتقسيمات التنظيمية في المنظمات تكون صالحة فقط باعتمادها على طبيعة الأفراد القائمين بها.

3) اتجاه المجتمع التنظيمي: ظهر اتجاهاً فكرياً متطور سمي (اتجاه المجتمع التنظيمي) وأهم اهتماماته ما يلي:

1- اهتم هذا الإتجاه بالتنظيمات من خلال اللوائح الرسمية وقنوات الاتصال الرسمي والعلاقات بين الأفراد من خلال السلطة الرسمية ونظم الرقابة والجزاء، وذلك دون النظر إلى العلاقات غير الرسمية بين الأفراد.

2- تنحصر اهتمام هذا الإتجاه إلى إطار التنظيمات المعقدة لذا ركز اتجاه المجتمع التنظيمي على معالجة مشكلة المركزية واللامركزية ومشكلة العلاقة بين السلطتين الاستشارية والتنفيذية.

3- بحث هذا الاتجاه في أثر كل من التقدم في وسائل الإنتاج والاختلاف بين البيئات على التنظيم الرسمي في المنظمة.

4) اتجاه النظم: تعتبر هذه النظرية من أحداث النظريات في عالم الإدارة، يتكون من نظم مفتوحة يتفاعل مع الوحدات الأخرى في المجتمع، فيأخذ منها ويعطيها ويتبادل معها المعلومات والطاقة والمواد والقوى البشرية ويشبه أنصار هذه النظرية المنظمة بالآلة من حيث ترابط أجزائها بعضها ببعض، وتقوم الدراسة التحليلية لواقع المنظمة وفقاً للنظرية النظم مجموعة من العناصر الأساسية وهي:

1- المدخلات Tuput: تشمل دراسة كافة الإمكانيات والطاقات التي تدخل المنظمة من البيئة الاجتماعية والسياسية الخارجية.

2- العملية الإدارية Process: وهي مجموعة من النشاطات التي تتم داخل المنظمة من تخطيط وتنفيذ واتخاذ للقرارات وتعامل الأفراد لتحويل المدخلات إلى مخرجات.

3- المخرجات output : تشمل دراسة كافة ما يخرج من المنظمة من منجزات تتمثل في السلع المنتجة أو الخدمات المقدمة.

4- التغذية العكسية (التغذية الراجعة) Feed back: وتعني كافة عمليات الاتصال

التراجعي المتبادل بين المخرجات والبيئة الخارجية وما تحدثه فيها من آثار إيجابية أو سلبية تحدد وتكيف حجم ونوعية المدخلات.

5- اتجاه المنفعة التنافسية: تعرف على أنها كيفية استطاعة المنظمة أن توجد قيم بشكل أفضل من المنافسين ولفترة طويلة، يجب على المنظمات حتى تنجح على المدى الطويل أن تضع طرائق جديدة لمواجهة منافسيهم الحاليين والمتوقعين. يوجد هناك عدة مصادر تستطيع المنظمة من خلالها تحقيق الميزة التنافسية المستديمة وهي:

(1) القيمة (Valuable) المصادر التي لها قيمة وفائدة للمنظمة.

(2) الندرة (Rare) الندرة تمتلك مصادر لا توجد في المنظمات الأخرى.

(3) غير قابل للتقليد (inimitable) عدم التقليد أي لا يمكن تقليد المصادر.

(4) لا يمكن إبداله (Non substitatable) لا يوجد بديل.

أن الخصائص السابقة الذكر ليست بندرة الأموال والموارد الخام فحسب وإنما بالموارد البشرية وما يمتلكه من قدرات وخبرات.

الاتجاهات الحديثة في السلوك التنظيمي:

تتمثل الاتجاهات الحديثة في السلوك التنظيمي بالجهود الهادفة إلى إيجاد نوع من التكامل، ومن هنا تأتي أهمية دراسة السلوك التنظيمي لأي منظمة في أنها تعتبر جانباً أساسياً لنجاحها لأن جميع المنظمات باختلاف أنواعها لا بد لها من أن تحوي أفراد أو علاقات إنسانية داخلها ولنكون أكثر تحديداً في المعرفة حول السلوك تساعد المنظمة في الأعمال الإدارية التالية:

1) العولمة وأثرها على السلوك: أصبحت العولمة حقيقة نعيش فيها، حيث ترى شركات أجنبية تعمل في بلادنا كما أن شركاتنا تصدر وتستورد من الخارج بل وتعمل في دول أخرى، وعليه فمن السهل أن تجد مديري الشركات الأجنبية يرأسون موظفينا وعمالنا وهناك بعض التطبيقات الهامة الدالة على تأثير العولمة على سلوك الناس داخل المنظمات:

1- عندما يعمل تحت إمرتك عمال أجانب أو تعمل أنت تحت إمرة مدير أجنبي، فعليك أن تعمل أنك ستجد أن عليك فهم سلوك الآخرين بناءاً على خلفياتهم وحضارتهم.

3- عندما تتفاوض مع أجانب لعقد صفقة أعمال معينة، عليك أن تأخذ حذرك وتكون مرناً في سلوكك.

3- عندما تقوم ببعض الأعمال في الخارج مثل التصدير والاستيراد فعليك أن تأخذ في الحسبان سلوك الناس في الخارج الذي تستورد منهم أو تصدر لهم.

4- عند اتخاذ القرارات يجب أن تلاحظ أن نمط اتخاذ القرارات يختلف باختلاف الحضارات.

5- عندما تتصل بأجانب عليك أن تستخدم بجانب لغتهم أنواع أخرى من اللغة الخاصة بالتعبير مثل: الإرشادات ولغة العيون والجسم واليدين في محاولة لتوصيل رسالتك.

2) إدارة الجودة الشاملة: ظهرت كمفهوم حديث للإدارة، يمكن تعريفها: بأنها التركيز على تحقيق رضا المستهلك من خلال النظام المتكامل لكل الأنشطة التي تقوم بها المنظمة والإدارة والأساليب الفنية والتدريب ويتم من خلالها الوصول إلى التطوير المستمر للعمليات التنظيمية بهدف الوصول إلى درجة عالية من جودة المنتج والخدمة. ومن أهم مبادئ إدارة الجودة الشاملة:

1- القيام بالعمل بطريقة صحيحة من أول مرة حتى نحد من الاحتمالات لإعادة العمل مرة آخرى.

2- الاستماع إلى والتعلم من المستهلكين والأفراد.

3- القيام بالتطوير والتحسين المستمر لكل حدث من الأحداث اليومية.

4- بناء فريق العمل والثقة والاحترام المتبادل.

أدى الظهور الشعبي لأنظمة الجودة مثل إدارة الجودة الشاملة والإيزو وإعادة بناء المنظمات إلى ضرورة أحداث تغيرات مستمرة في الأعمال وتوثيقها بدقة، الأمر الذي قد يقاومه العاملين لأنه يفرض عليهم نظام معين، وأن هذا النظام قد يتعرض للتغيير.

3) التنوع: يشير إلى اختلاف الناس في مكان العمل من حيث صفاتهم السكانية: السن، والجنس، والجنسية، والدين، والعرق، والعادات، والتقاليد. يمكن لإدارة المنظمة أن تتداعى هذه الاختلافات بحيث تكون الممارسات الإدارية متوافقة مع

احتياجات كل فئة ويمكن لإدارة المنظمة أن تتبع سياسة واحدة وعلى كل العامين التوافق والتكيف معها.

4) ترتيبات جديدة في العمل: يشير التطور في علم الإدارة في السلوك التنظيمي إلى مرونة عالية من قبل المنظمات في التكيف مع الظروف المحيطة. وهذه الظروف هي:

1- تقليل العمالة Dawnsizing : عندما تلجئ المنظمة إلى ذلك قد يؤدي إلى تدهور في الجوانب النفسية والاجتماعية للعاملين، الأمر الذي يجب علاجه بحكمة أثناء تطبيق مثل هذا النظام.

2- التعاقد مع الغير Outsourcing: تميل بعض المنظمات إلى إلغاء عملياتها الهامشية وشرائها مع الغير، ويؤدي هذا بالتبعية لنفس الآثار السابقة التي تلحقها عملية تقليل العمالة.

3- العمل في المنزل Telewor King: فمن خلال استخدام الإنترنت والهاتف والفاكس يمكن أداء أعمال معينة بالمنزل مثل أعمال الطباعة والسكرتارية وتصميم وتحليل النظم، كما يمكن الانطلاق من المنزل في اتجاه العميل لإجراء عمليات صيانة وإصلاح وبيع دون الحاجة إلى الذهاب إلى المنظمة.

5) السلوك الأخلاقي الحديث: حيث تمارس المنظمات من وقت لآخر سلوك غير أخلاقي، كما تستغني عن بعض عامليها وتستخدم إعلانات قد تكون مظلة وذلك في سعيها إلى أداء أعمالها والربح. وقد تبرر المنظمة ذلك بأن ما تقوم به عملي لا يؤدي إلى إزاء الآخرين، أو أن نتائجه الإيجابية تفوق إلى السلبيات.

وعلى هذا يجب الالتزام بقواعد أخلاقية للمنظمة بشكل يشير إلى احترامها للمجتمع والبيئة والمستهلكين والعاملين من حولها.

الجدول (5)

من أبرز رواد السلوك التنظيمي والفترة التي وجدوا فيها

| الباحث (الرواد) | السنة |
|---|---|
| - Adam smith | 1776 |
| -Charles babbage | 1832 |
| -Robert owen | 1789 |
| -Ferderick Taylor | 1911 |
| -Henri Fayol | 1916 |
| -Max Weber | 1947 |
| -Mary Follett | 1930 |
| -Chester barnard | 1927 |
| -The Birth of the resonnel office | 1900 |
| -The Birth ot the industrial psychology | 1913 |
| -The Magna carta of Labor | 1935 |
| -The Hawthorne studies | 1924 |
| -Dale carnegie | 1930 |
| -Abraham Maslow | 1954 |
| -Doygles Mr Gregor | 1960 |
| -B.F .skinner | 1953 |
| -David Mcclelland | 1961 |
| -Fiedler Fred | 1967 |
| -Frederick Herzberg | 1959 |
| -Richard hachman Greg oldham | 1975 |

هوامش الفصل الحادي عشر

1) العميان، محمود سلمان، (2004)، السلوك التنظيمي في منظمات الأعمال، (ط2)، دار وائل للنشر والتوزيع، عمان - الأردن.

2) القريوتي، محمد قاسم، (2000)، السلوك التنظيمي: دراسة للسلوك الإنساني الفردي والجماعي في المنظمات المختلفة، (ط3). دار الشروق للنشر والتوزيع، عمان - الأردن.

3) حسن، رواية، (2004)، السلوك التنظيمي المعاصر، الدار الجامعية، القاهرة.

4) ماهر، أحمد، (2003)، السلوك التنظيمي، مدخل بناء المهارات . الدار الجامعية. القاهرة.

(1Gaiden, Gerald E., (1982) Public administratiaon second edm, by palisodes publisher, califoials, USA.

(2Robbins, P.stepten, (1992). Essentials of Organizationd Behavior. 3th Ed., New Jersey: prentice ذ Hall, Inc.

(3Robbin, p.stepten, (2003) . Essentials of organizationd Behavior.Rd.Ed., New Jersey: prentice ذ Hall,Inc.

(4Daft, Richard L., & None , Raymond. (2001) . organization Behavior, Harcot College publishers. USA.

(5http://www.Cba.edu.Kw/tuhaih/oblect/obdev.htm.

# 12

**الفصل الثاني عشر**
**النظريات الحديثة للتنمية الإدارية**

الخصائص العامة للنظريات الحديثة للتنمية الإدارية.

مبادئ النظريات الحديثة .

أهداف النظريات الحديثة للتنمية .

أهم النظرية الحديثة للتنمية الإدارية.

أولاً : نظريات التخطيط الشامل للتنمية .

ثانياً : نظرية التخطيط الجزئي للتنمية الإدارية.

ثالثاً : نظرية التنمية الإدارية الغير مخططة .

رابعاً : نظرية التنمية الإدارية الغير مخططة.

خامساً : تطبيق نظرية النظم في التنمية الإدارية.

سادساً : تطبيق النظرية الموقفية في التنمية الإدارية.

الخصائص العامة للنظريات الحديثة للتنمية الإدارية

1- دراسة السلوك الإنساني في الأجهزة الإدارية والتركيز على المورد البشري باعتباره أحد المحددات الرئيسية لثقافة المنظمات وتنميتها، فالقيم هي من مؤثرات التنمية الإدارية ومحدداتها الأساسية.

2- دراسة العمليات الداخلية وأوجه التفاعل بين أعضاء الأجهزة الإدارية ودراسة عمليات اتخاذ القرارات والمراحل التي يمر بها هذا القرار باعتبارها تشكل إحدى الدعامات الإستراتيجية الهامة في كيان الجهاز الإدراي.

3- الاهتمام بدراسة عمليات القيادة والاتصالات واعتبارها من المؤشرات الأساسية المحددة لنشاط الجهاز الإداري وكفاءته.

4- التركيز على دراسة أثر الدوافع الإنسانية والبحث في تنوع الحوافز المناسبة لتحفيز أعضاء الجهاز الإداري على بذلك جهد وتحقيق أهداف الجهاز.

5- الإعتراف بأهمية التنظيم غير الرسمي وأثره في كفاءة الجهاز الإداري.

6- نظرت على الأجهزة الإدارية على أنها نظم مفتوحة تتأثر بالبيئة المحيطة بها فالجهاز الإداري من وجهة النظريات الحديثة مؤسسة اجتماعية تؤثر وتتأثر بالبيئة الاجتماعية المحيطة بها.

7- النظر إلى المراكز والأدوار داخل منظمات الجهاز الإداري على أنها تتسم بنوع من المرونة ، حيث تعتبر شرطاً ضرورياً لتحقيق التلاؤم المطلوب بين أوضاع الجهاز الإداري من جهة وبين التغير الذي قد يطرأ على وسائل العمل وطرقه أو السياسات الإدارية المعمول بها من ناحية أخرى.

> مبادئ النظريات الحديثة:

تتلخص مبادئ النظريات الحديثة بما يلي:

1- أن إنجاز العمل هو حصيلة الدافع والمقدرة.

2- دوافع العمل متعددة وحاجات الأفراد متعددة لذلك يجب توجيه الدوافع لمقابلة الحاجات.

3- إن الإنسان كيان اجتماعي وليس كياناً اقتصادياً صرفا لذلك يجب النظر إليه على أساس ذلك.

4- إن الإنسان عضو في جماعة لها تأثيرها وضوابطها التي تحدد الأهداف التي يتفاعل فيها أعضاؤها معاً ومع الجماعة وغيرها من الجماعات.

5- إن الإشراف الفعال يبني الثقة بين الرئيس والمرؤوسين ولا يكفي أن يتمتع الرئيس بسمات قيادية معينة كالإخلاص والعدالة والاعتدال بالنفس والحزم وإنما لا بد أن يراه مرؤوسوه كذلك.

6- أن وجود العاملين معاً وخضوعهم للظروف البيئية والاجتماعية والنفسية والمادية نفسها يجعلهم يكونون فيما بينهم جماعات غير رسمية تتعدى حدود العلاقات الرسمية التي تقوم بينهم.

أهداف النظريات الحديثة للتنمية:

تهدف النظريات الحديثة للتنمية الإدارية إلى تحقيق ما يلي:

< تهيئة وإعداد الجهاز الإداري لتحقيق أهداف جديدة تتمثل في أهداف الخطة التنموية الشاملة لبرامج التنمية الاقتصادية والاجتماعية.

< رفع كفاءة وفعالية الجهاز الإداري عن طريق معالجة أسباب التخلف الإداري.

وعلى هذا تمثل خطة التنمية الإدارية الأنشطة والعمليات المستخدمة لإستثمار الموارد البشرية والمادية المتاحة بطرائق علمية في ضوء محددات ومعطيات الظروف البيئية المحيطة سواء أكانت سياسية أو اجتماعية أو اقتصادية أو قانونية حيث يتم من خلالها تحقيق الأهداف العامة المتمثلة في توفير السلع والخدمات من حيث الكم والنوع من الجهاز الإداري للدولة بعد إحداث التغيرات والتطورات المناسبة في الأنماط والضوابط السلوكية التي يتضمنها أي أن خطة التنمية الإدارية في ظل هذه النظريـــات تتضمن العناصر التالية:

1- تخطيط وتنمية الموارد البشرية.

2- تحليل الهيكل التنظيمي والتغيرات المستهدفة.

3- التنظيم وطرق العمل.

4- البيئة المحيطة.

حيث يتم بحث وتحليل هذه العناصر بما يخدم أهداف خطة التنمية الإدارية والسعي لتحقيقها في الوقت المناسب.

تتضمن النظرية الحديثة للتنمية الإدارية ما يلي:

1- نظرية التخطيط الشامل للتنمية الإدارية:

يعرف التخطيط الشامل للتنمية الإدارية: على أنه التخطيط الكلي الهادف لجعل الجهاز الإداري قادر على إنتاج السلع والخدمات كما ونوعا وتوزيعها وفق معايير محددة.

ويقوم التخطيط الشامل على وضع خطة شاملة للتنمية الإدارية تكون قادرة على الوفاء بمتطلبات الجمهور من السلع والخدمات خلال فترة زمنية معينة من الأخذ بعين الاعتبار التغيرات والظروف التي تصيب الدولة.

ويهدف التخطيط الشامل لجعل الجهاز الإداري متكاملاً متجانساً ومتوازناً يتفق في شموليته مع الخطة القومية التنموية الشاملة وهو يستند على نظرية النظم حيث ينظر إلى التخطيط الشامل للجهاز الإداري على أنه يمثل نظاما مفتوحا يتألف من عدة أجزاء تمثل عناصر النظام ومع ذلك فإننا سنخصص لنظرية النظم فقرة مستقلة نشرحها فيها لاحقاً.

مرتكزات التخطيط الشامل:

يرتكز التخطيط الشامل للتنمية الإدارية على المفاهيم التالية:

1- شمولية التخطيط للتنمية الإدارية بحيث يغطي جميع القطاعات للجهاز الإداري في الدولة.

2- تحديد فترة زمنية معينة للخطة يمكن من خلالها إحداث عمليات التغيير والتطوير.

3- دقة ووضوح أهداف خطة التنمية الإدارية والقدرة على ترجمة هذه الاهداف إلى متطبات عامة من السلع والخدمات.

4- دقة البيانات والمعلومات اللازمة لدراسة وتحديد الموارد البشرية والمادية المتاحة.

5- رسم سياسة علمية تعتمد الأسس الموضوعية في استثمار الموارد البشرية والمادية وفق منهج شامل ومتكامل لعمليات التغيير والتطوير.

6- أن شمولية الاتجاه والمنهج العلمي لعمليات التغيير والتطوير تقوم على أساس أن الجهاز الإداري للدولة يعتبر نظاما عاما مفتوحا يقوم على تكامل وتفاعل أجزائه فيما بينها من جهة ومع البيئة المحيطة من جهة أخرى.

مزايا التخطيط الشامل:

يحقق التخطيط الشامل للتنمية الإدارية المزايا التالية:

1- خلق جهاز إداري كفء وفعال لأن عمليات التغيير والتطوير تنصب على جميع عناصره ومكوناته بشكل متوازن.

2- اتباع أسلوب التخطيط الإداري الشامل لكون الجهاز الإداري هو أداة الدولة في تحقيق أهدافها التنموية وتكامل وشمولية هذه الأهداف.

3- التكامل والتفاعل بين عناصر الجهاز الإداري والبيئة المحيطة بها وتطوير هذه العناصر أيضاً.

4- مركزية التخطيط الشامل وأنشطة التطوير والتنمية ضرورية تخطيطية هامة في ظل وجود تنفيذ لا مركزي لها.

عيوب التخطيط الشامل:

يؤخذ على التخطيط الشامل للتنمية الإدارية العيوب التالية:

1. يرى بعضهم أن الخطة الشاملة لا تحقق نتائج واضحة وملموسة وهذا ما يؤدي إلى الإخلال بالثقة مع الآخرين.

2. صعوبة تحديد الأهداف المحددة بشكل كامل.

3. صعوبة الحصول على البيانات والمعلومات الدقيقة.

4. صعوبة الحصول على الكفاءات والخبرات الفنية اللازمة لعملية التخطيط والتنفيذ.

5. الصعوبات الناتجة عن مقاومة التغيير والتطوير نظراً لسعة التطوير وشموليته.

طرق التغلب على عيوب التخطيط الشامل:

يمكن التغلب على عيوب التخطيط الشامل من خلال اتباع الطرق التالية:

1. القدرة على تحقيق أهداف واضحة وموضوعية وقابلة لتحقيق.

2. انسجام واتفاق الأهداف البيئة المحيطة بالجهاز الإداري.

3. الاستقبال والتفاعل مع البيئة المحيطة بالجهاز الإداري.

4. توفير نظام للمعلومات والاتصالات يساعد على توفير البيانات والمعلومات الدقيقة اللازمة للتخطيط الشامل وفي الوقت المناسب أيضاً

2- نظرية التخطيط الجزئي للتنمية الإدارية:

منظور التخطيط الجزئي للتنمية الإدارية:

يمثل التخطيط الجزئي العمليات والأنشطة لإحداث التغيير والتطوير في الأنماط والضوابط السلوكية لقطاع معين من قطاعات الأجهزة الإداري في الدولة بحيث يكون قادرا على تقديم السلع والخدمات المطلوبة كما ونوعا ضمن فترة زمنية محددة في ظل الظروف البيئية المحيطة.

وعلى هذا فإن الأنشطة والعمليات التي تمثل التخطيط الجزئي يمكن أن تكون مجموعة من الخطط الجزئية لقطاعات أو منظمات الجهاز الإداري ضمن البرامج المتعددة والمتنوعة لخطة التنمية القومية للدولة ويتم تنفيذها بواسطة وحداتها وأقسامها الإدارية، كذلك فإن التخطيط الجزئي للتنمية الإدارية يتم في فترات زمنية قصيرة مقارنة مع التخطيط الشامل لها.

وعلى هذا يتميز التخطيط الجزئي بقصر فتراته ومحدودية نطاقه وهو أقل كلفة من التخطيط الشامل وأقل مقاومة للتغيير ويتفق مع الأولويات في الإصلاح.

مزايا التخطيط الجزئي:

يحقق التخطيط الجزئي للتنمية الإدارية المزايا التالية:

1. سهولة تحديد أهداف التنمية الإدارية.

2. تخفيض التكاليف من الناحية المادية والفنية وتحقيق النتائج بأقصر وقت ممكن .

3. تصحيح الأخطاء والانحرافات بشكل أدق من التخطيط الشامل.

4. إعطاء عناية خاصة لكل مشروع ومنظمة وفقا لما تتطلبه ظروف العمل.

عيوب التخطيطي الجزئي:

1. أن التخطيط الجزئي يؤدي إلى تطوير غير متكامل ومشوش للجهاز الإداري.

2. غياب التنسيق والتكامل بين جهود التخطيط الجزئي الذي يؤدي إلى الازدواجية والتناقض بين ا لنشاطات والنتائج.

3. عدم شمولية هذا النوع من التخطيط لجميع عناصر ومكونات الجهاز الإداري مما يجعل أنشطة وعمليات التنمية الإدارية تتسم بالضعف والقصور.

طرق التغلب على عيوب التخطيط الجزئي:

1- توفير سلع وخدمات ذات نوعية جيدة وكمية مناسبة.

2- اقامة جهاز إداري كفء يقوم لإنتاج هذه السلع والخدمات وفق معايير موضوعية .

3- توفير الوقت واستثماره بالشكل الصحيح في تخطيط التنمية الإدارية.

3- نظرية التنمية الإدارية المخططة:

تقوم نظرية التنمية الإدارية المخططة على الأسلوب الذي أنتهجته الدولة الإشتراكية في تخطيطها للتنمية الإدارية، ويقوم على:

1. التخطيط المسبق لتطوير.

2. تنمية الجهاز الإداري من جهة مركزية تتولى عملية التخطيط.

ومن المبادئ الأساسية الواجب الالتزام بها في هذا النوع من التخطيط ما يلي:

1) الطابع العلمي للخطة.

2) شمول الخطة.

3) المركزية الديموقراطية.

4) الطابع الإلزامي للخطة.

5) تناسق الخطة.

6) المرونة.

7) اتصال التخطيط القومي.

5- نظرية التنمية الإدارية الغير مخططة:

تقوم نظرية التنمية الإدارية غير المخططة على إدخال تغييرات على الجهاز الإداري للدولة بصورة تدريجية وبفترات زمنية متقطعة وفقاً لما تمليه المتطلبات الأساسية للجهاز الإداري. وقد أثبتت التجارب العلمية محدودية هذا الإتجاه لا سيما في الدولة الأخذة بالنمو حيث تحتاج إلى برامج وخطط شاملة للتغير وتطوير أجهزتها المختلفة.

5- تطبيق نظرية النظم في التنمية الإدارية:

تقوم نظرية النظم على فكرة أن المنظمات يمكن تصورها كنظم والنظام هو مجموعة من الأجزاء المترابطة التي تعمل مجموعة في سبيل الأهداف العامة للجهاز الإداري ومنظماته. وفي الواقع يمكن أن يطبق مدخل النظم على الأجهزة الإدارية في الدولة ويمكن أن ينظر إلى الجهاز الإداري على أنه نظام مفتوح يعمل بتفاعل مستمر مع بيئته على الرغم من أن هذا التفاعل يحتاج إلى مدخلات جديدة وتعلم كيفية استخدامها لإنتاج مخرجات الجهاز وتعلم كيفية الاستفادة القصوى من العناصر الخارجية الهامة المتنوعة.

المكونات الرئيسية للنظام:

تقسم المكونات الرئيسية للنظام إلى ما يلي:

1 المدخلات: وهي الموارد البشرية والمادية والمعلوماتية والتجهيزات المطلوبة لإنتاج السلع وتقديم الخدمات وهذه المدخلات هي بمنزلة الأسباب التي تحرك النظام وتنتقل به من مستوى معين للسلوك إلى مستوى أخر وقد يتوالى ورود المدخلات إلى النظام في تدفق مستمر أو في تدفقات متقطعة، والمصدر الأساسي للمدخلات في أي نظام هو البيئة المحيطة.

2- عمليات التحويل: وتمثل القدرات التكنولوجية والإدارية التي تطبق لتحويل المدخلات إلى مخرجات ويتوقف نجاح النظام بدرجة كبيرة على كفاءة العمليات والأنشطة الجارية به وقدرتها على استيعاب المدخلات المتاحة والاستفادة منها إلى الدرجة الملائمة مع طبيعة النتائج المستهدفة .

3- المخرجات: وهي السلع والخدمات الأخرى المنتجة في المنظمة، وهذه المخرجات تعود إلى المجتمع في شكل سلع أو خدمات أو تغييرات مخططة في الأفراد لإشباع رغبات اجتماعية أو اقتصادية أو سياسية محددة.

5- التغذية العكسية: وتمثل المعلومات المستخلصة من النتائج والوضع التنظيمي المرتبط بالبيئة.

فوائد نظرية النظم:

تحقق نظرية النظم للأجهزة الإدارية الفوائد التالية:

1- امكانية تحليل النظم في المستويات المختلفة لهذه الأجهزة.

2- تقديم دراسة هيكلية للكيفية التي تتفاعل من خلالها الأجزاء المتنوعة للأجهزة الإدارية بهدف تحقيق الأهداف العامة.

3- التأكيد على أن التغيير هو أحد أجزاء النظام وهو يتأثر بالأجزاء الأخرى في الجهاز الإداري.

4- إجبار المديرين على النظر إلى الجهاز الإداري باعتباره كلا متكاملاً.

5- أن مدخل النظم يساعد الأجهزة الإدارية في عملية التفاعل مع بيئتها.

دور تحليل النظم في التنمية الإدارية:

يعد تحليل النظم الدراسة الشاملة والمتكاملة للنظام إذ يساهم إلى درجة كبيرة في تحقيق ومساندة التنمية الإدارية من خلال النقاط التالية:

1. أن تحليل النظم يعتمد على أنواع متعددة من الخبراء والمعارف التي تتطلب العمل الجماعي ضمن فروق ودوائر، تساهم في دراسة وتحليل نظم محددة ومحاولة الوصل إلى حقيقة المشكلات ومقومات التطوير والتنمية.

2. من الممكن تكوين نموذج يمثل النظام الذي تجري دراسته كما هو الحال في تكوين وإنشاء نظام للتنمية الإدارية.

3. إمكانية المقارنة بين التكاليف والعوائد والقيام بعملية قياس المخرجات بالنسبة للمدخلات فكلما كان هذا القياس ناجحا دل ذلك على كفاءة النظم الإدارية والإنتاجية.

4. الآخذ بعين الاعتبار البيئة المحيطة وما تشمل عليه من متغيرات تجعل القدرة على التأكد من نتائج العمل محدودة.

ومن الفوائد التي يحققها تحليل النظم في مجال التنمية الإدارية:

أ- استثمار أفضل الإمكانات المادية والبشرية.

ب- الحصول على إجراءات عمل أكثر كفاءة وفعالية.

ج- الحصول على أفضل طرق الرقابة.

د- تحقيق أفضل طرق الأداء.

هـ- تقليل الإسراف والضياع وفقدان الموارد والوقت.

> إن التطورات التكنولوجية المعاصرة وما تتركه من أثار على عملية التنمية الشاملة وما تلقي من أعباء كبيرة على الدول يجعل من عمليات تحديث وتطوير الجهاز الإداري للدولة والهياكل التنظيمية فيها عملية أساسية بسبب تخلف الجهاز الإداري عن ملاءمة طبيعة الأعمال والاختصاصات المناطة به.

ويتطلب الأمر أيضاً القيام بعملية تحليل الهيكل التنظيمي ودراسة الأنماط والضوابط السلوكية والتنظيمية السائدة في الجهاز الإداري للدولة بهدف تحقيق:

1- توصيف الأعمال والوظائف والإجراءات والتقسيمات التنظيمية وبيان ما يترتب عليها من إنجازات وما تستفيده من موارد.

2- تشخيص الأوضاع التنظيمية وما تتضمنه من ضوابط وأنماط سلوكية وتحديد مواطن القوة والضعف.

3- تصميم التعديلات والتطورات اللازم إدخالها على التنظيم القائم لتحقيق المزيد من الكفاءة والاقتصاد في الأداء.

ويتضمن تحليل التنظيم ما يلي:

1. تحليل الهيكل التنظيمي.

2. تحليل الأعمال والوظائف.

3. تحليل العلاقات التنظيمية.

4. تحليل الطرق والوسائل والإجراءات.

5. تحليل الموارد والإمكانات.

6- تطبيق النظرية الموقفية في التنمية الإدارية:

منظور النظرية الموقفية:

تقتضي النظرية الموقفية بأن الممارسات الإدارية ومهامها وأدوارها المختلفة تتطلب من المديرين الأخذ بعين الاعتبار متطلبات الموقف الذي تمارس فيه هذه الأدوار وما تحتويه من مبادئ وأساليب وطرائق تحكم تطبيقها أو ممارستها.

وتعني النظرية الموقفية باختصار: أن تطبيق مبادئ ونظريات الإدارة يتطلب الأخذ في الاعتبار طبيعة الظروف التي تطبق فيها.

مبررات استخدام النظرية الموقفية في التنمية الإدارية:

إن استخدام النظرية الموقفية في التنمية الإدارية له مبرراته الخاصة ، وقد لقي الاستخدام قبولا لدى كل من مديرين التنمية الإدارية والأكاديميين وتعتبر المفاهيم الأساسية للنظرية الموقفية أمرا معروفا لدراسي التنمية الإدارية ويبرر استخدام النظرية الموقفية في التنمية الإدارية بما يلي:

1- محاولة التعلم من الأخطاء والإنجازات المحققة.

2- معرفة الكيفية التي تم من خلالها استخدامات ترتيبات معينة بشكل عملي في البيئة الاجتماعية والتنظيمية.

3- معرفة مدى إمكانية تصميم هذه الترتيبات ومدى إمكانية نقلها من واقع إلى آخر.

4- الانتقادات الموجهة للإدارة العملية أثرها على التدريب في مجال التنمية الإدارية.

5- استيعاب حالات عدم التجانس والانسجام في الوسائل والطرائق الإدارية المتبعة.

6- تعد النظرية الموقفية هامة لدراسة المشكلات الإداري في الأوضاع والظروف المتغيرة والمشكلات التي تظهر في مواقف معينة.

7- يمكن للنظرية الموقفية أن تقدم حلولا سريعة للأزمات والحيلولة دون الاستسلام لها.

متطلبات تطبيق النظرية الموقفية للتنمية الإدارية:

يتطلب تطبيق النظرية الموقفية للتنمية الإدارية المتطلبات التالية:

1. تفترض الإدارة الموقفية وجود العديد من المفاهيم الفعالة وتدرك أن معايير الفعالية قد تتعارض فيما بينها البعض أحيانا.

2. لا تركز الإدارة الموقفية فقط على الهياكل والعمليات، ولكنها تركز أيضاً على البيئة ومتطلباتها فهي تعتبر الهياكل الداخلية وسائل للتفوق مع البيئة.

3. تعتبر التكنولوجيا وفقا للإدارة الموقفية أحد معايير الفعالية بينما يعتبر دور التكنولوجيا في تأثيرها على السلوك وقدرة المنظمة على مواجهة التحديات والبيئة.

4. ينصب التركيز على في الإدارة الموقفية على كل من الهياكل الرسمية وغير الرسمية في تأثيرها على السلوك وقدرة المنظمة على مواجهة التحديات والبيئة

5. تسعى الإدارة الموقفية إلى مزج طرق العلاج العامة غير المرتبطة بموقف عين مع تلك التي تعمل في إطار سياق محدد.

6. إن القيمة السائدة في الإدارة الموقفية ليست الرقابة الإدارية ولكنها التكيف مع الغير.

7. تعتبر الإدارة الموقفية مدخلا عاما يسعى لمزج النظريات الجامدة مع النظريات الحركية المتغيرة.

نظام عمل الإدارة الموقفية في التنمية الإدارية:

تهتم الإدارة الموقفية بالأبعاد البيئية وحدود السياق، فالحدود السياقية هي التي تضمن ألا تكون الإدارة علمية فقط.

فالمداخل العلمية للإدارة قد تفشل وقد يتم التعامل مع الحدود السياقية من خلال الوعي أي من خلال التعلم التنظيمي والفهم المنطقي والحكم الجيد، فلا يوجد سبب لتوقع أن المدير المحترف بغض النظر عن مدى جودة تدريبه أن قدرته ستكون أكبر أو أقل من أي فرد آخر بتساوي معه في درجة الذكاء والإدراك فيما يتعلق بفهم وحساب أكثر العوامل السياقية وببساطة يعتبر فهم العوامل السياقية الجزء الفني في الإدارة بصفة عامة، وفي التنمية الإدارية بصفة خاصة.

ويتضح لنا مما سبق ما يلي:

1) أن المهمة الأولية لتدخل التنمية الإدارية هي دعم طاقة المنظمة ويمكن تحقيق هذا باستخدام العديد من الطرق مثل:

1. التصميم التنظيمي.

2. التطوير التنظيمي.

3. المساعدة التكنولوجية.

4. توفير المعلومات التنظيمية.

5. التدريب الإداري.

6. دعم القرار.

7. تحليل الكفاءة الفنية.

2) إن جهاز التنمية الإدارية لا يملي إستراتيجية المنظمة أو يشكلها ولكنه يقوم بذلك من خلال:

1- تشجيع المنظمة بالإفصاح عن استراتيجيتها.

2- فهم كيفية دعم تدخل التنمية الإدارية للإستراتيجية والقدرات التنظيمية.

3) يجري جهاز التنمية الإدارية دراسات لمعرفة آثاره الموقفية سواء تلك المتعلقة:

1- الأبعاد البيئية.

2- المشتقة من الحدود الموقفية.

ومن ثم يفصل تدخلاته تفصيلا للتلاءم مع تلك الموقف.

4) أن جهاز التنمية الإدارية يعتبر أداء للتعلم والمعلومات التي يجمعها بشأن البيئة وأثر نشاطات المنظمة على البيئة يجب أن تؤثر بشكل مباشر على تدخلات.

وحتى إذا عمل جهاز التنمية الإدارية في ظل افتراضات الإدارة الموقفية فإن النجاح غير مضمون ولكن يجب أن يكون بالإمكان معالجة العديد من مجالات الفشل السائدة في أنشطة التنمية الإدارية والتي تتضمن ضيق مجالات التركيز وعدم وضوح العلاقة بين أنشطة المنظمة ورسالتها الكلية وإستراتيجيتها والاتجاه نحو توفير وصفات جاهزة الأعداد للمشكلات الإدارية.

خلاصة القول:

أن نظريات التنمية الإدارية لم تتبلور وفق الأسس العلمية إلا بعد فترة زمنية حيث اتسمت كل فترة منها بنظريات وأفكار علمية تعالج الظواهر الاقتصادية والاجتماعية وفق معطيات ومحددات البيئة المحيطة.

ومن هنا جاءت فكرة تقسيم النظريات المرتبطة بالتنمية الإدارية المخططة والغير مخططة وتطبيقات كل من نظرية النظم والنظرية الموقفية في نطاق أعمال التنمية الإدارية، وفي هذا الفصل حاولنا جاهدين توضيح وتفسير النظريات المرتبطة بالتنمية الإدارية من جوانبها كافة ضمن إطار تحليلي يبغي الأهداف التي تنشدها التنمية الإدارية.

هوامش الفصل الثاني عشر:

1) حنفي، عبد الغفار، (1992)، تنظيم وإدارة الأعمال، الدار الجامعية، بيروت - لبنان.

2) الخوري ، هاني شحادة، (1998)، تكنولوجيا المعلومات على أعتاب القرن الحادي والعشرين، (ط1)، دار الرضا للنشر والتوزيع . دمشق.

3) الصرف، رعد حسن، (2002)، صناعة التنمية الإدارية في القرن الحادي والعشرين، (ط1) ، دار الرضا للنشر والتوزيع، دمشق.

4) اللوزي، موسى، (2002)، التنمية الإدارية، (ط2)، دار وائل للنشر والتوزيع، عمان - الأردن.

5) العواملة، نائل، (1997)، إدارة التنمية وتطبيقاتها، دار وائل للنشر والتوزيع، عمان - الأردن.


(2AL Buraet, Muhammad, (1985).A dministrative Development An Islmic Presped ive, Boston, Sydney & henley , London.

(3AL saigh , Nassir, (1986) . Administrative Reform in the arab world: Readinges . Amman.

# 13

## الفصل الثالث عشر

## العولمة

مفهوم العولمة

جوانب العولمة

أولاً : الجانب السياسي للعولمة .

ثانياً : الجانب الاقتصادي للعولمة .

ثالثا : الجانب الاجتماعي للعولمة .

رابعاً : الجانب الثقافي للعولمة .

خامساً : الجانب القانوني للعولمة.

سادساً : الجانب التكنولوجي للعولمة.

سابعاً : الجانب الإنساني للعولمة .

الإسلام وتحديات العولمة .

أولويات الإستراتيجية الأمريكية في القرن الحادي والعشرين .

العولمه

مفهوم العولمة Globalization

هي حرية حركة السلع والخدمات والأفكار وتبادلها الفوري دون حواجز أو حدود بين الدول، وهي حرية شاملة مثل حرية نقل وتوظيف واستثمار جميع عوامل الإنتاج من : أيدي عاملة/ رأس المال/ إدارة/ تكنولوجيا/ أرض أو موارد أرضية قابلة للاستثمار والاستغلال.

أو هي ظهور حقوق الإنسان باعتباره إنسان له الحق في الحياة الكريمة بعيداً عن كل صفوف الإكراه والقهر والاستغلال والضغط والعذاب والتعذيب، وحقه في الحياة الجيدة التي تتضمن إنسان فاعل مع الكون، وحر يستمتع بحريته ويمارسها بدون قيود، وإنسان مبدع خلاق ومبتكر، وإنسان مثقف وكامل الوعي.

تعتبر العولمة ظاهرة لها العديد من الجوانب الارتكازية ذات الطابع المميز الذي يجعلها كظاهرة وكتيار تكتسب صفات خاصة مميزة تؤتي أثرها وتفرض سطوتها وفعلها في مواقع وجوانب كثيرة.

وفيما يلي عرض موجز لأهم الجوانب العولمية:-

1- الجانب السياسي للعولمة: يعتبر جانب الحرية الديمقراطية، وهو نموذجاً ثمنياً غالياً من دماء شعوب العالم ولا تزال تدفع كل يوم ضريبة دم جديدة من أجل احقاقها. أن الديمقراطية الحرة لم تعد مجرد شعارات زائفة يمكن تطبيقها بل أصبحت حتمية فرضية من حتميات الحياة الحرة الكرمية، ومعها أخذت قلاع الظلم والطغيان والجبروت، يعتبر العولمة تيار يدخل عالمنا الجديد عالم تتجاوز مساحته الحدود السياسية التقليدية لدول العالم إلى العالم كله بذاته الكونية شديد الاتساع. لقد بدأت حرب العولمة الحرب العالمية الثالثة بدون طلقة مدفع واحدة، بدأت بانهيار بدلين وإلى انتهاء ألمانية الديمقراطية الشرقية. حيث تفككت الدولة وأنهار النظام.

أن الجانب السياسي للعولمة قائم على الحرية، أي حرية الفكر والعقيدة وحرية الاختيار

وحرية التمثيل والانتحاب وحرية إتاحة المعلومات والبيانات وعدم الحسنة مع الشعوب وعدم المتاجرة بالمبادئ والقيم وعدم استخدام الشعارات الزائفة وعدم استخدام رؤساء من المجرمين والشواذ وعدم المتاجرة بالشرف وبكل شيء.

2- الجانب الاقتصادي للعولمة: اتخذت العولمة هنا شكل تيار متصاعد هادر من أحدى فتح الأسواق وانفتاح كل دول العالم على بعضها البعض, وحصل وقوع العالم الثالث ضحية ازدواجية انفصالية شاذة ما بين رغبة في تحقيق الانفتاح الاقتصادي وما بين غريزة الديكتاتورية المتسلطة سياسياً واقتصادياً مما افرز عليها (اقتصاديات الفقاعة) أن تعاظم الدور الذي تلعبه المزايا التنافسية في تغيير مفهوم التقدم وفي آليات تحقيقه قد جعل العولمة في جانبها الاقتصادي تستند إلى:-

1) حركة اندماج وتكتل اقتصادي غير مسبوقة.

2) تقديم منتجات جديدة واسعة الاستخدام يتم إنتاجها بأحجام اقتصادية.

3) استخدام نظم تسويق فورية الإتاحة على جميع المستويات.

4) استخدام وسائل دفع ونظم لتمويل انكشافية الطابع.

5) استخدام نظم استثمار في البشر فعالة.

لقد تم إزالة العديد من الحواجز الفاصلة بين الشعوب : حواجز القومية/ حواجز الطبقات/ حواجز اللغة/ حواجز اللون/ حواجز الحبس.. وأصبح الطريق ممهداً لإنشاء سوق عالمية واحدة.

3- الجانب الاجتماعي للعولمة : ان العالم في تطور وتحويل بفعل ظاهرة العولمة نتيجة إلى كونية جديدة كونية تفوق الأنماط الاجتماعية التي عرفها العالم من قبل كونية تدفع إليها قوى حيوية وأثاره ذات طابع وجوانب متعددة. اقتصادية التكنولوجيا / بيئة دائمة التطور/ ودائمة التوسع. هذا التطورات رافقت حدوث تحول فعال وملموس من الناحية الاجتماعية فقد حدث نوع جديد من الحراك الاجتماعي وإلى تجمعات دولية وقومية لونية وإقليمية. لقد دفع كله تيار العولمة إلى إحداث وإيجاد مرحلة عدم استقرار مرحلة خلخلة اجتماعية واسعة ومرحلة إعادة تهيئة وتكييف وترسيه قواعد دائمة وثابتة وقوي.

4- الجانب الثقافي للعولمة: تمثل العولمة تحدياً ثقافياً غير مسبوق وذو طابع ارتقائي خاص قائم على الاجتياح الثقافي. وقد تم هذه الاجتياح على ثلاثة مراحل:

المرحلة الأولى: تفقد الدول الصغيرة خصوصية ثقافتها تحت ضغط الاجتياح الثقافي العالمي.

المرحلة الثانية: حدوث انقسام وتفكك والتشرد الداخلي وظهور الشروح والصدع الثقافي والحضاري وظهور الثقافة الوطنية في صورة باهتة.

المرحلة الثالث: ظهور روابط وجور وأدوات تحليلية مهمتها الرئيسية إيجاد معايير وقيم تعمل كمعاير وجود يتم العبور عليها إلى الثقافة العالمية.

لقد أصبحت ثقافية العولمة ثقافية طليقة ومتفتحة تأخذ من كل الثقافات الأخرى وتتغذى منها وتحصل منها على روافدها تنتقي الأفضل حتى يكون في وسعها أن تستمر وأن تطور نفسها كلما كان هذا ممكناً وكلما كان هذا ضرورياً ومطلوباً.

5- الجانب القانون للعولمة: تؤثر العولمة تأثيراً كبيراً وفعالاً على القوانين والتشريعات من حيث توحيد المجموعات القانونية وتوحيد المفاهيم والمصطلحات القانونية. أن توحيد التشريعات سوف يدفع إلى انتشار الممارسات عبر الحدود سواءٍ كانت هذه الممارسات : اقتصادية/ ثقافية/ اجتماعية / سياسية/ إنسانية كما ساعد على عملية العولمة تزايد الدور المؤسساتي للمؤسسات الدولية. ودور المعاهدات والاتفاقيات الدولة، والاحترام الكامل للقرارات الصادرة عنها.

6- الجانب التكنولوجي للعولمة: أن العولمة تلغي حدود الدول وتقييم مجتمعاً كونياً متصلاً بدون فواصل زمنية وجغرافية، وقامت العولمة على سلسلة من العمليات التكنولوجيا التي تتم بهدف تحرير الأسواق أو تمكين الملكية الخاصة للأصول تهميش وتكميش سيطرة، الدولة البيروقراطية على النشاط الاقتصادي. وهناك دور للتكنولوجيا في زيادة قدرة المشروعات على التعلم منها:-

(1) حث ودفع التكنولوجيا على الابتكار.

(2) سوق مفتوح متعطش دائماً إلى المنتج المتبكر.

(3) تقسيم عم على النطاق الدولي للمنتجات.

(4) تحقيق قدرة هائلة على التعولم في كافة المجالات.

(5) عولمة تكنولوجية متجددة وذات طبيعة ابتكاريه.

من هنا فإن برامج الرعاية الصحية والاجتماعية والثقافية والإنسانية بشكل عام والتوسع فيها يزداد وتتسع في إطار تيار العولمة. ويركز العولمة على أنها مجموعة من العمليات والأنشطة التي تمارس للوصول بالعالم إلى الوحدة الكونية وهو ما يرتكز على الجانب الإنساني للعولمة. لقد تصاعدت في السنوات الأخيرة خطورة قضية التفاوت الصارخ بين البشر بين الأغنياء والفقراء، ونجم عنها اشتداد التوتر والقلق وتصاعد العنف والإرهاب والجريمة المنظمة وقد أدى هذا إلى نمو الجريمة لتصبح أكبر النشاطات الاقتصادية ربحية حيث يصل صافي ربحها على ما يزيد عن (500) مليار دولاراً سنوياً، ظهرت هذا الجرائم في كل من دول روسيا، أوكرانيا، كولومبيا/ هونج كونج، ان وجود العولمة سوف يقضي على أسباب التفاوت ويقلل من التوتر ويخلق الجريمة المنظمة ويساعد على الاهتمام بقضايا البيئة وبقضايا العدالة الإنسانية.

الشكل (11)

(جوانب وابعاد مفهوم ظاهرة العولمة)

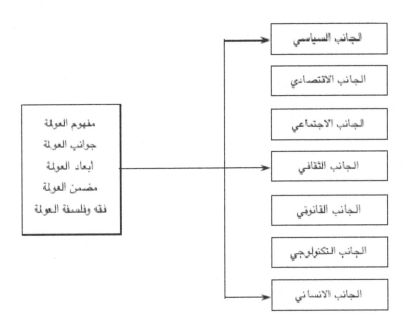

يتضمن الجانب التكنولوجي للعولمة.

تعتبر الثورة العلمية والتقنية هي حصيلة ما توصل إليه المجتمع البشري من إنجازات واكتشافات واستخدام للأدوات والطرق العلمية والمنهجية، والمعرفة المنظمة لابتكارات أدوات ووسائل جديدة متطورة تستهدف تمكين الإنسان من السيطرة المستمرة على الطبقة والكون والاستخدام الأمثل لكل القدرات والإمكانيات الموجودة بسرعة أكبر وجودة أفضل وإنتاج أوفر ولكفة أقل. وبدأ تأثير الثورة العلمية والتقنية يدو وينتشر على العولمة من خلال:

أولاً: ثورة تقنية المعلومات.

تعتبر المادة الرئيسية لتقنية المعلومات هي البيانات والمعلومات والمعارف وإدارتها الأساسية هي الحاسوب وبرامجه التي تستهلك طاقته الحسابية في الحصول على السلوك والخدمات المعلوماتية.

ترافقت ثورة المعلومات مع اختراع الحاسوب واستخدامه بشكل واسع و الحاسوب ظهر لأول مرة علم (1948) حيث شهد تطورات كبيرة جداً في العنصر المادي الأساسي المستخدم في بناء وحدة المعالجة المركزية والذاكرة أي في قدراته وإمكاناته عبر المراحل التالية:-

1) (عام 1948) كان هذه العام كبير الحجم كثير الاستهلاك للطاقة استخدم فيه الصمام الإلكتروني وقدراته محددة غير كافية.

2) (عام 1958) أصبح حجمه أصغر وفاعليته أكبر واستهلاكه للطاقة أقل بكثير من عام (1948).

3) (عام 1964) حدث تطور حذري في حجمه وسعته وقدرته ونوعية المواد المستخدمة فيه ولأول مرة حلت شريحة السيليكون المصنوعة من الرمال مكان وحدات الترانستون والعناصر الإلكترونية الأخرى.

4) (عام (1982) حيث تم استخدام مواد جديدة ووسائل مبتكرة من خلال إيجاد الدارات المتكاملة ذات القدرات الكبيرة جداً.

5) (عام 1990) ومما فوق حيث يسعى مصمموا هذه الفترة إلى تطوير حاسب ذكي قادر على التعامل مع قضايا متعددة بأن واحد مثل التحليل والتركيب والإستنتاج والإستقبال وحل المسائل وبرهنة النظريات وفهم النصوص والترجمة إلى ما غير ذلك العمليات وهنا لا بد من التعرف على تعريف المعلومات والمعرفة.

تعريف المعلومات: هي نتائج معالجة البيانات المتوافرة تحليلاً أو تركيباً للوصول إلى استنتاج ما تضمنته هذه البيانات من علاقات ومؤشرات من خلال تطبيق العمليات الحسابية والطرق الإحصائية والرياضية.

تعريف المعرفة: هي الإطلاع على الوقائع والحقائق عن طريق الدراسة والبحث أو هي حصيلة التفاعل بين المعلومات والخبرة والمدركات الحسية والقدرة على التعامل مع المعلومات والحكم فيها والاستفادة منها في استخلاص مفاهيم ومعطيات جديدة.

أن لتقنيات المعلومات التي وفرتها الشريحة تأثيراً عميقاً على معدل التقدم في جميع العلوم، إذ أن الحسابات التي كانت تستغرق سنوات يمكن القيام بها في دقائق والمعرفة العلمية تتضاعف حالياً كل (18) شهراً تقريباً.

ثانياً: ثورة الاتصالات:

يعتبر إبراز التطورات العالمية للاتصالات هي (القمر الصناعي) التي تربط العالم بشبكة واسعة في مختلفة الظروف بينة تحتية إلكترونية تنقل الأخبار والمال والبيانات إلى أي مكان في العالم بسرعة الضوء، وقد جعلت هذه الأقمار الحدود قابلة للاحتراق كلياً أمام المعلومات.

في عام 1956 تم أول كامل بحري عبر المحيط الأطلسي يربط أوروبا بالولايات المتحدة الأمريكية وكان استخدامه صعباً جداً وكان يستطيع أن ينقل (36) محادثة في الوقت نفسه.

وفي عام 1966 أصبحت طاقته (138) مكالمة بين أوروبا وأمريكيا في وقت واحد وتم استخدام الأقمار الصناعية.

وعام 1976 تم مد كامل بحري متطور استطاعته أربعة آلاف مكالمة في وقت واحد.

وعام 1988 تم مد أول كابل بصري ليفي عبر الأطلسي باستطاعته (40) ألف مكالمة في وقت واحد.

وعام 1990 تم صرف حوالي مليون ونصف المليون من الدارات التي تنقل الصوت بين القارات.

وعام 200 أصبح العالم الآن (2200) قمراً صناعياً والتي تسيطر عليها الشركات الغربية وسيتم زرع (840) قمراً آخر خلال الفترة القادمة من قبل تجميع شركات أوروبية أمريكية بزعامة شركة (تلي ديسك).

وبموازارة تطور تقنية الاتصالات تنمو وتتوسع البنية التحتية للأعلام الشامل سواءٍ من حيث شمولية المكان بإتجاه العالم كله. أو من حيث شمولية المظاهر المختلفة في المجتمع اقتصادية أو سياسية أو ثقافية . وتتضمن البنية التحتية للأعلام ثلاثة قطاعات رئيسية: المواصلات/ وسائل الأعلام/ الحاسبات الإلكترونية.

لذلك يمكن إجمال أبرز التطورات التي أحدثت الثورة العلمية والتقنية التي تؤثر على العولمة في ثلاث مظاهر أساسية هي:

1- إبداعية مثل إبداع طرق الإنتاج الشامل لتلبية طلب إعداد لكبر من المستهلكين في الداخل والخارج.

2- التحسين من تحسين طرق النقل والمواصلات وتطويرها باستمرار لتسهيل نقل اعداد وكميات أكبر من الموارد لمسافات طويلة تشمل جميع أنحاء العالم وتكلفة رخيصة.

3- التطوير مثل تطوير وتحسين وسائل نقل المعلومات ومعالجتها للتحكم في الموارد في أماكن مختلفة من العالم.

4- المعالجة والتخزين الداخلي والخارجي الذي أثر على الإنتاج والتسويق والتمويل والإدارات في الإنتاج واستخدام الإنساني الآلي.

7) الجانب الإنساني للعولمة: حاول البعض أن يطور العولمة على أنها تكرس علاقات السادة بالعبيد، علاقات الاستغلال، والعسف، القهر والتسّلط، فهذا الجانب يتضمن أن العولمة تستهدف أولاً هو الإنسان، حيث تستهدف بتحقيق حريته وتحسين جودة حياته وتنمية معيشة وتعمل على الارتقاء بها جميعها.

الإسلام وتحديات العولمة:

مفهوم العولمة عند الإسلام ومجالاتها: شكل موضوع العولمة في السنوات الخمس عشر الأخيرة محوراً أساسياً لعدد كبير من الندوات والملتقيات الفكرية والثقافية إضافة إلى عشرات المؤلفات والدراسات والأبحاث وكان الاجتماع منعقداً على أن العولمة تمثل تحدياً كبيراً في العصر الحالي بصرف النظر عن الاختلافات في منطلقات المقاربة وزوايا النظر ونقاط التركيز خاصة بالنسبة للبلدان النامية وللشعوب التي تعتبر بقيمها الثقافية والحضارية المستمدة من منابع وفضاءات روحية كونية شمولية كالشعوب الإسلامية.

والعولمة مصطلح جديد في اللغة العربية جاء ترجمة للمصطلح الإنكليزي (Globalzatioms) والفرنسي (Globalisation) من أصل لاتيني واحد للإنكليزية والفرنسية (Glob) الذي عين الكرة الأرضية .

وعموماً لم يظهر المصطلح قبل الستينات من القرن الماضي وكان يصف بداية بشكل حيادي ظواهر أصبحت عالمية بعد أن كانت محلية أو قومية ولكنه اتخذ مضموناً اقتصادياً في الثمانينات وفي التسعينات أصبح مفروضاً في التحليل المالي والاقتصادي وإذا كانت عبارة عولمة قد شاعت في اللغة العربية فهي الأكثر استعمالاً من بين عبارات أخرى لم تلق رواجاً (كوكبة) (عالمية) (شمولية) وجميعها تعني العولمة .

وعلى العموم فإن العولمة عملية معقدة وشاملة تنطوي على مجموعة متشابكة من العناصر المتنوعة الاقتصادية والسياسية والاجتماعية والعسكرية والفكرية والثقافية تتحرك وتؤثر في تحقي العولمة بطريقة متزامنة تقريبا وأن برز أحدها لكن بروزه لا يلغي فعل العناصر الأخرى في حركتها الضمنية.

إن العولمة (صورة) تحصل حالياً بعد أن بدأت منذ حوالي ثلاثة عقود، ومن ثم هي حالة متغيرة بإستمرار ويعيشها البشر فعلياً وهذه الصورة تمليها بشكل أساسي متطلبات ناشئة في ميدان الاقتصاد العالمي. والعولمة بما هي حركة راهنة ومستمرة فهي تسعى إلى إقامة نظام عالمي جديد يحل محل النظام العالمي الذي كان سائداً زمن (الحرب الباردة) وتنطوي على التكامل الصارم في الأسواق وفي الدول والأمم. لكنها من الناحية الثقافية هي انتشار الأمركة وأن كانت الصورة لست شاملة وقد انقسم العالم حول العولمة الليبرالية بين فريق فاعل منها ومناصر مؤيد لها وفريق معارض بأشكال متفاوتة.

ولا تحصل هذه العولمة بمعزل عن إنتاج فكري لتسويقها فمنذ حوالي ثلاثة عقود تقريباً ظهرت الأفكار الأساسية التي تدعم وتبرز العولمة الليبرالية وهي الأفكار التي عرفت باسم الأيدلوجيا الليبرالية وقد باشرت السلطة المالية العالمية والنيوليبرالية يداً بيد عملية العولمة ومن أبرز محاور النيوليبرالية هي.

1) المنافسة.

2) تحرير أسعار السلع.

3) الخصخصة.

4) إعادة النظر في دور الدولة.

وأبرز قواها:

1) الشركات المتعددة الجنسية أو العبارة للقارات.

2) المؤسسات الاقتصادية العالمية الكبرى.

3) الحكومات .

4) الحركات الاجتماعية.

أولويات الإستراتيجية الأمريكية في القرن الحادي والعشرين.

يبدو من المهم جدا قبل أن نشرع في استعراض الشواهد على طبيعة الإستراتيجية المتبعة من قبل الولايات المتحدة في القرن الحادي والعشرين أن نقدم إطاراً عاما لهذه الإستراتيجية يختزل أهم معالمها يكشف عن خصوصياتها، والذي يمكن قوله بهذا الصدد أنه ستحدد أو بالأحرى تحددت أولويات السياسية الأمريكية في هذا القرن ضمن الإستراتيجات الآتية: السيطرة على مصادر أسلحة الدمال الشامل " مصادر التفوق العسكري" والسيطرة المباشرة على مصادر الثروات النفطية والمائية، وتغيير النظام القيمي لبقية دول العالم وعولمة النظام القيم الأميركي، وهكذا تتلخص السياسة الأمريكية في القرن الحادي والعشرين في محاولة الاستحواذ المطلق على: السلطة، والثروة، والقيم، وانطلاقا من ذلك ستتحرك الولايات المتحدة في العالم باتجاهات ثلاث:

الأول: إنشاء أنظمة سياسية موالية لأميركا، بل هي صناعة أميركية كاملة.

الثاني: إنشاء أنظمة اقتصادية يتكامل دورها ويتواصل مع دور وأهداف السوق الأمريكية وسياسات الشركات الاقتصادية الكبرى.

والاتجاه الثالث: إنشاء أنظمة قيمة ومعرفية تستلهم النموذج الأمريكي وتروج إليه بوصفه النموذج الإنساني الأكمل والأمثل.

هذا هو الإطار العام للإستراتيجية الأمريكية في هذا القرن، والذي سيفرض على أميريكيا خوض ثلاثة حروب: السيطرة على القوة، والسيطرة على الثورة، وحرب السيطرة على المعرفة.

وبعد تفهم هذه الإستراتيجية يتوجب علينا بيان الشواهد والدلائل التي تفصح عن هذه الإستراتيجيات والتعرف على الدوافع التي تكمن وراءها، وهذا ما سنقوم به عبر التذكير بالنقاط الآتية:

< سيطرة القطب الواحد: من أهم الإستراتيجيات التي ستعتمدها بل اعتمدتها فعلاً الولايات المتحدة الأمريكية في القرن الحادي والعشرين الذي نعيش بداياته هو مبدأ " استقرار عالم القطب الواحد"، فأمريكيا دخلت القرن الحادي والعشرين كقوة مهيمنة وحيدة بعد انتهاء مرحلة الحرب الباردة، وزوال القطب المقابل والذي تمثل في اتحاد الجمهوريات السوفياتية، وتقوم هذه السياسة الأمريكية القديمة الجديدة على منع ظهور وبروز ثنائية قطبية مرة أخرى بأي شكل ن الأشكال، وتبدو هذه السياسة كأبرز معلم من معالم الإستراتيجية الأميركية في هذا القرن، وقد تحولت فكرة " عالم القطب الواحد" إلى مبدأ من مبادئ السياسة الأمريكية بشكل حاسم بعد انهيار ما كان يعرف بالاتحاد السوفيتي في العالم 1989 فقد " أحدث انهيار الاتحاد السوفياتي أكبر تغير في العلاقات بين قوى العالم منذ الحرب العالمية الثانية، فبسقوط موسكو الهائل من مرتبة القوى العظمى زالت بنية القطبية الثنائية التي ظلت تشكل السياسات الأمنية للقوى الكبرى لفترة تناهز النصف قرن، وبرزت الولايات المتحدة الأمريكية باعتبارها الدولة العظمى الوحيدة التي استطاعت الصمود وليم وولفورث استقرار عالم القطب الواحد.

< عودة أحلام الإمبراطورية: لم يكن الحلم بأن تصبح الولايات إمبراطورية لا تغيب عنها الشمس حلما جديداً، بل نستطيع القول أنه حلم سمحت كل القيادات السياسية الأمريكية لنفسها أن تحلم به، وقد قدم الساسة الأميركيون تجربتهم التاريخية على أساس أنها التجربة الأفضل والأكمل في تاريخ البشرية، وقد تحدث الرئيس الأميركي توماس جيفرسون عن دستور الولايات المتحدة بوصفه الدستور الصالح لتشكيل إمبراطورية عالمية، إذ يقول: " مقتنع أنا بعدم وجود أي دستور سبق له أن درس بعمق وفصل بشكل جيد مثل دستورنا ليكون صالحا لإمبراطورية واسعة للحكم الذاتي" مايكل هاردت وانطونيو نيغري الإمبراطورية .. إمبراطورية العولمة الجديدة.

وعن سبب ظهور هذه الإمبراطورية الجديدة في عصر الديمقراطية والحريات والحداثة يقرر كاتبا الإمبراطورية أنه: لا يأتي الانتقال إلى الإمبراطورية الجديدة إلا من غسق احتضار السيادة الحديثة. فعلى النقيض من الإمبراطورية بتأسيس مركز إقليمي للسلطة، كما لا تعتمد على أية حدود أو حواجز ثابتة، إنها أداة بحكم لا مركزية ولا إقليمية دائبة. تدريجيا، على احتضان المجال العالمي كله في إطار تخومها المفتوحة المتسعة" "المصدر نفسه".

< تشابك متطلبات السيطرة: لم يكن ليخفي على أميركا وهي تريد تشكيل إمبراطورية في مطلع القرن الحادي والعشرين أن السيطرة لا يمكن أن تكون من خلال احتكار الوسائل العسكرية والاقتصادية الجديدة للسيطرة على العالم على مبدأ احتكار البشرية، ومن أجل ذلك بنت أميركا إستراتيجيتها الجديدة للسيطرة على العالم على مبدأ احتكار القوة والاقتصاد والمعرفة، وهو الأمر الذي يوضحه ميشال بوغنون- موردان في كتابه عن " أميركا التوتاليتارية" إذ يقول: "لطالما اعتبرت الولايات المتحدة أن من الجوهري امتلاك ثلاثة احتكارات وهي:

الأول: هو احتكار القوة المسلحة، الذي اكتسبته من خلال الحلف الأطلسي " وقبعات الأمم المتحدة الزرقاء، وبيع الأسلحة، والنار النووية بالنسبة إلى شطر الغربي" باستثناء فرنسا وحدها".

الثاني: هو احتكار الاقتصاد، وقد كان جزئياً فعلا منذ " معاهدات برتون وودز" العام، 1944 حين كان المعيار النقدي العالمي " ولا يزال " هو العملة الوطنية الأميركية الدولار، وحين خضع النظام العالمي، الناشئ من تلك المعاهدات، لتقلبات السوق - الذي تستطيع الولايات المتحدة التأثير فيه.

ومن النتائج الاقتصادية الأميركية، والذي أفضى إلى قيام مؤسسات دولية صندوق النقد الدولي، المصرف الدولي، في خدمة مصالح الولايات المتحدة ومجموعات المصالح على الصعيد العالمي..

الثالث: هو بلا ريب الاحتكار الأدهى في المدى المنظور، لأنه توتاليتاري بجوهره، نعني احتكار وسائل الاتصال الجماهيري.. ميشال بوغنون - موردان: أميركا التوتاليتارية.

العولمة واستباحة الخصوصيات: انطلقت العولمة كمفهوم ضبابي غائم تستهدف أميركا من خلال تعويمه وتعميمه السماح لنفسها بالتدخل في خصوصيات الآخر، والذي هو هنا كل أحد سوى أميركا نفسها، وهذا التدخل لن يستهدف الخصوصيات الثقافية أو الاجتماعية فحسب، بل من المسموح له ان يطال كل الخصوصيات وأن يعيد تشكيل الهوية كما يعيد تشكيل الاقتصاد، وكما يعيد تشكيل الجغرافيا السياسية لأي منطقة في العالم، ولأجل ذلك من الخطأ تصور العولمة بوصفها مجرد مفهوم يهدد الثقافات فحسب، بل هو يريد أن يبتلع ويغلي كل التمايزات عن النموذج الأميركي الذي تستهدف العولمة تسويقه والتريج له، وفي ضوء ذلك ذهب بعض الباحثين إلى تحديد أبعاد ثمانية للعولمة هي:

< العولمة المالية: وتصف السوق العالمية الآنية للنتاجات المالية المتعامل بها في المدن المالية عبر العالم على مدى أربع وعشرين ساعة يومياً.

< العولمة التكنولوجية: وتصف المجموعة المترابطة من تكنولوجيا الكمبيوتر والاتصالات وعمليات ربطها بالأقمار الاصطناعية والتي نجم عنها" انضغاط الزمان / المكان" والانتقال الفوري للمعلومات عبر العالم.

< العولمة الاقتصادية: وتصف نظم الإنتاج المتكامل الجديدة التي تمكن الشركات الكونية من استغلال المال عبر العالم على اتساعه.

< العولمة الثقافية: وتشير إلى استهلاك النتاجات الكونية، عبر العالم، وتعني ضمنا في أثر الأحيان التأثير المهيمن كما في تعبير الكوكبة Cocacolization وعالم ماك Mc World .

< العولمة السياسية: والتي سلطنا عليها الضوء فيما سبق، وتمثل انتشار الأجندة الليبرالية الجديدة المؤيدة لخفض أنفاق الدولة، والتحرير التشريعي، والخصخصة الاقتصاديات المفتوحة عموما.

< العولمة البيئة: وهي الخشية من أن تتجاوز الاتجاهات الاجتماعية الراهنة قدرة كوكب الأرض على البقاء ككوكب حي، وهي تطمح إلى أن تصبح " عولمة سياسية خضراء"

< العولمة الجغرافية: وتتعلق بإعادة تنظيم الحيز أو المساحة في الكوكب بإحلال الممارسات المتعدية للدولة القومية محل الممارسات الدولية في عالم تذوب فيه الفواصل الحدودية بصورة متزايدة، عالم سينظر إليه في غالبيته الأحيان على أنه شبكة من المدن العالمية.

< العولمة السوسيولوجية: هي ذلك الخيال الجديد الذي يستشرف ظهور مجتمع عالمي واحد أو كل اجتماعي مترابط يتجاوز حدود المجتمعات القومية" بيتر تيلور وكولن فلنت الجغرافيا السياسية لعالمنا المعاصر.

< النزعة الإنسانية العسكرية الجديدة: نستعير هذه التسمية من عنوان كتاب للمفكر الأميركي المعروف نعوم تشومسكي والذي جاء طبقا لها، وتنبه تشومسكي إلى ظهور هذه النزعة لدى الأميركيين منذ الحرب على يوغسلافيا، فقد عملت أميركا قبل خوض الحرب وأثنائها على صوغ مفاهيم جديدة تضفي المشروعية على تدخلها في شئون الآخرين، فقد أمطرت التدخلية الجديدة بآيات الاستحسان من قبل المفكرين والباحثين

الأكاديميين والقانونيين، والذي أعلنوا بدء حقبة جديدة في الشؤون الدولية تكون فيها الدول المتنورة أخيرا قادرة على استخدام القوة إذ رأت القوة مبررة نابذة بذلك القوانين القديمة المقيدة، وخاضعة للمفاهيم الجديدة للعدالة التي صاغتها هي بنفسها. إن الأزمة في كوسوفو توضح استعداد أميركا الجديد لأن تفعل ما تعتقد أنه صواب، بغض النظر عن القانون الدولي: تشومسكي: النزعة الإنسانية العسكرية الجديدة.

< أميركا والخشية من إمكانية الاستمرار: على رغم كل الإمكانات التي تحظي بها الولايات المتحدة اليوم والتي جعلت منها قطبا أحاديا منفرداً يتربع على عرش الكرة الأرضية إلا أنها مازالت تستشعر أن لديها الكثير من النقص الذي يهدد بقاءها واستمرارها ضمن هذا الوضع الحالين وهذا الشك في إمكانات الاستمرار والبقاء السياسي القوي والفاعل لا يحمله أولئك الذين يكرهون أميركا ويتمنون زوالها فحسب، بل هو يسري حتى في عروق أولئك الذين ساهموا بكل ثقل في رسم سياسات أميركا على مدى عقود من الزمن، ففي كتابه رقعة الشطرنج الكبرى" يفصح زبغنيو برجنسكي عن هذا الهاجس الذي يجعل منه لا يرتقي بطموحه لبقاء أميركا حتى لأكثر من جيل واحد، إذ يقول: " لسوء الحظ كان الجهود المبذولة من أجل تحديد هدف مركزي وعالمي جديد للولايات المتحدة، منذ نهاية الحرب الباردة وإلى حد الآن ، ذات بعد واحد، فقد فشلت في ربط الحاجة إلى تحسين الوضع الإنساني بضرورة المحافظة على مركزية القوة الأميركية في الشئون العالمية.

< الحرب والمخرج من الأزمة: ابتدع استراتيجيات السياسة مصطلح " الحرب الوقائية أو الإستباقية" لتبرير سلسة من الحروب يخضونها ضد الآخرين ممن يرون أنهم سيمثلون موانع تعوق تطبيق رؤاهم الإستراتيجية التي تتيح للولايات المتحدة تحقيق رغباتها في الاستئثار بمصادر القوة والثروة والسلطة في العالم، ولأجل ذلك عمل الأميركيون بكل جد لإقناع العالم بأنهم إذا لم يخوضوا حروبا إستباقية ضد الآخرين فإنهم سيخسرون الحروب التي يفتعلها الآخرون ضدهم، ولقد تم بلورة هذا المبدأ ضمن دراسة مهمة نشرت في كتاب" هكذا يصنع المستقبل" فكاتب الدراسة التي تتحدث عن الحرب في القرن الحادي والعشرين يقرر أولا أنه في القرن الحادي والعشرين سيكون هناك ثلاثة أنواع من الحروب هي: حرب المواجهة المتكافئة وحرب السيطرة وحرب البنية التحتية:

< والنوع الثالث: من الحروب هو أخطرها وأسهلها في الوقت نفسه، إذ يمكن لهذه الحرب أن تشن من قبل جهات وربما أفراد حتى يمتلكون القدرة على تخليق جراثيم ومكربات خطيرة وفتاكة في مختبر ذي إمكانات محدودة ومن ثم إطلاقها في الجو لتقوم بعد ذلك بعم بشكل تلقائي، وهو ما حدث في قضية الجمرة الخبيثة كما يعتقد، ومن أجل ذلك لابد من تغيير إستراتيجيات الحروب التقليدية واستباق رغبات الحرب لدى الطرف المقابل بشن الحرب عليه قبل أن يبدأها، وإلا فإن الخسران سيكون من نصيب من يتأخر في شن الحرب، وهذا المبدأ يكشف عنه - بوصفه استراتيجية أساسية في حروب القرن الحادي والعشرين، الكاتب " أيرل تيلفورد" حينما يقول تحت هذا العنوان " كيف سنخسر حرب العام 2020؟ وفي حرب العام 2020؟ سيتمكن العدو من تشكيل قوات عسكرية مطورة جزئيا ومصممة لصد التقنية الأميركية على حرماننا من المبادرة أو استغلال عنصر المبادرة من جانبه، وليس من الضروري أن يهزمنا مثل هذا العدو، وقد يكون كافيا بالنسبة إليه أن يردع تدخلنا في أزمة إقليمية عن طريق زيادة عنصر المخاطرة بدرجة كبيرة، لكن المؤكد أن يحاول التكافؤ مع قدراتنا طائرة وسفينة بسفينة وبابة بدبابة، كما أنه لن يقيدنا باستخدام أسلوب الحرب الذي تتبعه قواتنا، بل يسعى إلى تحقيق أفضليات محدودة في ردع المبادرات الأميركية وحرمانها واجهاضها، وبالنسبة إلى العدو المستقبلي فإن توريطه للجانب الآخر في مأزق ما يعتبر هدفا مقبولا. لكن هناك إمكانية أن يتمكن العدو من تحقيق نصر حاسم، ولا سيما إذا أثبتت الولايات المتحدة قدرتها على حصر نفسها في القتال باستخدام التقنيات المتفوقة المبنية على مبادئ الثورة في الشئون العسكرية، وقد يهاجم العدو المستقبلي بإستخدام كل أشكال الحرب، وأي سيستخدم أشكال الحرب الثلاث معا. وفي حين ان العدو يمكن أن يخسر إذا حاول الاشتباك مع الولايات المتحدة الأميركية في حرب قائمة أساسا على مبادئ الثورة في الشئون العسكرية، فإنه قد يتفوق في استخدام قدرات التقنية العالية الملائمة، من خلال التركيز على الصيغ المرتبطة بحرب السيطرة وحروب البني التحتية" إيرل تيلفورد في هكذا يصنع المستقبل.

الحرب .. من النظرية إلى الممارسة: سرعان ما عملت الولايات المتحدة بعد بلورة إستراتيجيتها في ضرورات الحرب الإستباقية على تطبيقها والعمل بها، وقد وجدت في الوضع الراهن في العالم الإسلامي الحلقة الأضعف والأقوى في الوقت نفسه الذي

يستثيرها لخوض حرب عالمية، فالعلم الإسلامي الحلقة الأضعف لأنه يتمتع بالكثير من الكيانات السياسية المهترئة والمرفوضة على المستوى الشعبي، والتي تفتقد أقل القلي من مبررات القبول والرضا، وهناك حالة من السخط الجماهيري على الوضع القائم في ظل غياب دور فاعل للقيادات السياسية في مواجهة التحديات الكبيرة التي تحيط بمصير هذا الجزء من العالم، ولكن العالم الإسلامي من جهة أخرى هو الحلقة الأقوى التي ظلت تستعصي على رغبات التغيير الثقافي ومسخ الهوية التي طمحت الولايات المتحدة إلى تحقيقه بوصفه العنصر الذي يكمل تحقيق إستراتيجيات التغيير وتفعيل مبادئ العولمة الثقافية والاجتماعية، وسبب القوة هنا لا يمكن في الشخصية الفردية للإنسان في هذا العالم، وإنما يكمن في القدرات الذاتية التي ما زال الإسلامي ينطوي علهيا بوصفه الدين الذي ظل قادراً على ربط الإنسان المسلم بهويته الإسلامية التي ظلت تختزن الكثير من عناصر الشد والربط إليها في نفس الإنسان المسلم، وقد أدرك المعنيون بشئون السلطة وفلسفة الحكم منذ أقدم العصور " أن الذي يقود الشعوب إنما يعود إلى جملة الاعتقادات والعادات الماثلة في الذهن على شكل صور، جرى تعقيد أهمها وتطويبه في شعائر الوظيفة الأساسية لهذه الشعائر والقواعد تكمن في أنها تطبع في الجماجم الاعتقادات والعادات حتى تشرطها وتعدها للطاعة والولاء " ميشال بوغنون: أميركا التوتاليتارية.

السؤال الأهم والأدق هو هل ستنجح أميركيا في استكمال تحقيق استراتيجياتها كما رسمتها من قبل؟ أن الرؤية السطحية لمسار الحوادث والوقائع فضلا عن الرؤية المعمقة والفاحصة تدلل على أن أميركا لن تلفح في تحقيق ما تحلم به، وذلك لاعتبارات الآتية:

أولاً: على مستوى التفوق العسكري والسياسي تبدو أميركا اليوم أعجز ما تكون عن تحقيق الأمن المطلوب داخل حدودها فضل عن خارج الحدود، وذلك لأن التفوق العسكري اليوم لا يقس بما يمتلكه طرف المواجهة من أسلحة دمار وهجوم، ولأن الوقائع التاريخية أثبتت أن الإنسان قادر على تحطيم أسطورة وهيبة السلاح الذي يقمع رغباته في التحرر والانعتاق من هيمنة رغبات التسلط والقهر التي تمارس ضده.

ثانياً: على مستوى التفوق في امتلاك الثروات ومصادر الرفاية تبدو أميركا اليوم أكثر الدول التي تعاني أزمات اقتصادية خانقة تهدد اقتصادياتها بالانهيار والتداعي، وليس أدل على ذلك من سلسلة الفضائح المتتالية للشركات الكبرى، داخل الولايات المتحدة الأمريكية، والمنافسة الحادة التي باتت تستشعرها الولايات المتحدة من قبل أطراف جديدة صاعدة مثل أوروبا.

ثالثاً: على مستوى التفوق في امتلاك القيم والمعارف فإن أميركا اليوم لم تعد تحظى بأي احترام وتقدير حتى من الشعوب التي مثلت في يوم من الأيام النواة الأولى لتشكيل ما يعرف اليوم باسم الولايات المتحدة الأمريكية وإذا كان اليوم تشعر بأنها باتت مفصولة ومنفصلة عن أصولها وجذورها فمن الأولى أن تشعر بالغرابة في عالم لا تنتمي إليه ولا ينتمي إليها، وهو يوما بعد يوم يصر على أن يتمايز عنها على رغم كل ما تزعم أنها تقدمه إليه من خدمات، وما تزعم أنها تبدله من أجل تطويره وتنميته، وهكذا تبدو أميركا خاسرة في كل الاتجاهات ما يجعلها تواجه مصيرا أسود يهدد بإسقاطها رمزيا قبل أن تسقط سياسيا وعسكريا.

هوامش الفصل الثالث عشر

1) شدود، ماجد، (2002)، العولمة، (ط1). الأوائل للنشر والتوزيع، دمشق.

2) يسني، السيد، (1998)، العرب والعولمة - إصدار مركز دراسات الوحدة العربية، بيروت - لبنان.

3) عبد الرحمن، أحمد، (1998)، العولمة: المفهوم والظاهرة والمسببات - مجلة العلوم الاجتماعية، عدد (1) عمان - الأردن.

4) أمين، سمير، (1997)، مواجهة تحدي العصر. عدد (2) مجلة الطريق . عمان - الأردن.

5) جودة، محفوظ، الزعبي، حسن، (2004)، منظمات الأعمال: المفاهيم والوظائف، (ط1) دار وائل للنشر والتوزيع. عمان - الأردن.

6) مخامرة، محسن، وآخرون، (2000)، المفاهيم الإدارية الحديثة، (ط6) مركز الكتب الأكاديمي. عمان - الأردن.

## قائمة الجداول

| رقم الجدول | الموضوع | رقم الصفحة |
| --- | --- | --- |
| (1) | محاسن ومساوئ صنع القرار الجماعي | |
| (2) | الفروق بين القطاع الخاص والقطاع العام بالتعامل مع القضايا الاقتصادية | |
| (3) | عمليات الخصخصة التي تمت في الدول النامية عام (1999) | |
| (4) | نظرية (X) و (Y) | |
| (5) | رواد السلوك التنظيمي والفترة التي وجدوا فيها. | |

# قائمة الأشكال

قائمة المراجع

المراجع العربية:

1. العميان، محمود سلمان، (2002)، السلوك التنظيمي، (ط1). دار وائل للطباعة والنشر. عمان - الأردن.

2. حريم، حسين، (2003)، إدارة المنظمات، (ط1). دار حامد للنشر والتوزيع. عمان- الأردن.

3. السالم، مؤيد، (2000)، نظرية المنظمة: الهيكل والتنظيم، دار وائل للنشر والتوزيع. عمانذ الأردن.

4. المليحي، إبراهيم، (2000)، الإدارة ومفاهيمها، دار المعرفة للنشر والتوزيع. مصر.

5. القريوتي، محمد قاسم، (2000)، نظرية المنظمة والتنظيم، (ط1)، دار وائل للنشر والتوزيع والطباعة، عمان - الأردن.

6. عصفور، محمد شاكر، (1984)، أصول التنظيم والأساليب، (ط6). دار الشرق للنشر والتوزيع. جدة.

7. حسن، رواية، (2004)، السلوك التنظيمي المعاصر، الدار الجامعية، القاهرة.

8. السالم، مؤيد، وصالح، عادل، (2002)، إدارة الموارد البشرية: مدخل إستراتيجي. (ط1). عالم الكتب الجديد للنشر والتوزيع، اربد - الأردن.

9. حنفي، عبد الغفار، (1993)، تنظيم وإدارة الأعمال، المكتب العربي الحديث، الأسكندرية - مصر.

10. صالح، محمد فالح، (2004)، إدارة الموارد البشرية، (ط1) دار الحامد للنشر والتوزيع، عمان - الأردن.

11. اللوزي، موسى، (1999)، التطوير التنظيمي أساسيات ومفاهيم حديثة، (ط1). دار وائل للنشر والتوزيع. عمان - الأردن.

12. الحنواي، محمد صالح، (1999)، أساسيات السلوك التنظيمي، الدار الجامعية الإسكندرية - مصر.

13. الشماع، محمود، محمد حسن، خضير كاظم، (2000)، نظرية المنظمة، (ط1)، عمان - الأردن.

14. ياغي، محمد عبد الفتاح، (2005)، اتخاذ القرارات الإدارية، (ط1) مكتبة ياسين. عمان - الأردن.

15. ياغي، محمد عبد الفتاح، (1988) اتخاذ القرارات التنظيمية، مطابع الفردوس التجارية، جامعة الملك سعود - الرياض.

16. شيما، إبراهيم عبد العزيز، (1993)، الإدارة العامة، (ط2) الدر الجامعية، جامعة بيروت العربية - لبنان.

17. مقلد، إسماعيل صبري، (1973)، دراسات في الإدارة العامة، دار المعارف القاهرة - مصر.

18. زهير، الصاغ، (1982)، البيئة الخارجية للقرارات الإدارية في الدولة العربية الإداري، (ع10). معهد الإدارة العامة، عمان - الأردن.

19. سلمي، سبيل، (1981)، أجهزة المعلومات، نشأتها في البحث والتنمية والاتجاهات الحديثة لتأدية رسالتها، المجلة العربية للمعلومات، (م2)، (ع2) المنظمة العربية للتربية والثقافة والعلوم. تونس.

20. اسماعيل، السيد، (1998)، نظم المعلومات الإدارية لأتخاذ القرارات الإداري، المكتب العربي الحديث للطباعة والنشر الأسكندرية.

21. محاضر، محسن، (1988)، العوامل المؤثرة على الإبداع. مجلد 15، عدد2.

22. الدهان، أميمة، (1989)، الإبداع الإداري والسلوك الإبداعي لدى العاملين في المنظمة مجلد 11، عدد 26، تنمية الرافدين، بغداد.

23. نور الله، كمال، (1992)، وظائف القائد الإداري، دار طلاس للدراسات والترجمة والنشر دمشق - سوريا.

24. عيسوي، عبد الرحمن، (1999)، سيكولوجية الإبداع : دراسة في تنمية السمات الإبداعية، دار النهضة العربية، بيروت.

25. فضل الله، فضل الله، (1983)، نظريات التنظيم الإداري، المطبعة العصرية، دبي.

26. الحملاوي، محمد رشاد، (1993)، إدارة الأزمات تجارب محلته وعالميته، (ط1)

مكتبة عين شمس. القاهرة - مصر.

27. شدود، ماجد محمد، (2002)، إدارة الأزمات والإدارة بالأزمة، (ط1). دار وائل للنشر والتوزيع، عمانذ الأردن.
28. عليوة، السيد، (1977) إدارة الأزمات والكوارث - حلول عملية أساليب وقائية القاهرة.
29. الصرفي، محمد عبد الفتاح، (2003) مفاهيم إدارية حديثة. (ط1) الدار العلمية للنشر والتوزيع، عمان - الأردن.
30. جودة، محفوظ أحمد، (2005)، العلاقات العامة (ط4) دار زهران للنشر والتوزيع عمان - الأردن.
31. القيبي، صبحي جبر، (2004) تطور الفكر والأساليب في الإدارة، (ط1) دار الحامد للنشر والتوزيع، عمان - الأردن.
32. الصحن، محمد مزيد، (1988) العلاقات العامة: المبادئ والتطبيق، الدار الجامعية الإسكندرية- مصر.
33. الناشف، أنط وان، (2000) الخصخصة (التخصيص مفهوم جديد لفكر الدولة ودورها في إدارة المرافق العامة) منشورات الحلبي الحقوقية - بيروت - لبنان.
34. عباس، صلاح، (2003)، الخصخصة المصطلح - التطبيقي، مؤسسة شباب الجامعة، الإسكندرية، مصر.
35. قندح، عدلي، (1999)، تطورات محددة لإستراتيجية التخاصية، السلبية والإيجابية، ورقة قدمت في الدورة التدريبية حول (الخصخصة وأساليب الرقابة عليها) عمان- الأردن.
36. صبح، محمود، (1999)، الخصخصة، (ط2) البيان للطباعة والنشر،القاهرةذ مصر.
37. أبرشي، مرزوق، محمد، نبيل، (1996)، الخصخصة آفاقها وأبعادها، (ط1) دار الفكر للنشر والتوزيع، دمشق - سوريا.
38. الريح، عبد الرحيم، (1998)، إستراتيجية الخصخصة في العالم، مجلة أبو ظبي الاقتصادي. ع 32.

39. ياغي، محمد عبد الفتاح، (1995)، مبادئ الإدارة العامة، (ط1)، مطابع الفرزدق التجارية، الرياض.

40. سيزولاقي، أندرودي، (1991)، السلوك التنظيمي والأداء، معد الإدارة العامة، الرياض.

41. عبد الرحمن، توفيق، (2002)، أساليب أحداث التغير والتطوير التنظيم، مركز الخبرات المهنية للإدارة، عمان - الأردن.

42. موسى، المدهون، (1999)، الاستراتيجية الحديثة للتغير والإصلاح الإداري، (م15). عدد (3)، عمان - الأردن.

43. المغربي، كامل، (1995)، التطوير التنظيمي، مفاهيم وأسس سلوك الفرد والجماعة في التنظيم، عمان - الأردن.

44. ماهر، أحمد، (2003)، السلوك التنظيمي، مدخل بناء المهارات. الدار الجامعية. القاهرة.

45. حنفي، عبد الغفار، (1992)، تنظيم وإدارة الأعمال، الدار الجامعية، بيروت - لبنان.

46. الخوري، هاني شحادة، (1998)، تكنولوجيا المعلومات على أعتاب القرن الحادي والعشرين، (ط1)، دار الرضا للنشر والتوزيع. دمشق.

47. الصرف، رعد حسن، (2002)، صناعة التنمية الإدارية في القرن الحادي والعشرين، (ط1)، دار الرضا للنشر والتوزيع، دمشق.

48. العواملة، نائل، (1997)، إدارة التنمية وتطبيقاتها، دار وائل للنشر والتوزيع، عمان - الأردن.

49. شدود، ماجد، (2002)، العولمة، (ط1). الأوائل للنشر والتوزيع، دمشق.

50. يسين، السيد، (1998)، العرب والعولمة - إصدار مركز دراسات الوحدة العربية، بيروت - لبنان.

51. عبد الرحمن، أحمد، (1998)، العولمة: المفهوم والظاهرة والمسببات - مجلة العلوم الاجتماعية، عدد (1) عمان - الأردن.

52. أمين، سمير، (1997)، مواجهة تحدي العصر. عدد (2) مجلة الطريق. عمان - الأردن.

53. جودة، محفوظ، الزعبي، حسن، (2004)، منظمات الأعمال: المفاهيم والوظائف، (ط1) دار وائل للنشر والتوزيع. عمان - الأردن.

54. مخامرة، محسن، وآخرون، (2000)، المفاهيم الإدارية الحديثة، (ط6) مركز الكتب الأكاديمي. عمان - الأردن.

1 .Richard Daft, (2004). Organization The eory & Desig , 7 Ed, USA.

2 .Gareth R. jones, (1995). Organizational theory Taxt and Cases, Addison Westey Publishing company, New york.

3 .Daft, R., (1992) Organizational and Design, west publishing company, New York.

4 .Stephen P.Robbins, (1990). Organization theory structure, designs and applice - hall.(

5 .WWW.folkernadoHeacadem.se.

6 .Robbins, P.stephen, (2003). Organizational Behavior Rd.Ed., New Jersey: Prentice.Inc ,Hall -

The Managerial decision Making proces , (1999) ,Frank ,Harrison .7sBoston , .houghton Mifflin company

20) ,Raymond ,and Noe .Richard L ,Daft .801) Organizational Beharior, south - wester publishin U.S.A.

9. Lee, David & Newman, philip & price, Robert, (1999)De cision Manking in Organizations, financial times Management. London.

10 .Huber, E., (1982) . Organizational infrmation systems, Management Science, 28.

11 .STONER, James F. and Freenam, (1992) , Management Prentice ذ Hall, Ince. New jersey.

12 .Umstot, D . (1984). Organizational Behavior, west publishing Co. USA.

13 .Spencer , Matta, (1974), Fonndation of Modern Socology, prentice - hall, Inc, New Jersey.

14 .Robbins, stephen, (1992). Organizational Behavior, Prentice - Hall, Inc., New Jersey.

15 .Fraser p. seitel, (1995). The practice of public Relations, 6th Ed., prentice ذ .New Jersey ,hall

practi &The Management .(1995) ,Norman stone .16n of public relation , Macmillan Business, London.

17. Http://www.worldbank.org.

18 .perohi, E,. (2000) Credible privatiz atization working paper No. Boston Universty.

19 .Guistian pieers, (1997). The privatization challenge, A strategic legal & institutional analysis of international experience, washington.

20 .Waldo, Dwight, (1985). The euterprise of public administration : Asummary View. Chandler & ;sharp publishers, Inc. USA.

21 .Richard , hodgetts & steven, Attman, (1997) organization Behavior. Philadelphia.

22. GaidenGe ,rald E., (1982) Public administratiaon second edm, by palisodes publisher, califoials,USA .

23. http://www.Cba.edu.Kw/tuhaih/oblect/obdev.htm.

24. AL Buraet, Muhammad,A dministrative Development An Islmic .(1985) Syd ,Boston ,Presped iveney &hen ley , London.

25. AL saigh , Nassir, (1986) . Administrative Reform in the arab world: Readinges . Amm.an